商务印书馆（上海）有限公司　出品
The Commercial Press (Shanghai) Co. Ltd.

中国古代思想文化卷

云南大学中文学科建设丛书

段炳昌 李 森 主编

刘 炜 编

商务印书馆
The Commercial Press

图书在版编目(CIP)数据

云南大学中文学科建设丛书.中国古代思想文化卷/
刘炜编.—北京:商务印书馆,2024
ISBN 978 - 7 - 100 - 21502 - 2

Ⅰ.①云⋯ Ⅱ.①刘⋯ Ⅲ.①云南大学-汉语-
学科建设-研究 ②思想史-中国-古代-文集
Ⅳ.①G649.287.41 ②B2 - 53

中国版本图书馆 CIP 数据核字(2022)第 138958 号

云南大学中文学科建设丛书

中国古代思想文化卷

刘 炜 编

商 务 印 书 馆 出 版
(北京王府井大街36号 邮政编码100710)
商 务 印 书 馆 发 行
山东韵杰文化科技有限公司印刷
ISBN 978 - 7 - 100 - 21502 - 2

2024 年 8 月第 1 版   开本 720×1000 1/16
2024 年 8 月第 1 次印刷 印张 18½
定价:98.00 元

出 版 说 明

  云南大学中国语言文学学科设立于1923年建校之时,迄今已有一百年的历史。学科创设伊始即遵从"挽绝学于既往,牖文化于将来"、"发扬东亚文化,研究西欧学术,俾中西真理融会贯通"的办学宗旨,重视"吸收新文化",同时"阐旧学以培新知",延聘光绪二十九年(1903)"经济特科"状元袁嘉谷、著名学者谢无量等硕学鸿儒,主持国文讲席。

  1938年,私立云南大学改国立,西南联大等内地高校迁滇,全国众多一流学者云集,云南大学中国语言文学学科与迁滇诸校共享师资,迈入辉煌时期。其中专任教师有刘文典、徐嘉瑞、胡小石、闻宥、楚图南、姜亮夫、施蛰存、吕叔湘、傅懋勣、邢公畹等,兼任教师有冯友兰、罗常培、罗庸、游国恩、萧涤非、吴宓等,箶吹弦诵一时。

  新中国成立后,云南大学中国语言文学学科自强不息,与时俱进,以刘文典、汤鹤逸、叶德均、李广田、张若名、吴进仁、蒙树宏、张文勋、赵仲牧、李子贤、谭君强、张国庆、张维、段炳昌等著名学者为引领,在古典文献学、文艺学、中国古代文论、中国现当代文学、叙事学、民俗学、语言学与少数民族语言文学等诸多领域取得丰硕成果。2006年文艺学博士点招生,2011年中国语言文学一级学科博士点招生。本学科植根祖国边陲,筚路蓝缕,源远流长,代有人出,为国家培养了大批才俊,为边疆发展、民族团结做出了巨大贡献。

  为展示云南大学中国语言文学学科的学术历史和学术成就,我们决定编纂

"云南大学中文学科建设丛书"。本丛书按不同专业方向，选取其代表性学者的学术论文或著作篇章，陆续汇编成册出版，约分《中国古代文学卷》、《中国古代思想文化卷》、《中国古代文论卷》、《比较文学与世界文学卷》、《中国现当代文学卷》、《外国文学卷》、《民间文学卷》、《语言文字学卷》、《文学作品卷》等。所选论著时序跨越近百年，从中可见不同时代学人个人的、集体性的学术认知、视野和话语系统，可为研究百年中国语言文学学术史提供一个清晰的文本迭代脉络，也可为百年中国语言文学教育史、西南地区高等教育史提供一个逐层展开的教育范例，具有重要的学术价值和史料价值，对促进中文学科的健康发展也有参考作用。此外，由于所收文章时间跨度大，涉及学科专业较多，作者行文语言亦各有特色，所以此次编选，除基本的文字、标点和体例校订外，不做过多改动以保持作品原貌。旧也新也，得乎失乎，器有可容，衡有可量。

编者

2024 年 4 月

目　　录

释　仁

——民国二十一年应省政府聘在省教育会公开演讲

袁嘉谷*

中国为世界文明先进之国，其他不论，即以文字言之，虽一字之微，往往含有广义，赅百事百物百世而莫外。子贡曰："有一言而可以终身行之者乎？"子曰："其恕乎。"今之说仁，亦即此义。

《易》之元亨利贞，健顺刚柔，敬义仁义。《书》之肃、乂、哲、谋、圣。《诗》之塞渊、缉熙，严、翼、敬、慎。三《礼》之智仁圣义，中和孝友，睦娴任恤，温柔敦厚，广博易良，系洁净精微。《中庸》之中和，忠恕，智仁勇，齐庄中正，宽裕温柔，聪明容知，文理密察，诚、明、形、著、动、变、化、格、致、诚、正、修、齐、治、平。《论语》之孝弟谨信，文行忠信，刚毅木讷，忠信笃敬，恭宽信敏惠，温良恭俭让，恭信敏公，惠劳泰威，传约宏毅，均和安。《孝经》之爱敬忠顺，孝弟礼乐。《孟子》之孝弟思信，仁义礼智，善信美，大圣神。《管子》之礼义廉耻。《老子》之道德。韩婴之顺善。董子、班固之仁义礼智信。以及张释之之平，扬雄之玄，诸葛之谨慎，张公艺之忍，《世说·注》之清、慎、勤。朱子《小学》引参政之勤慎和缓，《岳忠武传》之仁智信勇严。凡一字之美，众善之归，修之可以成一身，充之可以保

* 袁嘉谷（1872—1937），清光绪二十九年（1903）"经济特科"状元，1923—1937年任教于云南大学文史系。本文作于1932年，选自《袁嘉谷文集》（云南人民出版社2001年版）第3册。

四海。略举习见，已难悉数，殊涂同归，莫如为仁。

孔子曰："仁者，人也。"孟子曰："仁也者，人也。"又曰："仁，人心也。"人之所以为人，系乎仁。仁之所以为仁，系乎人。仓颉造字之初，以人象胫臂之形。许氏《说文》："天地之性最贵者也。"惟人为天地之心。又曰：人以纵生，贵于横生。故象其上臂下胫。夫上入下丨，侧面形也。许氏《说文》："仁，亲也。从人二。"段氏注：会意。《中庸》：仁者，人也。郑注：读如相人偶之人（按《仪礼·大射仪、聘礼、公食大夫礼》、《论语·郑注》：皆有相人偶之义），以人意为存问之言，人偶犹言尔我亲密之词。独则无耦，耦则相亲，故其字从人二。阮元曰："此一人与彼一人相偶，凡仁必于身所行者，验之而始见，亦必有二人，而仁乃见。"（《揅经室集》卷八）盖人有二则成群，由二以及三四，及千万亿兆，皆群也。孔子曰："鸟兽不可与同群，吾非斯人之徒与而谁与。"曾子曰："人与人相济。"（《制言》篇）夫天下岂有天生使独之理哉，岂有老死不相往来之理哉。熙熙而来，攘攘而往，相亲相爱，互助互益，人人身安，人人心乐，天下太平，是谓同仁。一观于仓史，人象形，仁从人二之造字。再观于孔孟"仁，人也"之经训，而人之理明矣，而人之道得矣。（张凭曰：仁者，人之性也。又曰：先人后己。外身爱物，履谦处卑，所以为仁。皇侃曰：人是三才之一，天地资人而成。此六朝之善释仁人者）

积数千年世界之人进化久矣，而争夺相杀，尚未纯全于人道，将毋仁字之实，犹未尽其量乎。曾子曰："仁以为己任，不亦重乎。"古圣贤发明重仁，重仁则无所不赅矣。颜渊问仁，子曰"克己复礼为仁"，是仁可以赅礼也。仲弓问仁，子曰"出门如见大宾，使民如承大祭，己所不欲，勿施于人"，是仁得以赅敬恕也。皇疏：敬恕，二事，乃为仁也。司马牛问仁，子曰"仁者，其言也讱"，是仁可赅讱也。樊迟问仁，子曰"居处恭，执事敬，与人忠"，是仁可赅恭、敬、忠也（皇侃云："孔子答论仁之体，应机适会教体多方。"案：樊迟问仁者三，可见圣门之好学）。子张问仁，子曰"恭宽信敏惠"，是仁可赅恭宽信敏惠。子贡问仁，子曰"事贤友仁"，是仁可赅贤也。子贡曰："如有博施于民而能济众，何如，可谓仁乎！"子曰："何事于仁，必也圣乎！"是仁可赅圣也。孔子曰"仁者必有勇"，是仁可赅勇也。

"夷齐求仁而得仁",是仁可赅让也。"仁者安仁,智者利仁",是仁可赅智也。有子曰"孝弟也者,其为仁之本欤",是仁可赅孝弟。(王弼曰:"自然亲爱为孝,推爱及物为仁。"包咸曰:"先能事父兄,然后仁道可成。")《孟子》曰"仁之于父子也",是仁可赅慈孝也。又曰"强恕而行,求仁莫近焉",是仁可赅恕也。儒家者流,推阐斯旨。皇侃曰:"仁是五德之首,举仁则余从可知己。"韩昌黎曰:"回问仁,孔子答礼,盖举五常之二以明其端焉。"(《论语笔解》)程正叔曰:"四德之元,犹五常之仁,偏言则一事,专言则兼四者。"(《易注》)盖言仁而并及其他之善行,仁为一端,言仁而不及其他之善行,仁更为广义也。

然则仁之定义究何如乎?孔子曰:"爱人。"许氏曰:"亲也。"孟子曰:"亲亲而仁民,仁民而爱物。"《中庸》云:"能尽其性则能尽人之性,能尽人之性则能尽物之性,能尽物之性则可以赞天地之化育,可以赞天地之化育,则可以与天地参矣。"又曰:"万物并育而不相害,道并行而不相悖。"韩昌黎曰:"博爱之谓仁。"朱子曰:"仁者,心之德,爱之理也。"己立立人,己达达人;仁德、仁心、仁闻、仁术;民被其泽,恩推禽兽;一家仁,一国兴仁;一己仁,天下归仁。岂非物我无间,平等博爱之大化耶?

然则仁之为功,其在平等博爱之迹乎?则将应之曰:仁非止于迹也,心之德也;心之德无由表见,特以爱人表见也。

然则仁之为功,爱人而不恶人乎?则将应之曰,孔子曰:"惟仁者能爱人、能恶人。"(邢疏:惟有仁德者无私于物,故能审存物)《大学》云:"唯仁人,放流之,迸诸四夷,不与同中国。此谓惟仁人,为能爱人,能恶人。"盖化不善以归于善,乃仁人之用心也。

然则仁之为功,殆尊贤而不容众乎?则将应之曰,孔子曰:"泛爱众而亲仁,亲仁是也;不先泛爱众而后亲仁,则非也。"今人乍见孺子将入于井,怵惕恻隐,必往救之,爱众之极行也。然宰我之设言曰:"仁者虽告之曰,井有仁焉,其从之也。"子曰:"何为其然也。君子可逝也,不可陷也。"救是也陷身,则非也。

身既不可陷,将终于明哲保身,以为仁乎?则将应之曰,孔子曰:"志士仁人，无求生以害仁，有杀身以成仁。"设当舍身取义时，未有重保身而轻成仁者。

大哉仁也。学仁者将何如乎？孔子曰："回也其心三月不违仁，其余则日月至焉而已。"（按：颜子，圣人也，日月至亦希圣者）又曰："仁者安仁。"又曰："仁者静。"又曰："依于仁。"又曰："君子体仁。"又曰："当仁不让于师。"又曰："好仁者无以尚之。"又曰："君子无终食之间违仁，造次必于是，颠沛必于是。"又曰："仁者先难而后获。"（孔安国曰："先劳苦而后得功，所以为仁。"）曾子曰："君子以文会友，以友辅仁。"子夏曰："博学而笃志，切问而近思，仁在其中矣。"（阮元曰："此数语将晋宋后空虚之学预为括定。曾子、子游虑子张过于高大，不能就切近之事与人为仁。"亦同此说）孟子曰："人能充不忍人之心，而仁不可胜用也。"此皆古圣贤示人以学仁之途径，宜劳苦、宜博学、宜切近、宜扩充、宜自省、宜取友，不可忽也。

论存心之仁较易。孔子曰："仁远乎哉，我欲仁，斯仁至矣。"

论治化之仁较难。孔子曰："如有王者，必世而后仁。"乐肇曰："习乱俗虽畏法刑，而外必犹未能化也。必待世变人改，生习治道，然后仁化成也。"

论仁之无弊，则不可须臾离，子曰："民之于仁也，甚于水火，水火吾见蹈而死者矣。未见蹈仁而死者也。"

论仁之有弊，则须以学救之。孔子曰："好仁不好学，其蔽也愚。"（江熙曰："好仁者，谓其风而悦之者也，不学不能深，原乎其道，知其一未识其二，所以蔽也，自非圣人必有所偏，偏才虽美，必有所蔽，学者假教以节其性，观教知变，则见所过也。"）

论仁者之效。孔子曰："仁者不忧。"孙绰注：安于仁，不改其乐，故无忧也（按：忧有二义，小人长戚戚，此不可忧者，君子忧道不忧贫，有终身之忧，无一朝之患。范文正先天下之忧而忧，皆忧世、忧民之义，此不可不忧者）。又曰："仁者寿。"（包咸注：性静故寿考）论仁者之荣。孟子曰："仁则荣，不仁则辱。今恶辱而居不仁，是犹恶湿而居下也。如恶之，莫如贵德而尊士。贤者在位，能者在职，国家闲暇，及是时明其政刑，虽大国必畏之矣。"

论仁者之对外。孟子曰:"仁者无敌。"又曰:"国君好仁,天下无敌焉。"又曰:"仁人无敌于天下。"

仁乎仁乎! 同而不同,不同而同,运量宏而条理密,非圣贤恶乎析? 非经训恶乎明?

孔子曰:"若圣与仁,则吾岂敢夫。"孔子仁及天下,仁及万物,仁及万世,犹不以仁自居者,谦言也。至于论人,则有不拘一格者,微子去之,箕子为之奴,比干谏而死。子曰:"殷有三仁焉。"凡忧世宁民者,不愧仁(皇疏:仁以忧世忘己身为用,此三人事迹虽异,俱是为忧世民也。邢疏:三人同称仁,以其忧乱宁民)。管仲九合诸侯,不以兵车,一匡天下,民受其赐,孔子许其仁,凡有功国民者,亦不愧为仁人。

令尹子文之忠,陈文子之清,子张疑其为仁,子路之治赋,冉有之为宰,公西华之束带立于朝与宾客言,孟武伯疑其为仁,而孔子犹未深许,则有愧于仁者多矣。宪问耻,子曰:"邦有道谷,邦无道谷,耻也。"克伐怨欲,不行焉,可以为仁矣? 子曰:"可以为难矣,仁则吾不知也。"此乃勿损于人不能有益于人者,未能立人达人,孔子亦不许之。若夫与仁相反则为不仁。所谓道二,仁与不仁而已矣。孔子曰:"巧言令色鲜矣仁。"又曰:"色取仁而行违。"又曰:"里仁为美,择不处仁,焉得智。"又曰:"不仁者不可以久处约,不可以常处乐。"又曰:"君子去仁,恶乎成名。"又曰:"君子而不仁者有矣夫,未有小人而仁者也。"(王弼曰:"假君子以甚小人之辞。")又曰:"知及之,仁不能守之;虽得之,必失之。"又曰:"人而不仁,如礼何? 人而不仁,如乐何?"孟子引阳虎曰:"为富不仁矣。"孟子曰:"不仁哉,梁惠王也。以土地之故糜烂其民。"又曰:"不仁者可与言哉,安其危而利其菑,乐其所以亡者。"古圣贤垂戒不仁,可谓严矣,虽然由不仁以归于仁,亦易耳。孔子曰:"人而不仁疾之已甚,乱也。"又何尝过于严乎? 子夏曰:"舜有天下,选于众举皋陶,不仁者远矣。"孔安国曰:"不仁者远矣,仁者至矣。"孔子曰:"苟志于仁矣,无恶也。"又曰:"有能一日用其力于仁矣乎,我未见力不足者。"人孰无志,人孰无力,但有一日之奋兴,即得终身之令誉。然则不仁之人,一旦改而志仁、行仁,斯又古圣贤所深望者。

综而论之,古圣贤之言仁,反复丁宁示人之意,至深切矣。以偏端言之,虽惠及一物,亦谓之仁。以广义言之,虽孝弟忠信,礼义廉耻,诚正修齐治平,未有不包于仁者。盖仁之与人一义而已,且不徒一义而已,仁之与人,实为一字。阮氏元曰:仁字不见于《虞书》、《夏书》、《商书》及《诗》之三《颂》、《易》卦爻辞之内,似周初有此言而尚无此字。其见于《毛诗》者,则始自《诗·国风》"洵美且仁"。再溯而上,则《小雅·四月》:"先祖匪人,胡宁忍予。"此人字,实是仁字也,即人偶之意,与《论语》"人也夺伯氏邑"相同。盖周初但有人字,《周官》后始造仁字也(《揅经室集》卷八、卷九同)。愚谓许氏《说文》祖述仓史,仓史有仁字,不必谓《周官》后始造此字也。但谓人、仁二字,古人通用,则甚确。阮氏所引二条外,如与人恭而有礼,人字即仁字也。皇疏:"人犹仁也。"彼有仁者,当恭而礼之,其为人也。孝弟其为仁之本与(《后汉书·延笃传》引"孝弟也者,其为人之本与",仁正作人)。人之过也,各于其党。观过,斯知仁矣。井有仁焉,殷有三仁焉,仁字即人字也(清儒多如此解)。俞曲园《古书疑义举例》所谓字异而义同也。信哉!中国古训之重仁,中国古训之重人,字义如是,人道如是,国粹如是。

或乃谓子罕言利与命、与仁,仁为圣人所罕言,矧在末学何必多言,是殆不然。《论语》论仁凡五十八章,仁字凡一百有五,多属孔子之言,即有属于弟子者,皆述孔子之意,何得谓罕言耶?("四海之内皆兄弟也",朱子释为子夏之言,而王充《论衡》以为孔子曰。"君子务本,本立而道生",刘向《说苑》引作孔子曰,又《延笃传》云圣人知之,故曰,夫孝,天之经也云云,君子务本云云。阮元曰:"汉人引《论语》,往往以为皆孔子之言。")愚按,与者,许也。利则罕言之,仁、命则许之。《论语》义当如是。倘如或说,则准以子之所慎斋战疾,子以四教文行忠信之例,但云子罕言利命仁足矣,何必有与字耶。一得之愚,言之不文,就有道而正焉,幸甚、幸甚!

中 国 的 宗 教

——中国的精神文明之一

刘文典 *

  我说中国固有的精神文明是崇高伟大的,这句话并不含有鄙弃物质文明的意思,也不是轻视现代西洋的文化。我的思想或者竟有一点倾向于唯物论的,我认为中国要想在世界上立足,非努力研究科学不可。西洋的工巧技艺、典章制度,尤其是学术思想都值得我们师法的。不过我们自己也有我们的特长,万不能因为一时有借助他人之处,就把自家原有的宝贵遗产轻轻地抛弃了。既说到精神文明,现在从宗教、哲学、文学、艺术各方面来做一个粗粗的比较。

  世界上宗教虽多,最大的不过是耶稣教、佛教、回教。这几个大宗教都有很多的经典、很高的哲理。我虽不是某一教的信徒,也曾读过些经典,觉得都有是处,都是劝人为善的,所以都是很好很好的。世上确有许多人因为受了宗教的感化而努力行善,确乎有许多人因为信了宗教而不敢做恶。不过各种宗教都不免要说到天堂,说到地狱。说到这一点上,我觉得各种宗教似乎都不免犯了"利诱威吓"四个字的嫌疑,价值上未免要打点折扣了。耶稣教的天堂地狱好像是上帝创设的,姑不必深论。佛教是专讲慈悲的,他的极乐世界是阿弥陀佛的愿

---

  * 刘文典(1891—1958),1943—1958年任教于云南大学中文系,著有《淮南鸿烈集解》、《庄子补正》等。本文作于1942年,选自《刘文典全集》(安徽大学出版社2013年版)第5册。

力生成的，地狱是众生自己业感的。佛是专把人从地狱里救出来的，绝不像别种宗教所说的，把得罪我的人往地狱里送。这一点确乎比别种宗教高明得多了。可是皈依佛的人总还是处处占便宜的，做了佛的弟子可以得到许许多多的好处。饭僧建塔更是功德无量的。

再看看我们中国固有的宗教是怎样的。老实说来，中国根本上并没有宗教这件东西。因为中国真读书明理的人都不需要什么宗教。所谓孔教者是对待别种宗教，勉强安上去的一个名目。道教是一班术士们为和佛教的僧侣争生意，仿洋货制造的土货，所以我说中国根本并没有宗教，中国人也不需要宗教。中国固有的精神文明之崇高伟大也就在此。

中国人几千年来都是以理性为重的，所以虽是祭祀天神地祇，也有巫觋祝宗之类，可是文化程度既高之后，这些事物都渐渐地被人看轻了。从晚周到近代，无知愚民们所信的，虽然是拜物教之流，读书明理的人所信的却是他们自己的哲学，绝对不是什么宗教。中国人看孔子是一个人，不是一个神。汉朝人造作的纬书上也曾经想把孔子神化，说他是千里眼，站在泰山上看得见吴门上的白马，说他能前知，预言秦始皇的焚书。可是这类的纬书隋唐以后都消灭了，读书讲学的人谁也不去理会他。孔子的学问人格是否当得大成至圣，是否足称万世师表，那是另一问题。中国人之崇拜孔子，奉为大成至圣，尊为万世师表，这实在是中国精神文明崇高伟大之处。

中国人是不受利诱、不怕威吓的。我们为善是因为道理该要为善，并不是为想升天堂，想到极乐世界去享受极乐。我们不为恶是因为道理上不该为恶，并不是怕受果报，怕下地狱。所以各种宗教都许人福利，而中国的圣贤绝不许人福利，不但不许人福利，有时反因为遵信圣贤的教义，遭到极大的祸害。尽管遭到极大的祸害，圣贤的话还是要遵行的，这是何等的崇高伟大。

南宋灭亡的时候，谢枋得先生起兵抵抗蒙古，元朝的吏卒到他家里去捉谢太夫人，她老人家说道："老妇合死，老妇使儿子读书，识得三纲五常，故有今日之祸。若不使儿子读书，不识得三纲五常，何至于此。老妇合死。"谢老太太的这几句话，真是至今凛凛有生气，读之可以使顽廉懦立。中国的精神文化之崇高伟大，由这几句话上也表现无遗了。中国妇女如谢太夫人者并不止一人两人。顾炎武先生的太夫人也就是因为明代亡国不食而死的。妇人女子既不是军士，也不是官吏，本没有死社稷、殉君国的义务。她老人家深知明亡非前代换朝可比，乃是顾先生所谓"亡天下"，所以毅然决然地绝食而死了。所以顾先生说"先母以女子而蹈首阳之节"，誓死不做清朝的官，这样的精神真是天地间的正气。

各种宗教固然都有殉道者，但是死时虽不免受苦，死后总都有好处。为耶稣教受难苦死后有洋娃娃似的生有翅膀的天使，飞来接他的灵魂升天堂，享永生之乐。为佛教死的也有接引佛伸金色臂，请他坐莲台往西方去享极乐。这样的殉道，比那些"夸者死权，贪夫殉财"固然高明多了，但是仔细合算起来，总不免是拼着一时之苦，换得永久之乐，还都有所希图的罢。唯有像谢太夫人和历史上无数死忠死节的人，他们所以舍生，是要取义；所以杀身，是为要成仁。自来的圣贤都只教人要取这个义，成这个仁，不可以求生害义，绝没有许过死后有什么乐利，来生得什么幸福。他们不惜穴胸断脰，覆家赤族，所殉的是他们自己心里的理想，另外并无半点希图。所以我认为中国圣贤的教训比外国教主的教理更加崇高伟大，中国古往今来死忠死节的仁人义士，其人格之高，远过宗教的殉道者。

以上所讲的是国家有危难的时候，就在平时，中国圣贤的教义也和别国宗教情形不同。中国自从汉代董仲舒建议独尊孔子以后，学术思想的进步发展上诚然很有阻滞。可是精神文化依然能随时代而进化，并不至于停顿衰亡。宋明的学者，采取佛教和道教思想的精华，组织出自己思想的系统，在哲学上放出万丈的光芒来。其著微广大处，比之世界任何国的思想家也有过之无不及的，现在且不谈学理上的比较研究，但看七十年来的日本，明治维新的元勋几乎全是王阳明的信徒。日俄海战的名将东乡平八郎有一块图章，镌着"一生低首拜阳明"七个字。他常常说，他在英国留学三年，所学得的海军战术固然也有益处，但是两军大战，万炮齐发，好比天崩地塌，这时候他之所以能不动心，从容指挥舰队的真本领，全是从阳明学上得来的，这不是任何国的海军学校里所能学到的了。日本的水户学派是明代忠臣朱舜水的信徒，所讲的是宋代朱子的学说。他们在今天妄想统一世界，诚然是失之夸大，有陷国家于绝地的危险，但是那种精神是可敬可佩的。世界上有能使国家兴旺的哲学，普鲁士的费希特、中国的孔子以及程朱陆王便是。可是并没有能使国家兴旺的宗教，犹太和印度就摆在我们的眼面前。印度的阿育王虽然造了八万四千座宝塔，甘地和尼赫鲁现在还被警察拘禁着。中国的梁武帝极力学阿育王，终于死在降虏侯景之手。日本人借我们的朱晦庵、王阳明，竟有今天这样的强盛，这中间的消息实在值得我们深思。

我觉得别国的各种宗教，都是因为人对于这个现实的世界感觉得郁倦烦闷，对于宇宙人生的最高问题又无法解决，才运用想象力制造出一个精神上的休息所。于是乎人都成了迷顽的众生，成了静待审判的未决囚。一方面固然有人因此行善，因此有所忌惮，不敢放手作恶，一方面人的价值也估得太低了。中国人则不然，他以为与其求天上的神佛来教化，不如在我们自己中间推出一位来做模范。对现实世界颇然不满意，只有设法把他改造好。儒家的修身齐家治国平天下，就是改造世界的具体方案和程序。荀子的哲学就把天视为一个自然物，把地认为一个生产者，主张不必去求他。我们人是宇宙的统治者，人上面不再有个超人间的统治者了。宋儒以为人心即是天理，所以人是神圣的。阳明学家都相信"个个人心有仲尼"。孔子是已经完成的至圣，我们大家也都是尚未完成的圣贤。这种思想，粗一看似乎很像佛教的思想，其实大不相同。贤劫千佛既有定额，又还要经过千万年的修持才行的。中国人认为成圣成贤就是今生今世的事，不要等什么来生。所以任何宗教都是开的远期支票，纵然付款也不能应我们的急需，中国圣贤的教训好比现金，今天就能应用的。

还有一些小事，很值得注意。任何都会里都有佛寺、教室、礼拜寺，每个县治里都有孔庙。佛寺教堂里不断有许多虔诚的信徒去祈求祷告，许愿还愿。婚姻、词讼、行人以及一切的人事都可以问之神佛，求他保佑。可是自有孔庙大成殿以来，总未见有人去求财求子。这是什么缘故？孔子是绝不保佑人的。他死后绝未显过一次灵，宋儒说魂升魄降，简直是近于无鬼论的。单看这一点就可以知道"孔教"是不是一种宗教了。自大成殿上正中间的孔子，两旁的颜曾思孟、十哲，以至两厅配享的许多位贤儒，都不是神而是人，历代理想的人。两千年来指导我们人生行为的就是这班人，创造中国精神文化的也就是这班人。他们都不是神，不是佛，他们所遗留的教训却远胜过任何宗教的神。

此外还有两种最普遍的庙，就是东岳庙和城隍庙了。中国人的魂是自古以来都归东岳泰山管的。汉人的诗就有"人间乐未央，忽然归东岳"的话，曹子建杂诗"抚剑西南望，思欲赴泰山"，应休琏诗"年命在桑榆，东岳与我期"。可见此说已经很古的了，后来也有时转移管辖，归霍山、恒山管过的，不过为期并不久。东岳庙、城隍庙的两廊都有十殿，其中最著名的是五殿阎罗王。阎王和龙王是同乡，都是印度的产品。阎罗一译琰魔，并非中国人姓阎的。"城覆于隆"虽出于《易经》，城隍神却是后来仿照阳间郡县制度，划分的阴间行政区域。各县的城隍庙、东岳庙全是东西杂糅，乱七八糟的。山神、鬼王、菩萨，尊卑不分，职权混乱。因为这些都是读书明理的人所不道的，只凭那班无知愚民随意安排装点。既不能算是一种宗教，也不能支配人的行为，只能当他是各种迷信的集合体罢了。所以我说中国并没有宗教，中国人不需要宗教。中国精神文明之高崇伟大处也就在此。

陶 潜 的 思 想

徐嘉瑞 *

一、引言

陶潜的思想,有积极和消极的两方面。以前的人,只是看他的消极避世的一方面,而忽略了他对社会的憎恨与轻蔑的一方面,这是不够理解他的。不论是积极消极,他的思想是现实的,他的诗歌是现实的,并且他没有离开人间,他和穷苦的人们永远住在一起。

对于他的积极性能够理解的,是朱熹。他说:"韦苏州诗直是自在,陶却是有力。隐者多是带性负气之人为之,陶欲有为而不能者也。"

这对于他憎恨社会、轻蔑世俗的积极的精神是能够彻底理解的了。真西山也说:"渊明之智,岂玄虚之士所可望耶?观其诗辞,亦悲凉感慨,非无意世事者。"

黄维章(文焕)说:"钟嵘品陶,徒曰隐逸之宗,以隐逸蔽陶,陶不得见也。析之以忧时念乱,思扶晋衰,思抗晋禅,经济热肠,语藏本末,涌若海立,屹若剑飞,斯陶之心胆出矣!"

---

* 徐嘉瑞(1895—1977),1938—1949 年任教于云南大学文史系,著有《大理古代文化史》等。本文作于 1947 年,选自《徐嘉瑞全集》(云南大学出版社 2008 年版)第 1 卷。

沈德潜说:"晋人多尚放达,独渊明有忧勤语,有自任语,有悲愤语。"

他不是烧丹服药求仙的六朝人,也不是纵酒昏酣遗落世事的六朝人。他不愿离开世间,他和他的邻人一起过着最艰苦的生活。梁任公说:"他不过是庐山下一位赤贫的农民。"

对于他的诗歌的现实性,能够理解的人以前也还很多。如陈无己《后山诗话》说:"渊明之诗,切于事情,但不文耳。"

这是真能了解渊明的人。他是农人的朋友,他的诗所写的是农人们自己的生活。他所用的语言,虽然不是农人们口头的白话,但在六朝专讲雕琢的时代,能用很平凡的字句作诗,已经了不起了。我们看他的诗句,如:

> 今日天气佳,清吹与鸣弹。
>
> 谈谐无俗调,所说圣人篇。
>
> 药石有时闲,念我意中人。
>
> 尔从山中来,早晚发天目。
>
> 我屋南窗下,今生几丛菊。
>
> 归去来山中,山中酒应熟。
>
> 春秋多佳日,登高赋新诗。
>
> 今我不为乐,知有来岁不。
>
> 自古叹行役,我今始知之。
>
> 先师有遗训,忧道不忧贫。
>
> 田家岂不苦,弗获辞此难。
>
> 积善云有报,夷叔在西山。
>
> 有酒不肯饮,但顾世间名。
>
> 行止千万端,谁知非与是。
>
> 清晨闻叩门,倒裳往自开。
>
> 问子为谁叹,田父有好怀。
>
> 子云性嗜酒,家贫无由得。

若复不快饮,空负头上巾。

虽有五男儿,总不好纸笔。

阿舒已二八,懒惰故无匹。

多谢诸少年,相知不忠厚。

昔闻长者言,掩耳每不喜。

既耕亦已种,时还读我书。

君子死知己,提剑出燕京。

举世无知者,止有一刘龚。

此外的还很多,这一些诗和王梵志的白话诗差不了许多,无怪钟嵘说他出于应璩了。应璩百一诗"下流不可处,君子慎厥初"和陶诗正相仿佛。这一种诗,不但六朝人不能理解,连宋人也不能理解,所以陈后山说他"不文",这才真是陶潜的知己。千年以来,只有人说他清高,没有人说他"不文",其实"不文"才是他的伟大。在两晋时代,能够"不文",尤其伟大了!

他的诗"不文"还是生活环境造成。他和天真的农人住在一起,所以自然写出许多真的诗句。朱熹说:"渊明诗平淡出于自然。"沈德潜说:"过江末季,诞生陶公,无意为诗,斯臻至极。"黄庭坚说:"宁用字不工,不使语俗,此庾开府之所长也,然有意于为诗也。至于渊明,则所谓不烦绳削而自合者。……说者曰:若以法眼观,无俗不真;若以世眼观,无真不俗。渊明之诗,要当与一丘一壑者共之耳。"胡适之先生说:"他的环境,是产生平民文学的环境。……他的意境,是哲学家的意境。而他的言语,却是民间的言语。"(《白话文学史》)

二、陶潜诗歌的积极性

诗歌是人格的表现,陶潜是一个有血性的人,是一个入世的诗人,是一个现实的诗人。他不是没有理想,他的理想仍然是附着在农村的土地上面。他的欢乐痛苦与农民相同,并且他没有忘却了国家社会。他对于当时的社会,他自己的国家,是憎恨到了极点。可是,你要知道,憎恨是由伟大的爱中产生出来的。

一般人误解《桃花源记》,以为桃花源在天上,不知桃花源即是他所爱的他所长久居住下去的家乡。若果把他当作一个高蹈派的诗人,那是错看了他。

梁任公说:"如果他在争什么姓司马姓刘,未免把他看小了。"梁任公先生的话,也只是看见他的一面。他的诗篇之所以伟大,正由于他孤高的品格和气节。

他的诗说:"朝与仁义生,夕死复何求,及时当勉励,岁月不待人。前途常几许,未知止泊处,古人惜寸阴,念此使人惧。"他的诗又说:"凄凄失群鸟,日暮犹独飞。徘徊无定止,夜夜声转悲。厉响思清远,去来何依依。"这两首诗,骤然看去,简直不像他的作品,他的作品一向只被人看作是冲淡的、闲适的。但是这两首诗却是那样焦躁,那样的迫切,去追求正义,追求立身的大节。朝得仁义,夕死何求,是如何明朗的自白。他像一只"失群的鸟",孤独凄惶,独自寻找他的"前途"。他只怕岁月不待,找不到"正义"的所在。他徘徊,他探求,他在黑夜中哀鸣,他所想的是辽远的天空。这一类的诗,并不平淡,以前的人,只看见他的一面,而忽略了他的另外一面。

黄文焕《陶诗析义》云:"古今尊陶,统归平淡,以平淡概陶,陶不得见也。"朱熹说:"陶元亮自以晋世宰辅子孙,耻复屈身后代。自刘裕篡夺,遂不复仕。盖古之君子,其于天命民彝,君臣父子,大伦六法之所在,惓惓如此。是以大者既立,而后节概之高,语言之妙,乃有可得而言者。"王静安说:"三代以下之诗人,无过于屈子、渊明、子美、子瞻。此四子者,若无文学之天才,其人格亦自足千古。故无高尚伟大之人格,而有高尚伟大之文学者,殆未之有也。"

一个时代有一个时代的道德。在封建社会下面,以忠君爱国作人格最高的评价。假如做了汉奸贪官,任你隐逸,任你冲淡,也不必谈了。王维就是一个例子。你越用冲淡粉饰,越增加你的丑态,所以顾亭林骂王维是"盗言孔甘"。这是中国文化的特质。

他的诗中,有好多隐语,有好多悲痛,都是惓惓祖国。真西山说:"观其诗词,亦悲凉感慨,非无意世事者。其惓惓王室,有乃祖长沙公之心。独以力不得为,故隐遁以自绝。食薇饮水之言,衔木填海之喻,至深痛切,故读者弗之察耳。"因为他好饮酒,人们往往把他和纵酒昏酣遗落世事的竹林七贤混在一起。又因为他说"乃不知有汉,无论魏晋",说他是没有国家观念。甚至于对他编诗不题年号,也加以怀疑。我们若果把他的思想加以分析,可以知道他却是一个忠君爱国的人。他诅咒他的国家,因为他很爱他的国家。他的《桃花源记》说"避秦乱",乃是避刘裕乱。说"不知有汉,无论魏晋",乃是说"不知有汉,无论刘宋"(参见《容斋随笔》)。不过他的生活是矛盾的,他的思想也是矛盾的。他的一生是矛盾,是冲突,结果是可怜。

他的思想,一方面是积极的。这积极的方面,是以儒家正统的封建思想为基础,所以真西山说他是"出于六经"、"正自经术中来"。这一类的诗,如《箕子》、《夷齐》、《咏荆轲》、《述酒》等是。另一方面,是消极的虚无思想,纯粹是庄子的思想。把人生看作是"打着鼓向坟墓走去",又把死看作是自然而可笑的,于是走入醉乡,走向大自然的怀抱(田野)中去了。这一类的诗,如《形赠影》、《影答形》、《自挽歌辞》、《神释》、《归园田居》之类是。

他虽然消极,但是不像郭璞那一些人,一面做着游仙的梦,一面找官做。他是主张劳动,主张用汗来换饭吃的人。所以他又有夏禹、墨翟苦行的思想。这一类的诗,如《勤农六章》、《移居》等是。

他的消极思想,一半由于时代的苦闷,一半由于他多病的身体,使他的心灵上发生一重暗影,把人生看作无常与空幻。他在晚年抱病卧床,又无医药,《与子俨等疏》云:"病患以来,渐就衰损,亲旧不遗,每以药石见救,自恐大分将有限也。"颜延年诗云:"年在中身,疢维痁疾。视化如归,临凶若吉。药剂弗尝,祷祀号恤。"又云:"畏荣好古,薄身厚志。"又云:"居备勤俭,体兼贫病。"萧统传云:"躬耕自资,遂抱赢疾,江州刺史檀道济往候之,偃卧瘠馁有日矣。"《晋书·隐逸传》:"语人曰:我性不狎世,因疾守闲。"又云:"素有脚疾。"《答庞参军诗并序》:"常悲吾抱疾多年不复为文。"《南史·隐逸传》云:"潜有脚疾。"足见他被病魔纠缠很久,病的原因,也为了穷。因为劳动过度,常受饥饿,又有脚疾,无药可尝,要等亲旧送药治病。这一种苦节,和饿死首阳山的伯夷叔齐一样。他之所以宁可饿死,因为他有一个大的目的要完成。即是忠于晋室,不仕异姓,不管晋室的君臣上下如何的使他伤心。汤东涧云:"陶公不事异代,每寄情于首阳易水之间。夫惟忍于饥寒之苦,而后能存节义之闲,西山之所以有饿夫也。"(《陶诗注》)

由此说来,王维、韦应物之流,以冲淡闲适学陶,实在是和陶相反。陶潜的另一方面,并不闲适,并不冲淡。我们看他的诗,如"在我中晋,业融长沙"(《命子》)、"天人革命,绝景穷居"(《夷齐》)、"去乡之感,犹有迟迟。剋伊代谢,触物皆非"(《箕子》)、"望义如归,尤伊二子"(《程杵》)、"介介若人,特为贞夫。德不百年,汗我诗书。逝然不顾,被褐幽居"(《鲁二儒》)。虽然是述史,无异是他自己的写照。说他是一个没有国家观念的人,还能说得过去吗? 所以吴瞻泰说:"读史述九章,发抒忠愤为多,尤渊明一生大节,正犹屈子之九歌也。"(《陶诗汇注》)《咏荆轲》一篇,尤为明显。如"君子死知己,提剑出燕京"。《朱子语类》:"渊明诗,人皆说平淡,余看他自是豪放,但豪放得来不觉耳。其露出本相者,是《咏荆轲》一篇。平淡的人,如何说得出这样言语出来。"何注刘履曰:"此靖节愤宋武弑夺之变,欲为晋求得如荆轲者往报焉。"

三、陶诗题甲子的辩论

《宋书》、《南史》和《文选》六臣注,都说渊明所著文章,义熙以前,则书晋年号。永初以来,唯云甲子。颜真卿《栗里诗》说:"自以公相后,每怀宗国屯,题诗庚子岁,自谓羲皇人。"宋濂反对此说。他说:"陶集具在,其题甲子者,始庚子、丙辰,皆晋安帝时作,初不闻题隆安义熙。《拟古》第九章有'忽值山河改'之句,虽不敢言为何年,必宋受晋禅之后所作。不知何故,反不书甲子? 意所题甲子,亦一时偶然耳。"郎瑛《七修类稿》说:"五臣注《文选》,以渊明诗,晋所作者,皆题年号,入宋但题甲子,后世因仍其说。治平中,虎丘僧思悦,辨其不然。谓:'渊明之诗,有题甲子者,始庚子,距丙辰,凡十七年,诗一十二首,皆安帝时作也,恭帝元熙二年庚申,始禅宋。夫自庚子至庚申,凡二十年,岂有晋未禅宋之前二十年内,辄耻事二姓,而所作即题甲子以自异哉?矧诗中又无标晋年号者。所题甲子,但记一时事耳。'其说出而旧疑释矣。后蔡采之《碧湖杂记》又云:'元兴二年,桓玄篡位,继而刘裕秉政,至元熙二年始受禅,恭帝云:桓玄之时,晋已无天下,重为刘公所延。今日之事,本所甘心,计时逆推,正二十年也。盖渊明逆知末流,必至革代,故所题云之。'以予论之,岂可逆料二十年后事耶?蔡说谬矣。述酒正指宋迫恭帝之事,何以不题甲子耶?"(按:治平当为宋英宗年号)

郭子章《豫章诗话》云:"庚子,安帝隆安四年,其时桓玄未篡,刘裕得政,渊明何以不书年号,只书甲子耶?(桓玄篡位为元兴二年癸卯,在庚子后三年。刘裕得政,在庚子后五年,即义熙元年)又考其集,庚子以后,题甲子者,诗也。其祭陈氏妹文,题晋义熙三年五月甲辰,又何尝不题义熙耶?总之,渊明心在晋室,亦何在年号之题与不题耶?"

李滢《陶靖节自题甲子辨》云:沈约《宋书》本传,载渊明义熙以后,唯自题甲子。约生齐梁间,距渊明诗甚近,岂有讹误?李延寿《南北史》亦载耻事二姓,唯自题甲子之语。延寿之书,温公谓之佳史,何所载他事与五代诸史间多抵牾,而渊明之事,独无异辞?或谓《年谱》宋永初二年(421)有《王抚军坐送客》诗,不削宋宦号,则自题甲子之说,疑妄?然《述酒》诗云:"平王去旧京,山阳归下国。"伤时之意显然。则《年谱》安知非赝耶?夫韩亡秦帝之诗,不能免于元嘉(宋文帝)右文之主,而能顾忌于枭雄之刘裕?或藏本与行世者互异,而世远不及见也。又或诸子改窜,如孙盛诸子之于《晋阳秋》。或又谓《晋书》本传,不载题甲子之说,何也?滢以为《晋书》实本之何承天等十六家之书,有与渊明同时者,故不敢载。唐初房许诸臣,因之耳。夫唐之颜平原,宋之黄庭坚、秦观,皆无异辞,况两见之正史乎?

以上所引各家的说法,都是各执一词,聚讼不决。我以为渊明诗不题年号,不是不想题晋的年号,而是不愿题宋年号。渊明所最不欲题最不忍题的,不是义熙,而是永初(宋武帝)。若只题义熙,而不题永初,那么形迹显然,必见杀于刘裕。故自庚子以后，一概都题甲子。那么宋代的年号，如永初、元嘉，可以不见于他的诗中。要是不然，陶诗中有永初年号，还成什么样呢？至于祭妹文题义熙，正是不忘故国之义。这是他的苦心孤诣，不可不辨。颜延之诔文说："念昔宴私，举觞相询。独正者危，至方则碍。"他要保守他的节操，就不能不隐晦一些。后来的各种辩论，都是不了解他的心迹。

又有一种说法，是说："书甲子是指文章，不是指诗。"这一说也很有道理。杨希闵《豫章先贤九家年谱·晋陶征士年谱》云："在晋书年号，入宋唯书甲子，此指文章言，如序记之类，非指诗也。诗何必定有甲子年号。陶集文凡九卷，今存者才数篇，就此数篇考之，《桃花源诗》序称太元中，《祭程氏妹文》称义熙三年。"此书晋代年号之证也。自祭文但称丁卯，此永初以后书甲子之证。休文生元嘉中，见其全集，所言必不误。五臣误读《宋书》，妄欲以诗证史，谓休文误，休文初无误也。此钱竹汀先生说。

四、结论

总结下来，陶潜的思想，有积极消极的两方面，他的性格，有强硬和软弱的两方面，所以他的诗也有豪放和冲淡的两方面。从整体说来，他的诗和六朝人的诗完全不同。他是农人的朋友，并且他还是一个爱国的诗人。现在是什么时代，我们再不能学陶潜了。根本桃花源也同样受战争饥馑的摧残，表面是诗，里子是血。我们要学陶潜，须要学他积极的、强硬的、豪放的方面，而扬弃了他消极的、软弱的、冲淡的方面。这样才算真正的能学陶潜。

易经中的辩证法及唯物主义因素

汤鹤逸[*]

近年西欧一些资产阶级学者研究中国哲学，多认为中国古代哲学只偏于政治哲学及伦理哲学方面的研究，而关于哲学或宇宙观，很少发见，远不如西洋的发达。以故：他们虽偶尔论到中国哲学这一方面，很少有深入的研究。其实他们这种见解，完全是错误的，这不但歪曲了中国哲学发展的过程，并且不明了中国哲学的本质。不知中国哲学发展的过程，也是和古代希腊一样，随着社会史的发展过程，先有关于自然哲学或宇宙观的见解，而后才派生出关于人生及政治的见解。中国古代的易经，就是最确实的证据。易经不仅蕴藏着中国古代关于自然哲学及宇宙观一整套的见解，并且是一部素朴的唯物主义。关于辩证法的发展也有若干重要的发见。近年除郭沫若先生有所发见外，国内一般学术界，也很少有人注意。实不能不说是数典忘祖。

至于易经所以不易惹人注意的原因，也自有它的客观因素存在，最重要的客观因素，就是自汉以来，一些反动的唯心主义注易家，仅凭他们主观的唯心主义见解，对"易"加上许多曲解或误解，以致易经的真正内容，多被他们遮蔽。诚如宋儒所说："谈易者，譬之如竹笼，添得一条骨子，则障了一路光明。"历代所添

---

    * 汤鹤逸（？—1964），1947—1964 年任教于云南大学中文系，著有《西洋近代政治思想》等。本文发表于《云南大学人文科学杂志》1957 年第 1 期。

障碍光明的骨子,略有:(1)汉易学家京(房)焦(赣)等以迄虞翻、荀勖专用阴阳五行家的看法以解易,添上种种"世应"、"飞伏"、"纳甲纳音"的杂说,使易成为阴阳家言或江湖术士的方书。(2)三国王弼虽一扫自汉以来的杂说,但援用道家言,以"无"为易的本质,仍未脱唯心主义的见解。(3)至陈抟、邵康节一派更用道士一流的见解,虚造出先天图说、太极图说或皇极经世数等使易成预断世运的预言书。(4)宋程颐、程颢及朱熹一派,虽能注重易理,专做义理上的分析,但所谓义理仍是反动儒家一套理气杂糅的义理,易反成为儒家的注脚。我认为要明了易经的本质或真相,须先把这些乌烟瘴气的见解,彻底扫清,才于易经可拨开云雾而见青天,显出它的本来面目。其次是易经成书,原不是一个时代或几个人所著成,乃是经过若干年代及若干人,层层累积起来的著述,若不详循它的时代发展的顺序,而分析划清它们间的界线,它的本质上的发展及它的内容上的变迁,也是无从明了及把握。本篇系本上述原则,个人一点研究心得,兹为撮要分论于次:

一、八卦取象的由来及二元论的宇宙观之成立

易经基础的成立,是成立在八卦的基础上边。我们想明了易经的本质,自须先究明八卦成立的由来。八卦是根据什么成立的?据易经自身的说法,是根据"象"成立的。象又是什么?胡适在他所著《中国哲学史大纲》,认为"象"是和客观唯心主义者柏拉图所说的原象(Idea)或观念一样,是超乎现象一种先验的(Transcendental)存在,他这种反动唯心主义者的见解,与易经所说的象,也是完全相反的。易经对八卦所取的"象"原有很明白的说明。如系词上二:"古者庖牺氏之王天下也,仰则观象于天俯则观法于地,观鸟兽之文与地之宜,近取诸身,远取诸物,于是,始作八卦。……"

又系词上十二:"圣人有以见天下之至赜(郑玄注赜当为动)而拟其形容,象其物宜,故谓之象。"

可见八卦的取象，是由于仰观天，俯察地，近取诸身，远取诸物，实践上观察种种自然现象，所得来的东西。所谓拟诸形容，象其物宜，也就是说取象的过程先从其形态，得着感性上的认识再进到理性上的认识深入其本质（物宜）所得来的实象。

又系词上一更有较进一步具体的说明。如系词上一："在天成象，在地成形。"易疏："谓悬象日月星辰也。"

又系上十一："悬象著明，莫大乎日月。"又十一："见乃谓之象。"

系下一："象也者像此者也。"易疏："言象此物之形状也。"

象既属可以见的东西，自属客观实在的自然现象，自不是什么超乎现象的存在。

八卦取象的由来，既属由实践上观察具体的自然现象得来，而八卦具体的象，又属天地水火山泽风雷等八种自然现象，它所含的意义，实耐我们后人的寻味。黑格尔《哲学史讲演录》论易经哲学也以八卦为具体的现象未经过概念化，是不无理由的。至于为什么单取象于上述八种具体现象，据冯芝生（友兰）教授的解释，以为：宇宙间最大者为天地，天上最惹人注意者为日月，地下最惹人注意者为山泽，人生之最切用者为水火。因其切用，故取象以画八卦。所见固有道理，可惜尚缺少进一步的说明。若仅说惹人注意或于人生切要，那么惹人注意及切要于人生的，实不仅以上八种，而独取象于上八种，实有它的社会意义。它的社会意义所在，我认为系由狩猎时代或牧畜社会初发展到初期农业社会的产物。我们试看一部易经，其中关于动植物名称的记载，就可证明。易经的每一卦，差不多都有鸟兽名，如乾卦的"龙"、坤卦的"牝马"以及大壮卦的"羝羊触藩"、大畜的"豮豕之牙"、晋卦的"晋如鼫鼠"、解卦的"田（田猎）获三狐"，又解卦的"公用射隼于高墉之上"，鸟兽名一共有二十余种之多。鱼类只有中孚卦的"豚鱼吉"、姤卦的"包有鱼"、井卦的"井谷射鲋"（可见当时尚无网）。而关于农业的，则只有无妄卦六二爻词"不耕种不菑畬"（治田）、离卦象词的"百谷草木丽乎土"以及后来系词的"神农氏始作耒耜"两三处记载。鸟兽名的记载这么多，农业生产的记载这么少，可证当时的社会情形，实为甫由狩猎或牧畜社会初发展到初期农业社会，也可说是在狩猎或牧畜社会的基础上，农业才开始发展。以上八种自然现象，皆于农业生产最关切要。天空的日月风雷、地上的水火山泽，没有一种不是直接影响于农业生产的。风调雨顺、寒温以时，则有益于种植。晴多则旱、雨多则潦，则有害于收成。山可以供燃料与木材，泽可以供灌溉及水草，而山崩泽溢、烈风暴雨，甚至给人民以灾祸。八种中若缺乏一种，农业便发生影响。清赵翼论易（参见《陔余丛考》）以为："坎是水兑为泽，泽也是水，未免重复，其理殊不可解。"不知这正象征着初期农业社会的特色，初期农业社会人民，知识初开，原没有像后人一样精密的科学头脑，只见水于农业有关，而泽可储水灌溉，更于农业有关，遂不惜重举，以表重视。可知八卦始画，原为初期农业社会服务，具有实用的意义。兹姑不论八卦原来是否属于象形文字，从上述看来，要为反映初期农民一般为农业上生产实践的要求，故特取象于农业极有关系的八种自然现象，画成八卦，用以加强人民的注意及记忆。诚如后来说卦所说："动万物者，莫疾乎风；燥万物者，莫熯乎火；说（悦）万物者，莫说乎泽；润万物者，莫润乎水；终始万物者，莫盛乎艮。"可谓最能说明八种自然现象，对于农业的需要。又从人与自然关系说，也可说是原始人民对自然斗争，开初获得胜利的结果，使他们渐明了了天地日月雷风等自然现象，不是有什么神或超自然的真宰在那里支配，而只不过是客观存在的自然现象，并没有什么难知的神秘存在。易系词所谓"易则易知"，就是说八卦始画，原本自然现象。自然现象摆在人的面前，并没有什么难知的道理。

又八卦除上述于农业生产有切要关系外，据次引各种载籍所说，于当时男女关系的正常化，也至有关。如陆贾《新语》："先圣乃仰观天文，俯察地理，图画乾坤，以定人道，民始开悟，知有父子之亲。……"《白虎通》："古之时……民人但知其母，不知其父，于是伏羲仰观象于天，俯察法于地，因夫妇，正五行，始定人道画八卦以治下。"又三国谯周《古史考》："伏羲制嫁娶以俪皮为礼。"（参见《史记索隐》所引）证以易经爻词中屡有"匪寇婚媾"的记载，当时尚有掠夺婚姻存在,使男女关系,化为正常,亦实有必要。八卦以"━"象男,以"╍"象女,含有男女象征,以为教化之用。上引汉儒所说,固不无理由。即就男女关系而言,也是含有社会的意义。

八卦所取的象,主要的既属取自农业至关切要的八种自然现象,而这八种自然现象又全是对立的存在,如天上地下,山高泽低,水火不相入,雷风相薄。因这种对立,渐使初民感着自然现象间有两种不同的因素支配其间。于是在这种直观上渐孕育着阴阳二因素的见解。

阴阳二因素的根据,起初并不是完全根据阴阳的二元。我们试看卦爻词,其中并找不出阴阳字样,卦中也只有泰否二卦,甚至也没有刚柔二字,后来到彖、象词、文言,多数还是以刚柔二爻的变化,做判断每卦或每爻的基础。如乾卦文言:"大哉乾乎,刚健中正。"坤卦文言:"坤至柔而动也刚。"蒙卦九二象词:"子克家,刚柔相接也。"需卦象词:"刚健而不陷。"几乎每一卦都有刚柔二字。而用阴阳的,只有乾卦初九象词:"潜龙勿用,阳在下也。"坤卦初六象词:"履霜坚冰,阴始凝也。"文言:"阴疑于阳必战。"泰卦象词:"内阳而外阴。"否卦象词:"内阴而外阳。"到系词说卦,刚柔二字始少见而才大谈阴阳。可证易经中二元论的发展,实先发见刚柔的二元,而后才发展到阴阳的二元。

至何以由多元发展到二元的过程? 若仅从思想发展的过程说:当然是因当时的人民,他们由生产实践上经验前述天地水火风雷等自然现象,全是对立的或互相矛盾的;反观自身,也有男女的不同以至奇偶的相对;昼夜的递换、屈信(伸)的交替、明暗的相背、动静的交错,无不两两相峙。结果遂致使他们渐觉得支配这些自然现象的里面,必有共通的两种不同的因素,在其间起着支配或杠杆作用。起初认是刚柔。继又觉得刚柔,还是属于现象,没有抓着本质。最后又发见山有背阴一面和向阳的一面[1],以及男女生殖器官,一辟一阖,归纳起来,遂不觉豁然大悟,始认识了支配自然界一切现象的共通因素,不外乎阴阳二元。

---

[1] Alfred Forke: *Gedankenwelt des Chineseschen Kulturkreises*, Chap. 3, pp. 160 – 188.

理论的来源，固如上述。而所以促成这种理论的，也自有它的社会根源。试看西洋哲学发展史的过程，凡二元论的产生，多是产自阶级社会，如笛卡尔的二元论，系产在资产阶级的社会。中国也不能例外，也自产生在阶级社会的基础上边。

著述易经的时代，据爻词中所记社会事实的证明，已早是阶级社会，并且是奴隶社会。兹就易经中所有的资料，就可证明：

（1）君臣对立的阶级已经存在。旅卦六三爻词："不及其君遇其臣。"象词解为："不及其君不可过也。"就是说君高在上，不可随便往过。

（2）上下贵贱阶级的区别划分很严。屯卦初九象词："以贵下贱，大得民也。"比卦象词："比辅也，下顺从也。"系词："天尊地卑，乾坤定矣；卑高以陈，贵贱位矣。"

（3）已有帝王的统治阶级。履卦象词："履帝位而不疚，光明也。"随卦上六爻词："王用享于岐山。"益卦象词："王用享于帝。"萃卦象词："王假有庙致孝享也。"既有帝王，并有宗庙。

（4）奴隶制已经存在。遁卦九三爻词："畜（蓄）臣妾吉。"旅卦九三爻词："丧其童仆厉。"据甲骨文证明童仆也系奴隶。有奴隶当然有奴隶主存在。

易自爻词著述时代起，既属奴隶社会，而这种阶级社会的存在，后来易系词著述时代，更给它以一种理论的基础，想叫它成为合理化。如前引系词第一章就说："卑高以陈，贵贱位矣。"致使后来注易者谓易有三义，其第三义所谓"不易"就是认"贵高贱卑，君南面臣北面，父坐子伏"为永远不易的道理，用以麻醉人民的阶级意识，缓和阶级的对抗，来维持统治阶级的威权。人民生活在这种阶级对立的社会环境下边，日子久了，习为故常；又看到宇宙间事事物物也有二元对立的存在，在他们思想上更是促成对立的二元论的发展。

无论哪种民族，凡生活在阶级社会下边，因受着阶级对立的反映，他们的思想或意识形态，每深印着阶级的烙印，如印度古代有四种阶级存在，佛教便把所谓"禅"分为初禅、二禅、三禅、四禅四种阶段。日本在唐代以来政府官阶分九等(平安朝),围棋也随着分一段至九段。要皆为当时阶级社会所反映。中国阴阳对立的二元论,也自属具有这同样的阶级根源。

二、由阴阳二因素向辩证法的一元论的发展

易经中所含阴阳的思想,系先由刚柔而发展到阴阳,而阴阳的见解,实至系词时代始得着显著的发展。上已述及。它的本质,如系词上二,说得很明白:

"乾坤(阴阳)其易之蕴耶! 乾坤成列而易立乎其中矣,乾坤毁则无以见易。易不可见,则乾坤或乎息矣。"

又:"乾坤其易之门耶! 乾阳物也,坤阴物也,阴阳合德而刚柔有体,以体天地之撰(自然结构)以通神明(自然造化)之德(本质)。"

至于根据什么,认宇宙的本体,是成自阴阳的二元? 易经上也有具体的证明。除前述八卦所代表的八种自然现象,都是对立的存在——如天上地下、山高泽低、雷风相薄、水火不相入外,更就其他自然现象,也有所征证,如:

(1) 天地(同上)

(2) 刚柔(参见彖象词)

(3) 动静。系词:"动静有常,刚柔断矣。"

(4) 男女。同上:"乾道成男,坤道成女。"

(5) 日月。同上:"阴阳之义配日月。"又系词:"四时悬象,莫大乎日月。""日月运行一寒一暑。"

(6) 昼夜。同上:"刚柔者昼夜之象也。"又"通乎昼夜之道而知"。

(7) 开阖、翕辟。同上:"阖户谓之坤,辟户谓之乾。"又"夫乾其静也专,其动也直。夫坤其静也翕,其动也辟"。

(8) 奇偶。同上:"天一地二,天三地四,天五地六,天七地八,天九地十。"

(9) 健顺。同上:"夫乾其天下之至健也。……夫坤其天下之至静也。"

(10) 阳为乾,"乾为龙"(爻词),系上九:"乾为天、圜、君、父、金、玉、寒冰、大

赤、良马、老马、瘠马、驳马、木果。"

阴为坤为牝马(参见卦词),系词同上,"为地、母、布、釜、吝啬、均、子母牛、大舆、文、罪、柄、黑色"。

综上所引易经中所说的阴阳的本质及其表象,盖认一切现象,都不是自无而有,都是生自阴阳二元的实体。阴阳为宇宙的本质,由此本质,始产生一切自然及人生现象。若分析来讲,我们应特加注意的,有次列各点:(1)阴阳是宇宙的本质,有此本质,才生一切自然现象;(2)自然的本质,由此阴阳二因素表象出来;(3)阴阳即本体的两面,本体即阴阳的统一;(4)阴阳既为宇宙的本体或本质,所以没有阴阳也就没有宇宙;(5)易理的成立即根据这阴阳的本质,若阴阳停止运动,不但无以见"易",宇宙也自同时停止运动。

最后还有一个问题,就是这阴阳二元的本质,究是唯物,还是唯心?

我对此问题,可肯定答复是唯物。照以上历述易经理论发展的顺序,是先有八卦的多元而后始发展到阴阳的二元。八卦既系取象于八种自然现象,而根据八卦所产生的阴阳,照一般逻辑的推论,大前提既属取象于自然现象,其小前提自属由大前提所派生,当然也自属取象于自然现象。并且系词上六已明白指出:"乾阳物也,坤阴物也。阴阳合德而刚柔有体。"阴阳是物,且有体积。又同上下九:"易之为书,原始要终以为质也。六爻相杂,唯其时物也。"更指出易是质实的理论,所有六爻相杂,均系取象于当时实在的事物。

此外,还找出一个确证,如:

咸卦象词:"咸感也,柔下而刚上,二气感应以相与。"可知在象词著述时代,已认刚柔(阴阳)为气体。此不特可证明,易经所说的阴阳气体物质,并可借以考出后来易学家阴阳二气说,也实根据于此。

这虽然是一种素朴的唯物主义的见解,但已于阴阳对立中,渐呈露出较有系统的辩证法的发展。它的辩证法的内容,较之希腊古代的辩证法不特多所暗合,且有超过他们的地方,这在世界哲学史上,实不能不说是一种天才的发见。

后来易系词的作者也很想将此阴阳二因素的看法,提高到思辨哲学的高度,如系词上一:"乾以易知,坤以简能,易则易知,简则易从,易知则有亲,易从则有功,有亲则可久,有功则可大。"所谓乾以易(变易)知云云,系谓乾以变易故易(容易)知。因它不断变易,故上下无常,刚柔相易,宇宙间一切现象,皆可互变,故彼此间皆有亲密的联系,故可亲。因可亲故可久,系谓宇宙间一切现象虽变化无常,而此变化的原则,却是永久存在,从时间上说,即于时间上可以无限地延长。坤以简能云云,系谓坤只有资生万物(参见坤卦词)的潜能故简,有此简能,故万物皆可从之以资生,资生以后,则所伏潜能,皆得发挥,故有功。有功故可大,即谓资生不已,质与量的范围,皆得日益扩大。从空间说,也就是在空间上,可以无限地扩大。可惜只推论到久与大的阶段为止,再未进对客观现象,有更进一步的认识。

易经这种阴阳二因素的看法到后来的象词及系词著述时代便发展为一元,用一元的"天"或"太极"来统一阴阳。于是逐渐发展为天的太极的一元论。

(A)易经中辩证法的发展

(1)易经的根本思想原以阴阳的运动与变化,做它宇宙观的基础。并以所以有运动变化,不是由于外力,而是由于阴阳自身内在的相推相摩,这种相摩相推,永久继续永不停止。

汉以后有些较进步的易学家,多以为"易"的精神,是在究明一切事物变化的道理,所谓易有三义,其第二义,就是"变易"。如许慎《说文解字》,释易字为析易(蜥蜴)。据宋诚斋、清黄宗炎(黎洲之弟)均以为:"易系取象于蜥蜴,蜥蜴其色一时一变,一日十二时变十二色。因其倏忽变易遂假借为移易改易之用。易之文,系象其一首四足之形。"可证易经所以得名,也系因其为研究变易之书。我们试就"易"中思想略加分析,不就可证明。

如系词下八:"易之为书不可远(远离),为道也屡迁,变动不居,周流六虚,上下无常,刚柔相易,不可为典要,为变所适。"

又系词上九:"圣人有以见天下之动而观其会通。"又"以动者观其变"。又"知变化之道者,其知神(自然造化)之所为乎"。

又系词上十："参伍其变，错综其数，通其变遂成天下之文；极其数遂定天下之象。非天下之至变，其孰能与于此。"

又系词上十二："是故阖(闭)户谓之坤，辟(开)户谓之乾；一阖一辟谓之变，往来不穷谓之通。"

综上所引，可见易经的宇宙观的根本看法，是抓住变与动的两要点，来做它说明宇宙间一切现象的基础。所以认自然界一切现象，没有永久固定不变的东西，都是在流转变化新陈代谢的状态之中。所说"为道屡迁，变动不居，上下无常，刚柔相易"，尤值得注意，也就是说一切现象，既没有常住不变的可能，所以上也可变为下，刚也可变为柔，总是不断变化不断革新，绝没有固定不变的典则(典要)。所说往来不穷，就是变动没有穷尽。人只有观察体会这种客观存在的阴阳变化现象及其发展变化的特征，才可以正确地认识世界。

易经这种看法，可说已接近认识到斯大林所说的辩证法的第一特征(斯大林《辩证唯物主义与历史唯物主义》第一节)。恩格斯曾指出运动为物质存在的形式，为物质固有的属性。在述易者的当时，而能对物质固有的属性，有所认识，实不能不说是素朴的天才发见。至于为什么而有运动变化？述易者也有所认识，如系上一所说："刚柔相摩，八卦相荡。"又系词上二所说："刚柔相推而生变化。"其认变动的由来，由于刚柔(阴阳)两者本身的相推相荡而生，并不是来自外部的力量，很与希腊古代伊阿尼亚派安纳西米尼斯认宇宙现象稀化与凝集作用，由于气体内在的大力一点，颇为接近。而较之恩比多立的"力由外来说"，确属向前迈进了一大步。

(2) 易已渐认识自然现象不是孤立的而是彼此互相联系，互相依赖互相制约。(尼古拉耶夫《辩证唯物主义讲义》第三题)

"易"认自然界一切现象所以不是孤立的，系因它的总枢机，都是由于二元彼此对立而又互相联系。如：

系词上一："刚柔相摩，八卦相荡，鼓之以雷霆，润之以风雨，日月运行，一寒一暑，乾道成男，坤道成女。"

又同传上二："刚柔相推而生变化……变退之象也。"

刚柔阴阳，彼此虽是对立，它们彼此间又因相推相摩，而能发生变化，阳可以变为阴，阴可以变为阳，彼此又互相联系。日月虽有昼夜相异，而昼夜相联以成岁；寒暑虽有冬夏不同，而冬夏转易以成季；男女性虽有别，而"男女构精，万物化生"（参见系词）。

又系下一："刚柔者立本者也。变通者，趣时也者。"

更进一步认识所以促成阴阳间变化的联系，与时间进展也有密切联系。也即随时间进展，变化也为之同时进展。

又系下五："日往则月来，月往则日来，日月相推而明生焉。寒往则暑来，暑往则寒来，寒暑相推而岁成焉。"

不但可做以上解释的注脚，且相推即示其内部彼此互相联系互相依赖。有往必有来有来必有往，而其必然性，也即示其内部互相制约。

又因其彼此互相联系，所以彼此才可以互相转化，前举"上下无常，刚柔互易"，即认自然界一切现象，凡发展到了一定程度，彼此可以互易，所以才有"无常"与"相易"。

"易"关于事物间互相联系互相制约的见解，可谓已渐接近辩证法的核心问题。可惜关于什么是最根本最本质的联系，如列宁所说的最本质的联系是普遍规律性一点，在著易者当时除知道阴阳相推的规律外，别无所知。（参见列宁《哲学笔记：谈辩证法问题》及吉谢辽夫《关于列宁的〈哲学笔记〉》第三章）

（3）"易"已渐认识一切现象发展变化的过程，不是什么简单增长的过程，而也是由细小不显露的变化，进到显露的根本的变化。也即由数的变化进到质的变化。（《辩证唯物主义讲义》第五题）

坤卦初六爻词："履霜坚冰至。"象词释为："履霜坚冰至，阴始凝也。"文言更推及人事："臣弑其君，子弑其父，非一朝一夕之故也，其所由来者渐矣！由辩（辩识）之不早辩也。"易曰："履霜坚冰至，盖言顺也。"所谓顺系指由微而显，由来已渐的顺序。也即言霜之变由露，露之变由水，由水而露，由露而霜以至坚冰,原由渐变以至突变,也即由量变以至质变。结果遂至由液体变为固体,推之人事,也无不然。

又系下五:"几者动之微。"又:"君子其知几乎!"

以为能察知变动的几微,才可以知道变动的由来。

此外,卦爻的变化,内中也含有关于现象变化发展的过程,同是由微而著的道理,如阳盛极则渐变为阴,则为由乾(☰)而姤(䷫)。反之阴盛极则由坤(☷)渐变而复(䷗)。其间的变,也是由渐变以至突变。

(4) 阴阳何以有变化,由于阴阳内在对立面的矛盾。有矛盾所以有斗争,有斗争所以有变化。变化的结果,总是新的战胜旧的,新的起而代兴。(《辩证唯物主义讲义》第六题)

易经中说到变化,没有不联系到对立和斗争。由刚柔相摩,八卦相荡,说到阳开阴阖,更推到天地定位,山泽高低,雷风相薄(迫斗),水火不相射(入或厌)以至男女上下,都是说明有对立必有斗争。

易经中并有很多实例,如坤上六爻词:"龙战于野,其血玄黄。"文言释为:"阴疑(拟)于阳或钧敌于阳,为其嫌于无阳也。"郑玄注本,作为其溓于阳也(以溓为慊)。又屯卦象词,"刚柔始交(战)而难(去声)生",就是指的阴阳对立斗争的开始。

更进易经的思想发展,也似知道唯有克服这种内在的矛盾,才是发展的基础或源泉。如系上二,"穷则变,变则通",就是说对立矛盾的发展,若达到极点,终有走不通的时候,故必至于穷。要想不穷,只有克服对立的矛盾,改变了情况以后,才能打通矛盾的僵局,得着"山重水复疑无路,柳暗花明又一村"新的境界。又:"往来不穷谓之通。"穷无已时,求通也就没有已时。

次似也知道克服矛盾以后,总是旧的为新的所战败以致消灭。如系下三:"往者屈也,来者信(伸)也。"即新的由发展而伸长,旧的由过去而屈伏。又关于辩证法中对立面的统一原则易似也有所认识,诚如宋魏了翁在《周易要义》所说:"说卦三既言水火不相入,雷风相薄,而说卦六又言水火相逮,雷风不相悖。

盖言水火虽不相入而相逮及雷风虽相薄而不相悖逆,山泽虽相悬而能通气,然后能行变化,而尽成万物。"又述易又似想更进将此统一原则应用到思维方面,如系下四:"天下何思何虑,天下同归而殊途,一致而百虑。"可惜仅停止在这个阶段。它说阴阳对立由于彼此矛盾而矛盾,是内在的矛盾。这是正确的,也与辩证法合。惟未再向前发展,既未推及社会现象也没有进而追求矛盾所以发生的原因,所以仅止于素朴的自发的辩证。这里有一问题,如复卦象词:"反复其道,七日来复,天行也……复其见天地之心乎!"又泰卦象词:"无往不复,天地际也。"照历来的解释,所谓"天行"、"复其见天地之心",系认无往不复,为自然现象自身所存的一定规律,自然的本质。又如后来到序卦就重卦卦象的发展,更有进一步的说明,如论:"履而泰,然后安,故受之以泰。泰者通也。物不可以终通,故受之以否,物不可终否,故受之以同人……剥者尽也。物不可终尽,剥穷上反下,故受之以复。"皆含有盛极必衰,衰极必复的道理。

有的哲学史家以为易经中"复"的说法,是堕入古代的循环论,愚意不然。理由是:首先,易曾说"生生之谓易"。据最近苏联专家杨兴顺所著《论中国哲学史中唯物主义传统》以为系指"此永恒的世界,永恒在运动中,经常产生新的物和现象"。朱熹注也以"阴生阳,阳生阴,其变化无穷"。既是变化无穷,经常能产生新的,自不是复返原处的循环。其次,前引"穷则变,变则通"以及"往来不穷谓之通",若只是循环复返到原处,则只是机械运动,又何必要"化而裁之存乎变,推而行之存乎通"(系上十二)。所谓"化裁"、所谓"推行"都是指用人力化裁推行,去克服矛盾,推进变化而言。再次,六十四卦所以以水火未济卦终,也系明示水火(阴阳)的对立,是自然界普遍现象,有矛盾必有斗争,永远没有停止,并不是向后转的循环,而是向前进的上升的发展。更进而推论到实践革命的意义,如革卦象词:"天地革而四时成,汤武革命,应乎天而顺乎人,革之时义大矣哉!"革命二字,见于文字,实始于此。

(5)已认识存在于自然现象间阴阳变化的规律,乃客观存在有一定秩序的规律,非人力所可创造或改变。人只能从认识而掌握,进而利用。(《辩证唯物

主义讲义》第八题及第十题）

反动的唯心主义哲学家常否认自然界及社会，存在一定的客观规律，如德国康德、法国波恩·凯莱即以自然规律，是人为了认识外物方便起见而创造的符号。诚如尼古拉耶夫在所著《辩证唯物主义讲义》中所论。（《辩证唯物主义讲义》第八题及第十题）

但易经中所说自然规律的性质，却没含有一点唯心主义的谬见。如系上八："言天下之至赜而不可恶（厌）也，言天下之至动而不可乱也。"以自然现象虽至复杂变动，但不是毫无条理而是有一定秩序而不可乱。所以"天地以顺动，故日月不违（错违），而四时不忒（豫象词郑玄注："忒，差也。"）"。更进认这种规律是恒久存在，所以能恒久存在，实由于不断变化而有新陈代谢，故恒卦象词："天地之道恒久而不已者也。"不说天地而说天地之道，就是说天地存在的规律，是恒久不已。所以又接着说："利有攸往，终则有始也。日月得天而能久照，四时变化而能久成……观其所恒而天地之情得矣。"此外，并以易经所说关于人事的道理，也系根据上述天地万物间的自然存在的规律，故称："易与天地准，故能弥纶天地之道，是故知幽明之故，死生之说……与天地相似故不违（故不致违背），知周乎万物而道济天下故不过。"

所以更进而可据以制造生产工具，以利民用，如系下一所举制耒耜盖取诸益，制杵臼盖取诸小过，制弧矢盖取诸睽，制舟楫盖取诸涣等等，皆系言由认识了自然规律以后，由认识而掌握，由掌握而利用，利用以创造生产工具，提高人民的生活。

最后还有一点，值得我们注意的，即认这种自然规律，不是不可知的。如系上一："乾知大始，坤作成物，乾以易知，坤以简能，易则易知，简则易从。"又"易简而天下之理得矣"。所谓易知易从，即指"易"理，不过是关于客观存在阴阳变化的大道理，并没有什么神秘难知。唯不能认识这种规律或道理，才仁者见之谓之仁，知（智）者见之谓之知，百姓日用而不知。但既已认识自然"与天地相似，故不违"（系上五及上三）。

以上所述易经关于辩证法的发现,虽有若干的看法,是合乎辩证法的规律。但始终是站在素朴的唯物主义的立场,只能说是一种直观的自发的发见,自谈不到对辩证法有深刻的认识,说它已抓住了辩证法的本质。如它对对立面的斗争,只谈到阴疑于阳必战,刚柔始交而难生,及雷风相薄,水火不相入,只涉及斗争的现象,并未找出斗争的本质。并且只就几种单纯的自然现象立论,并未深入到其他复杂现象。至于对立面的统一,只见到由太极而统两仪,由两仪而统四象……只就宇宙产生的顺序,做一种轮廓的说明。这虽然在古代是一种唯物主义最重要发见,至其间为什么有对立而又有联系,并未有较深刻的了解。

又虽认识到"复"的道理。但至多只达到"物极必反"一种不完全的辩证法的认识,所谓剥极而复否去泰来的阶段,虽未堕入循环论,知道"生生之谓易"及"天地之道恒,久而不已"。但如恩格斯所说的"否定之否定"的实例,由种籽生出茎,茎否定了种籽,茎生出穗,穗又否定了茎,虽稍有理会,而于"否定之否定"的规律,随着历史发展的过程,它的内容,也随着越加丰富复杂,它的程度,也随着越加上升提高,因为时代所局限,并未有所理会。

至于矛盾的变化,有飞跃的过程,易经虽知道履霜坚冰至,由来以渐,但仅此一例,及卦爻中阳盛极而突变阴,阴盛极而突生阳,并未就其他自然现象及社会现象有所发挥。

又易经的宇宙观虽能认识到运动与变化,为宇宙固有的属性及根本的形式,确属一种划时代的发见。但仅停止在这个阶段,再没向前推进一步,便改变了方面,想应用所发见的这点关于自然现象的原则,作为人生伦理的规准。结果,一部易经,于说明自然现象的方面,仅占一小部分,而大部分,多用到寡尤免咎的人生方面。这种由自然推及人生的论式,于某意上说,也许是哲学上一种进步现象。而中国的自然哲学及本体论,便因此深受影响,陷于停顿。述易者实不能免咎。

惟易经的辩证法中有一种特色,值得我们注意,就是始终没带有一点不可知论或先验论的杂质,如前所述。可说与西欧反动唯心主义完全异趣,是中国古代哲学一种值得表扬的特征，值得给以较高评价的所在。

若再加以综括，就是易经辩证法的特质，原以具体的自然现象作基础，就具体现象加以部区及判断，并未经过高级抽象作用的概念化。它的好处，是具有一种素朴的真实，没有一点不可知论的倾向。惟因未经过抽象作用的概念化，所以逻辑性不强，虽能揭发宇宙间阴阳对立的矛盾及转化，但到此便停止了脚步，未能深入现象的内部，再做深刻的分析及推理。结果，只是成为一种直观的自发的辩证法的发现。这不独易经哲学是这样，其他古代希腊的唯物主义及辩证法，也是有这种同样的缺陷。

（B）易经中所含思想由二元论向一元论的发展

易自彖象词著述时代起，虽才显著地以阴阳二元的唯物主义，作它的宇宙观的基础。但于此基础上已渐孕育着一元论的倾向。

其孕育的过程，可分为次述两个阶段：

（甲）天的一元观。乾卦彖词：“大哉乾元，万物资始，云行雨施，品物流行。……”王弼注：“天者，形之名也。健者用形者也。……有天之形而能永保无亏，为物之首统之者，岂非至健也哉！”朱熹注：“乾元天德之大始，故万物之生，皆资之以为始也。”

天是什么？除上引注释外，易经著述者的看法，是：

（1）天由象而见。系词所说：“仰观象于天”，又“在天成象，在地成形，变化见矣”。象既可以仰观，当然指的是日月星辰风云雷雨等可以经验自然现象。并且认为由这些现象，可以见出宇宙变化的真象。

（2）天是永恒存在的自然现象并且是永远在运动中没有停止的时候。恒卦彖词：“天地之道恒，久而不已者也。利有攸往，终则有始也。”所以说天地之道，就是天地所以存在，因其是永恒的现象，所以能久而不已，是因其是永久向前进展（攸往），循环而不停止（终则有始）。

（3）天的本质是成自阴阳的气体，由阴阳交感而后产生万物。如说卦：“立天地之道，曰阴与阳。”咸卦彖词：“天地感而万物化生。”进推到“天地纲缊，万物化醇,男女构精,万物化生"。认一切事物的产生都由于阴阳,阴阳就是天的表现。

(4)天的运动,有一定的规律。豫卦的彖词:"天地以顺动故日月不过(错行)四时不忒。"所谓顺动,即顺着一定规律运动,因顺着一定规律运动,故日月不致错行,四时不致差违。

综上可见易经中所说的天,绝不是像诗经中所说的赏善罚恶的天或上帝的天。而是指的可以实际观察的自然现象,它的变化运动,皆具有一定的规律,并且这种变化运动的规律,是永恒存在,而没有停止(不已)的时候。它的本质,就是阴阳气体,由阴阳交感而后始产生一切万物。故天分言之则为"阴阳",统阴阳而言之则为"天"。

可证易经中"天"的一元论,仍是唯物主义的一元论。

周易关于天的看法,取较殷代卜词上关于信仰的记录,可发见两者间,有一种颇有趣的对比。殷代卜词,信神色彩非常浓厚,常认在我们头上有一种超乎现象的至上神存在,初起称为帝,后称为上帝,不但赏善罚恶司管人间的运命,也几乎是全知全能。并且祭享的名称,多至数十种,有祭天的燎祭,祭鬼神的宾祭,祭祖先的禘祭,祭祖妣的爽祭等等。而周易却将殷代这些迷信,涤荡无余。如前所引只认"天"为自然现象,有一定的规律一定的变化,并想用"易"(即易经)的一个新名词来代替"神"或"道"。郭沫若先生认为在述易者的看法,是"易等于道,道等于神,神等于易"。我认为所见是正确的。

至于为什么到周易时代,对天的观念发生这样大的变化?我认识也系因新兴于西北的农耕民族——周民族,于农业生产实践上所特有的产物。因农耕社会和牧畜社会对自然界的关系,有一种根本上的不同,狩猎或牧畜社会,对自然的关系,不重土著,只是逐水草而居,迁徙无常。而农业社会,居有定处,依赖于自然,特为密切,如前所述天地日月,风云雷雨,水火等自然现象,皆于自身有直接影响,因有直接影响,故望晴卜雨,问暖煦寒须时时密切注意,留心观察。观察久了,遂渐渐了解了天地自然的真象,最后遂觉得天地不是像殷人的看法一样,而是自然现象,是有规律的存在,相传周姬昌重卦,是真实的话,那么,周姬昌也遂想用人民这种反映自然的看法,用作思想的武器,从思想上来推翻殷人的上层建筑。

说到这里,又涉及易经著述时代的问题。兹亦须略事论证,前已言及周易的述作,绝不是成自一个时代或几个人,乃是经过若干时代若干人层层累积起来的。八卦始画的时代,虽无从考证,但有一消极的证明,为时至早不是在殷代以前,因为殷代的卜词,至今尚未发见有八卦字样。重卦以后的卦爻词即使不是姬昌所作,也是出自殷末周人所作。系词所说:"易之兴也,其于中古乎?作易者其有忧患乎!"又"易之兴也其当殷之末世,周之盛德邪!当文王与纣之事邪!"我认为是比较可信的资料。可信的理由,是:(1)殷末周初是奴隶社会最发达的时代。而世界哲学发展的过程,古代唯物主义的产生,概产生在奴隶社会的基础上边。易经是中国古代素朴的唯物主义,当然是产自这种社会,可信者一。(2)以天为自然现象的见解,在殷代中叶以前是没有的,根据卜词,可以证明。后来以民意来代表天,如所谓"天视自我民视,天听自我民听"。或以天为自然现象,如孔丘所说:"天何言哉四时行焉百物生焉。"是自周代才始有的,可信者二。(3)易升卦爻词中所记"王(指文王)用享于岐山",明夷卦象词"以蒙大难,文王以之",同卦六五爻词"箕子之明夷",已明记周代之事,可信者三。至于象象词系词以下各传著述时代,从思想方面取较卦爻词多不一致,且有彼此矛盾的地方,要为时代更在以后的述作。(详见本节论易经中一元论产生的社会根源)

(乙)太极的一元论。后到系词时代始根据上述天的一元论发展到太极的一元论。系词上十一:"易有太极。是生两仪,两仪生四象,四象生八卦。"

进而用太极以统一两仪(阴阳)。由两仪而生四象(四时),由四象变化而产生八卦所代表的自然现象。

太极是什么?据三国虞翻注:"太极者,太一也。"虽承认太极是太一的一元,但此太一,又是什么?并未说明。

列子在《天端》篇论宇宙发生的顺序,虽未明言太极,似为对上引系词所下的解释。兹节引于次:

"昔者圣人以阴阳统天地,夫有形者生于无形,则天地安从生(反对有生于无的说法)。故曰有太易,有太初,有太始,有太素。太易者未见气也(浑成未见之气)。太初者,气之始也。太始者,形之始也。太素者,质之始也。气形质具而未相离,故曰'浑沦'。浑沦者言万物相浑沦而未相离也。……故曰'易'也。易无形畤(埒)。'易'变而为'一'。"

若近人假定列子系出自晋代张湛伪托,是正确的话,那么与张湛同时代的人,对"太极"的见解,大都相同。

如晋顾荣的解释:"太极者,盖混沌之时,朦昧未分,日月含其辉,天地混其体,然后廓然既变,清浊乃陈。"

又晋纪瞻解释:"老氏先天之言,盖虚诞之说,非'易'者之意也,外形既极,始生两仪。"(《晋书·纪瞻传》)

又《魏书》及《北史·李业兴传》载梁武帝问业兴,太极是"有"是"无"?业兴答是"有",并斥无极是玄学(玄虚之学,略等近所谓形而上学)。(日本斋伯守《中国哲学史》及服部宇之吉《中国哲学史》)

以上各人意见,要皆一致以太极为阴阳未分以前一种浑沦或浑沌未分的气体物质。太极既是浑沦未分的气体,又怎样在分离的过程中发展为阴阳的对立?易以为太极虽是浑沦未分的气体,因不断的运动摩擦,气遂生强弱的差别,强的为乾为天为阳,弱的为坤为地为阴,但虽是对立,而又有联系,阳极可渐变为阴,阴极可渐变为阳(例证见后),一切卦爻的变化,都是以此为根据,到后来《淮南子》、《列子》更以气有轻重的差别,清扬者薄靡而为天,重浊者下凝而为地(参见《淮南子·天文训》),或清轻者上为天,重浊者下为地(《列子·天瑞》篇),与易经原意并不相背。

至这一元论产生的社会根源,当然是由于受着当时经济及政治剧烈的变化所刺激之所促成。

易经象象词等的著者,据日本本田成之以为出自楚人驲臂子弓(本田成之《中国经学史论·作易年代考》及内藤虎《研几小录·易疑》),郭沫若先生以为出自荀卿一派(《〈易经〉时代的社会生活》及《著〈易〉时代》),现在未成定论。但分析易象象系词中所含思想,皆含有一种中庸主义,看来与儒家"中庸",实有血肉相连的密切关系。《中庸》的著者,据《史记·孔子世家》,系孔子之孙子思所作,是则易经各传的作者,似属出于子思或子思再传弟子。子思(前492—前431)卒年六十二,已入于战国时代。

战国当时的社会经济情况自春秋末叶知道冶铁术后用以改进了生产工具,因之生产力得着突飞猛进的发展,生产品便渐有了剩余,为推销这种剩余生产品,商业也自随着发展。发展重发展,遂致社会的财富,便渐由分散的小商人手中集中到少数的大贾,当时如弦高、陶朱公、白圭、计然、吕不韦、乌氏倮、四川的寡妇清,都是这些大贾中的代表人物。政治受了这种经济集中的影响,也自日益倾向中央集权。如七国君主皆由公(爵)而称王,更由王而称帝,至秦始皇遂促大统一的中央集权的封建制度。当时的人民,也原有一种统一的要求,因苦于封建诸侯的横征暴敛,离析分崩,也假想着若有一个统一政权,来削平群雄,也许可以减轻痛苦。虽后来叫他们失望,当时也是势逼处此。这些社会经济、政治及人事现象,反映在当时思想界,如孟子"定于一"的思想,法家尊主抑民的思想,自都属上述现象所反映的产品,最后影响到宇宙观,也觉得非有一元综领一切多元的现象,不能得着提纲絜领的说明。如履卦的"武人为于大君"、系词的"一君而二民"使当时没有这种现象,自不能生于这种见解。可证易经一元论的产生,实由上述种种社会现象,错综反映之所由促成,而当时统治阶级也要求有一种统一的理论,来作他们的上层建筑。于是一时趣时的学者,便极力迎合他们,我们看战国末叶以及秦末汉初的学者,多抱尊天的一元论,就可证明。至于注"易"家自更不待说了。

有人以为太极一元的说法,是偏于形而上学的假定。不知形而上学的假定是指康德的物自体(Ding an Sich-thing in itself)、黑格尔的绝对精神(Absolute Geist-Absolute spirit)超乎经济的假定。而太极是指浑沦一元的气体,有形质可以证验如宇宙起源于星云,自不是形而上学的假定。

三、易经思想中所含进步性的方面

（1）易经中对八种自然现象的看法，取较希腊古代的对多种自然现象的看法论，实比他们进步。

希腊古代恩比多立（Impedocles，前 495—前 435）以地水火气为万物之根。并以这些物质所以有分解及凝聚作用，是由爱和憎两种力，作用于其间。而这两力，是从物质外面而支配物质的力。而易经不然，以为自然界一切现象，所以有变化，是由本身内部对立的运动所产生，也即阴阳彼此相摩相荡，才产生变化，有变化才有消长现象。并且八卦以至阴阳二因素再上溯到太极的一元，都是一个气体物质的转化，所以阳极能生阴，阴极能生阳，如前所举的否极而泰，剥极而复，都是认为出于一气的盛衰、本身的递变，并不是有什么外来的力，支配其间。证以近代物理学上质力转变法则，也是相吻合的。于具有科学意义一点，实较恩氏进步。①

（2）易经中所发见辩证法的规律，取较希腊古代希拉克利泰（Heracletus，前 535—前 399）的辩证法，关于对立、斗争、变化、矛盾统一的发见，多与希氏相合，也有较希氏进步的地方。希氏于对立斗争的现象，虽举出上帝是白日又是黑夜，是夏又是冬，是战争又是和平，是破坏又是创造等实例。至于为什么有流转变化？以为都是由于"火"的转化，原始的火变而为气，气变而为水为地，谓之向下之道。又由地而水，由水而气而火，谓之向上之道。但火为什么有变化？仍无具体说明。只说火与人生的关系，人的死，是火离去人身，与人绝缘。人睡时感觉停止，外面的火，只能以呼吸而入，所以睡眠是半死状态。以火为外在的孤立的一种元素，与 18 世纪德国斯达尔（G. E. Stahl，1660—1743）的燃素说（Phlogiston theory），犯了同样的错误。"易"则以为一切自然现象，皆由于阴

---

① W. T. Stace: *A Critical History of Greek Philosophy*, Chap. 6.

阳摩荡而生，水火也是阴阳的一种表象，并不是孤立的要素（与五行说不同）在阴阳以外。于说明变化来源有一贯的见解，确较希氏有进步的地方。①

（3）易系所说的太极，据前引各家的解释，原为阴阳未判以前一种浑沦的气体。此与近代生物学所发见生物在雌雄性未分以前，有一浑一沦未分的阶段存在，极其近似。并且也类似康德及拉普拉斯天体产自星云的"星云说"。星云也是浑然未分热的气体。康德虽是唯心主义者，但星云说确是唯物主义的见解。

（4）"易"以一切自然现象变化由于摩荡的见解，也颇与近代物理学所发见自然界中的"能"移动的迹象相似；更进尤与现代电力学上的自然观，并不违背。易所谓太极变而两仪由两仪以至产生万象，要皆不外说"易"的"能"，常在运动不停的空间，尤其是一动一静的变动而分阴阳，其理与近代电气学上的分极作用，多所暗合。如前引序卦所说，有天地然后有万物，其认阴阳合而生一切自然现象，取较近代电子学说主张"由阴阳两种带电粒子"构成现代化学上所发现的一百零几种元素，由此一百零几种的元素，构成种种物质分子，也颇相似。惟电子学说，可由微积分方程式，见之实验。"易"只是以具体的现象立论，故未能达到建立一个系统。恰似一点微明照耀着古代的自然世界。

（5）"易"的成立，已具有较进步的天文学的基础。

据日本日下部理学博士所说："易系词上九：'大衍之数五十，其用四十有九，分而为二以象两，挂一以象三，揲之以四以象四时，归奇于扐以象闰，五岁再闰，故再扐而后挂。乾之策二百一十有六，坤之策百四十四，凡三百有六十当期之日。'以乾为阳，以坤为阴，与现今数学上之正负同。今分一年之日数为三百六十，二百十六为阳之数，百四十四为阴之数。若此阴阳两种之数，不是出自古人偶然的支配。当然是由当时天文学上研究的结果得来。现在再从春分到秋

---

① W. T. Stace: *A Critical History of Greek Philosophy*, Chap. 5.

分间——即与夏令节气相当的日数——一百八十六日,即阳的日数,从秋分至春分间——即与冬令节气相当的日数——为一百七十九日,即阴的日数。阴阳两种日数所以不相等的理由,盖为地球的轨道,不属圆形而为椭圆形,太阳又不在轨道中心,而在其一焦点。故其相差的日数,依椭圆率而定。如轨道尤近圆形,则其差尤小。尤远圆形,则其差尤大。又因地球轨道,逐年变动,则其相差的日数,也就随年代而有不同。这些皆为现代天文学既知的事实。系词所论,多与相合。"(日本《现代科学》二卷八号)

(6)"易"不取先验主义的先天思想或不可知论。

唯心主义者多以为我们认识外界事物,先有一种先于经验而存在的先验范畴或符号,以为我们认识的格式或凭借。遂致误以意识为第一性,物质为第二性。而易经的思想,全和他们相反,以为一切自然现象,全产自阴阳的气体,于前所引例证外,如易序卦:"有天地然后有万物,盈天地之间唯万物,故受之以屯(卦名)。屯者盈也,屯者物之始生也……"(屯为阴阳始交之卦,故为物之始生)据晋干宝注:"天地之先,圣人弗之论也,故其所法象,必自天地以还。上系曰:'法象莫大乎天地。'《庄子》曰:'六合之外,圣人存而不论。'《春秋谷梁传》曰:'不知所不可知者知也。'"(唐李鼎祚《周易集解》所引)以为不可知的及天地之先的,皆在不论之列。可见宋陈抟、种放、穆修、李之才、邵雍等辈的先天图说、太极图说以及皇极经世数的说法,实与原来易理,背道而驰。

以上系易经思想中进步性方面。

四、易经思想中所含落后性的方面

易经著述时代因受当时社会、历史的条件及一般知识水平所制约,自有其局限性,因这种局限性的存在,其有落后性的一面,自所难免。郭沫若先生于所著《周易时代的社会生活》关于易的落后性方面,已列举多点,兹不拟赘述,只就他未谈到的,补充于次。

（1）易原属古代卜筮书，自脱不了拈阄式或抽签式的巫法以图预知将来的迷信。

易经中的卦爻词，原多属古代巫觋所传下来的"繇词"。"繇词"就是卦的断语，后来象象词虽极想利用作为处世做人的规律，如乾卦尚刚，则援用为："天行健，君子以自强不息。"革卦原是说兽革，则援用为："汤武革命应乎天而顺乎人。"大畜卦原是说牛马牲畜，则用为："君子以多识前言往行，以畜其德。"（义由牲畜的畜，转变为积蓄的蓄）但虽如此，而到系词时代，还是以占为尚，如"动则观其变而玩其占"、"极往知来谓之占"、"系词焉以断其吉凶"，以致后来一方面发展为江湖术士的占卦，一方面发展为周邵唯心主义的太极图、先天图说等等。其荒谬绝伦，自不待论。

（2）八卦阴阳中，其初似含有拜物思想。

易所记："乾其静也专，其动也直，坤其静也翕，其动也辟。"郭沫若先生则以系象征男女生殖器官。冯芝生教授则以系根据于男女生殖活动。愚意以为不特男女两性为然，八卦取象于天地水火等八种自然现象，其初因其于农业生产至关重要。或即因此，加以崇拜，含有一种拜物思想于其间，后来才渐渐明了是客观存在的自然现象。最初的八卦也许就是当时用作图腾（Totem）的标志。观历来的笔记及杂载与民间迷信，犹有以八卦作厌胜或禁制（Taboo）之用，其所由来，也许传自远古。

（3）易经中多含有扶阳抑阴，尊主卑臣，重男轻女的思想。

易重卦最重第五爻（自下往上数第五爻）为君位，须阳爻；而其第四爻，以其接近于君位，须阴爻，以示臣顺从君。这样始为"当位"为"得中"。其第五爻为阳爻，谓之九五（九代表阳，五指爻数）后来小说，戏剧称君为"九五之尊"实始于此。如：

观卦（䷓）则为当位，得中。所以六四爻词（六代表阴，四指爻数）则为"观国之光，利用宾于王"，九五（九代表阳，五指爻数）则为"观我生，君子（上层）无咎"。

蹇卦（䷦）六四爻词，则为"往蹇来连，当位实也"。九五象词，则为"大蹇朋来，以中节也"。

反之,如阴爻居第五位而第四爻也为阴,则为不当位或失中,为剥卦。

剥卦(䷖)其第四爻第五爻,皆为阴爻,故卦词,则为:"不利有攸往"。

夬卦(䷪)第五爻,虽阳爻,为当位。但第四爻也阳爻,有臣逼君,下迫上之象,故爻词则为"臀无肤其行次且(趑趄),牵羊悔亡,闻言不信"。象词也谓:"其行次且位不当也。"

易经中其他的卦虽也有例外,多因受全卦中其他卦爻的变化所影响。其例兹不备举。

此外,并认阳道可不绝而阴道绝。如前引剥卦(䷖)虽只剩一阳爻,而上九爻词,则以为"硕果不食"(惠栋[定宇]《易例》)。《易乾凿度》更解为"阴消阳言(谓)剥。阳气衰消而阴终不能尽。小人(下层)不能决君子(上层)也"。汉《白虎通》更曲解为:"君体阳而行,阳道不绝。人臣北面,体阴而行,阴道绝。"

后来系词更想理论,使这种阶级对立,成为合理化。如系词上一,就说:"天尊地卑,乾坤定矣;卑高以陈,贵贱位矣。"以及序卦,"有天地自有男女夫妇父子君臣",以为社会上有上下区别的阶级,属于自然永久不变的顺序。

(4)易到各传时代渐堕入折衷主义的泥淖。

郭沫若先生谓易含有一部分折衷思想。所见是正确的。除郭所举实例外,最显著的例:如易经中最理想的卦为水火既济(䷾)地天泰(䷊)。所以为理想的,就是认它是阴阳调和的卦。所谓调和、折衷,就是说一切不要过甚或不及,尤其要防止过甚而求得乎中道。过甚如乾卦上九,则以为"亢龙有悔"。不及如剥卦上九(阳衰)则以为"小人长也"。最好是适可而止,加以节制,如谦卦,则以为"人道恶盈而好谦,谦尊而光"。节卦则以为"当位以节,中正以通,天地节而四时成,节以制度"。就是等于骗人不要斗争,不要革命,能得过且过就得让统治阶级永久统治下去。

易为什么到后来要倾向扶阳抑阴及折衷主义?可见战国末期,阶级间对立的矛盾,是多么深刻,多么尖锐。当时列国的诸侯王,起初原想引用法家如申韩、李悝、吴起、商鞅等,运用法律,来对阶级矛盾,加以抑制或制裁。但所生效果,并不如所想。后到汉初,统治阶级看见法律无效,甚至加强阶级反抗,为图阶级间的对抗得着暂时的缓和,便改用道家及儒道、阴阳家杂糅的儒家的中庸思想,来作愚民的工具。一时如主张阴阳调燮及五行生克的焦京等易学,以及专讲天人交感、阴阳灾异的董仲舒,皆争着迎合时尚,做了御用学者。前已说过,易经自经这些注易家的曲解,恰像递蒙上重重雾瘴,遂致遮蔽了原有的光明。

以上是易经思想中关于落后性的一面。这种落后性不但使易经思想,向前发展陷于停顿,并有极大的害毒,及于秦汉以后的学术思想,我们应痛加辟斥。

考这种落后性的由来,固由于来自"易"外的曲解。而易经本身,也实有容易招致曲解的可能性。其可能性之一,即画卦及作卦爻词时代与后来作象象词等的时代,其间时间的距离,似已相当辽远。画卦及作卦爻词的当时自然情况及社会情形在作象象等词,已无法明了,当时又缺乏科学方法,可供分析。于是,他们所下判断,遂多像猜谜一样,仅凭一己主观的猜想,来做一种试猜。猜得最有趣的,如章太炎则以为:"'易'为野蛮时代英雄豪杰互相吞噬出处进退之历史。"日本本田成之则以为:"周文王阴谋篡夺之书。"更甚的,更猜到音声的转假,如郑玄、虞翻等则以离为"丽"、以艮为"很"、以坎为"陷"绕了几个圈子,以求自圆其说,结果还是越猜越远。兹试举易各传中已经有瞎猜的例证,如元亨利贞的"贞"字据文言的解释:"贞者事之干也。"《伪子夏易传》:"贞者正也。"郑玄注:"利贞者,性情也。"其实"贞"字的原来意义,并不是这样解,许慎《说文解字》,却还没解错,解为:"贞问卜也。从贝卜以为贽。"近自殷虚甲骨上卜词的发见,已完全证明许解的正确,"贞"为问卜之义。照问卜义解,乾卦的元亨利贞,应解为:"初(元)亨利问卜。"屯卦的"女子贞不字,十年乃字",应解为:"女子卜不孕,十年乃孕。"坤卦的"利牝马之贞",应解为:"卜牝马的事有利。"若解作利牝马的贞干或贞操,岂不是笑谈,可证其间时间的距离,已很辽远,以致古代的字义,也全不明了,只有一味乱猜。象象文言,既已如此,后来注释家,自更不待说了,以此致易经本来面目,晦蚀且二千年。近幸全国获得解放,思想也随着解放,并有了马列主义方法的新武器,"易"从此才有拨开云雾,重见青天的一日。

五、小结

黑格尔曾对希拉克利泰的哲学给以最高的评价,说:"希氏的第一个真理只是变,这是认识方面所得到的一个伟大洞见。"(黑格尔《哲学史讲演录》第一篇第一章第四节)我们也可用以移证易经,易经抓住运动与变化,做它说明一切自然现象生灭的基础,在中国古代哲学史上,它确是最初的发现。八卦取象于八种自然现象,虽未达到唯物主义哲学的高度,但它这种对自然现象素朴的唯物主义的看法,时在古代,而具有这种正确的见解,也确值得宝贵,何况它更进根据阴阳的对立,知道阴阳有内在的矛盾,发见其间辩证法的发展。并且它所发现的已有不少的部分,渐接近了认识辩证法的核心。

尤其最难得的,它的辩证法及其他的理论,并没带有一点唯心主义或不可知论的色彩,始终是站在素朴的唯物主义的立场,不但认自然现象是"易知"的,并且以为人只要认识它的规律,进而掌握这种规律,便可利用以改进人生。至于它的天或太极的一元论,也不是什么难知的神秘。更进想托这种自然规律应用于人生,做人生的轨范。

它的特色,如前所述,于说明宇宙的本质是以具体的自然现象作基础,由这些自然现象的变化及转化来说明宇宙间一切现象的生或灭。它的好处就是具有素朴的真实性。惟因其从现象中来仍向现象中去,未经过抽象作用的概念化,很缺乏思辨的推理,到此便停顿下来,致使很好的传统未能向前发展。

此外还有一点应注意的,易经的卦爻词及象象系等辞中,并未有染上一点五行学说的色彩独立成为阴阳对立学说的一个系统。足证明后来的阴阳五行学说,当初并没有联系。即使有联系,也是五行学说借阴阳学说,来做它的根据。并不是阴阳学说有借它。

"天"、"太极"、"气"名虽有三,其实天言形,太极言体,气言质,原来都是一个东西。

又其中虽含有进步性与落后性两面。但(1)进步是属于本来的、基础的,或根干的方面,即易本经的方面;而落后性则属于派生的枝叶的方面。如易经中卦爻词只说具体事物,并未言及什么折衷及阳尊阴卑。(2)进步性多见于卦爻词及系词的一部分(如辩证法的发展),而落后性多见于后来的注释。(3)进步性与落后性两者的比较,进步性的成分究多于落后性的成分。尤以在古代能建立一种有系统的素朴唯物主义一元论的宇宙观,从天地开辟以还,发展到阴阳划分,四时变化,万物生成,以迄人事百般,皆有一贯的理论,贯注于其间。它的包罗的宏阔,内容的丰富质实,条理的井然而不紊,求之于古,实少类例,并能打破以前天为"上帝"或"真宰"的迷信,而知道天为自然现象并具有客观规律,实为中国古代对宇宙的看法,一个划时代的转捩点。尤其至汉代的儒家,更使易的阴阳与五行学说相结合,创立阴阳五行学说,虽属歪曲了易经原来的意义,对后来中国的一切学说——尤其是医学及宋儒的宇宙观,有极大的影响。易经这种"素朴的真实"的思想,在中国哲学史上,实居于开创地位,确值得我们后人的宝贵和重视,更有待于我们后人再向前发展。

此外参考的书籍不及一一注明,附列于次:

康士坦丁诺夫《辩证唯物主义》

恩格斯《自然辩证法》

毛主席《矛盾论》

毛主席《实践论》

《伪子夏易传》

《周易郑康成注》

王弼《周易注》

史征《周易口诀》

张载《易说》

程伊川《易传》

魏子翁《易说》

杨诚斋《易传》

林栗《周易经传集解》

陆德明《经典释文》

朱熹《易说》

惠栋《易例》

惠栋《易大义》

毛西河《易小帖》

焦循《易通释》

于省吾《双剑诐易经新证》

《古史辨》关于《易经》的考证

老子及其思想

刘尧民 *

一、老子和他的书

根据《史记·老庄申韩列传》，老子姓李名耳，字聃，做过周家的"守藏史"，孔子曾经到周向他问过礼，后来出关，为关令尹喜著书上下篇，其后不知所终。据此，老子就是老聃，和孔子同时，《老子》书就是他著的。《论语》里孔子说过："述而不作，信而好古，窃比于我老彭。"据旧注，"老彭"即老子，是老子确和孔子同时，两个人确有过关系。证以记载过老子言行的《曾子问》、《庄子》、《荀子》、《吕氏春秋》、《战国策》等书，可知在战国以前，确有老子其人和《老子》其书的存在。但因为《史记》的《老庄申韩列传》的后半篇，又把老子这个人说得恍惚迷离，于是老子及其书，从近代以至现代，发生了许多问题，一直没有定论。

对于老子本人，学者们把他的《老子》的著作权剥夺了，有的说《老子》不是春秋时老聃著的，是战国时周太史儋著的。有的说是战国时的环渊或关尹著的。又有的说，是战国时的李耳著的。既把老聃的著作权剥夺去，又把老聃和李耳分成两个人，一个是春秋时孔子问礼的老聃，一个是战国时著《老子》的李

* 刘尧民（1898—1968），1941—1968 年任教于云南大学中文系，著有《词与音乐》等。本文发表于《云南大学人文科学杂志》1957 年第 2 期。

耳，又或者把老子和太史儋合为一人。有些"疑古家"索性把老子其人的存在也否定了，这是老子本身所遭到的运命。

对于《老子》一书，经现代许多中外学者的化验分解，把它分解得魂飞魄散。说它不是一部独立的著作，而是东抄西袭，拉杂成篇的东西，可以分作几方面来说：

第一，它是抄撮西周以来的故书佚闻，如"谷神不死，是谓玄牝"几句，是出于"黄帝之书"（《伪列子》），"将欲取之，必姑与之"是出于《逸周书》。至如"福兮祸所倚，福兮祸所伏"等语句和意义都和相传的《黄帝金人铭》相同（《说苑》），这是说老子抄袭古书。

第二，它是采集战国时诸子百家的学说而成书的，如日本武内义雄说，《老子》书中有法家言，有纵横家言，有兵家言（《老子原始》，参见《先秦经籍考》）。最近杨荣国先生的《中国古代思想史》指出《老子》书里包涵的有杨朱的思想，宋钘的思想，关尹的思想，彭蒙、田骈的思想，庄周、慎到的思想。几乎《老子》一书已经成为先秦时代的一部"百子金丹"去了，这是说老子抄袭先秦诸子。

第三，学者们以《老子》书里有很多重复的语句，如"生而不有，为而不恃，长而不宰"，"塞其兑，闭其门"等句凡几见，而且文体不一，有散文，有韵文，有同一文字而读音几处不同，说明这书不是一个人写的。

第四，说《老子》是战国时候的书，从用字上可以看出，如用"于"字为介词，非古。从词意上可以看出，如春秋时，孔子还没有以"仁义"连用，到战国时孟子以后，才以"仁义"合用，而《老子》书里"仁义"合用之文很多。又墨子尚贤、尊天、事鬼，而老子说"不尚贤，使民不争"、"以道莅天下，其鬼不神"，好像针对着墨子而言。又说"法令滋章，盗贼多有"，又似针对着商鞅以后的法家而言。这些情形，可以证明《老子》书是战国时代的作品。

以上四点，是历年来学者们研究《老子》的大概情形。综合起来说，《老子》一书，是战国时人，抄撮古旧佚说，和当时诸子的学说而成书的，而且抄撮的不止一人，绝对不是春秋时老聃的著作。照这样说来，《老子》这书，简直是战国时代的一部杂纂,应当归入"杂家者流"。但有一个绝大的矛盾,即是这部"东抄西袭"的书,却彻始彻终贯穿着一个中心思想,赫然存在着一个完整的思想体系,而且可以看出有着产生这个思想体系的一定的社会基础。因此,可以肯定这个思想体系有它创立学说的伟大的思想家,和一定的组织和发展。现在我们恰好根据上面的四点来说明它的真相。

第一,说它抄袭西周以来的古旧佚说,正说明这种思想有它的来源。它是从旧文化的基础上发展起来的,也和孔子的思想同样,有它西周的文化基础。一种学术思想不可能由哪一个思想家毫无凭据地独创出来,这丝毫不足为奇。孔子所说的"述而不作,信而好古"的那句话,正说明老聃学术的丰富的历史渊源。所谓《黄帝铭》、《太公阴符》、《逸周书》等类,有和《老子》书词意符合的地方,即说明老子思想和这一系列的古旧佚说的密切关系。我们看《老子》书中常引"古之所谓"、"建言有之"、"圣人云"、"用兵有言",由他书的本身,也可看出他的历史根据。《朱熹文集》说:"五千言或古有是语而老子传之,未可知也。"这是可信的。

第二,说他抄撮战国诸子的学说,究竟是老子抄袭战国诸子? 抑是战国诸子受到老子思想的影响?"五四"以后,学者们承袭着清代学者辨《古文尚书》之伪的治学方法,每喜以后书反证前书之"伪"。当然,这是一种辨伪的方法,但不能把古书一律作如此看待。《老子》书被判为"伪书",即是从这种方法得出的结论。由这种情形看来,正可说明先秦诸子受到老子思想影响的广泛。从杨朱以至于韩非,各受到老子思想的一定的影响。庄子所谓"道德不一,天下多得一察焉以自好",老子的"道德"对各家的影响就是这样。所以庄子称他为"博大真人",绝不是"寓言"。

第三,《老子》书句子重复,文体不一,我们也肯定这书不是一个人写的,而且不是一个时间写成的。不独《老子》书是这样,一般先秦古书也都同样,它是有发展的。

第四,肯定《老子》书有战国的色彩,说明《老子》书是到战国初年才初步写定,写的是什么人？不知道,也不可能知道,但是老子学派的人写的,却可以肯定。

从以上四点说来,我们可以得到一个结论:和孔子同时的老聃,从他一定的社会基础和文化基础上建立起一套所谓"道家"的哲学体系,有他原始的学术论著。这一套学术思想,从春秋到战国时代,其权威仅亚于儒墨两家显学,战国诸子或多或少地受到他的影响。在战国初期,有人把他的学说编纂起来,写定成一书。这书的内容,包括着老子学说从春秋以至于战国的一段发展过程。里面包括着大部分老子的原始思想和战国阶段发展丰富了的一些成分。因此,文体也不一律,有如箴、铭、赋、颂一类的韵文,是比较早期的经典性的在口耳之间传授的东西。一部分散文形式的文体,是比较后期写成的,而内容也带上了一定的时代色彩。所以《老子》一书不是一人不是一时写成的,但它是存在着老子思想的严密的体系,它是老子的"一家之言",而不是"一人之言"。这不仅《老子》一书是这样,先秦诸子的著作都是同样。发现它有战国的色彩,便说它是"伪书",否定了它的书,进而否定了它的人,是极大的错误。又如肯定《老子》书是春秋时的老聃一手写成,并没有羼入别人和后期的成分,也是错误,都是不懂先秦"言公"的情形。我们不能用汉以后个人著书的情形来看先秦古书,用个人著书的体例来看先秦古书,就没有一部不是"伪书"。

二、老子是不是唯物主义者

孔子和老子都是代表领主阶级的思想,但有不同。孔子是从最高领主天子的思想出发,所以他称道"文武之道"又"梦见周公"。老子是从没落的中小领主阶层的思想出发,在《论语》里边的长沮、桀溺、荷蓧丈人这一类人物,便是"隐君子"的老子思想的淡淡的影子。不过老子建立了理论体系,而且"有为"。所以在春秋时代产生老子的思想,并不是奇突的。

老子的全部哲学贯彻着一个"道"的观念,"道"就是法则、规律,包括一切自然和社会的法则规律。老子认为一切自然和社会的法则规律,都是"自然"的。他说:"人法地,地法天,天法道,道法自然。"这是说"道"的属性是"自然",并不是说"道"的头上还有个"自然"。他认为宇宙万物都是遵循着自己内在的规律自然而生自然而灭,并不是什么上帝鬼神的主宰控制,所以他说"万物将自化"、"万物将自宾"。他反对上帝、神或天的主宰宇宙万物的宗教思想。在这一点,大家都认为老子有唯物主义的思想。儒家的孔子还"畏天命"还相信"天生德于予"又说"天之将丧斯文",他还相信天有意志,控制着人的运命。但他对天道又不敢多谈,子贡说"夫子之言性与天道,不可得而闻也"。对鬼神也是"敬而远之",可见他对天地鬼神,并不像宗教家那样迷惑信仰。和儒家接近的子产也说过:"天道远,人道迩,非所及也。"(《左传·昭公十八年》)至于宗教气味很浓厚的墨子,便大谈其"天志"、"明鬼"。不管怎样,儒家、墨家都是相信天地鬼神的主宰万物。老子便断然否定了天鬼的威权,而主张宇宙万物各循着自己的"道"而"自化",这是跨进了一步。

但如果要说老子是"无神论者",却是错误的。老子还是承认神的存在,他说"谷神不死",又说"神得一以灵"、"神无以灵将恐歇"。他只是把神的主宰万物的威权剥下来,并不否认神的存在。他认为神有"神道",人有"人道",神与人各不相照,也不应相照。他说道:

> 以道莅天下,其鬼不神。非其鬼不神,其神不伤人;非其神不伤人,圣人亦不伤人。夫两不相伤,故德交归焉。

这是说,神走神的道路,人走人的道路;神不会来管人,同时人也不要去管神。"人鬼杂居,相安无事",就是老子的理想。老子这层意思,韩非子体会得很好,《解老》篇说:

> 治世之民,不与鬼神相害也,故曰:非其鬼不神也,其神不伤人也。鬼祟也疾人之谓鬼伤人;人逐除之之谓人伤鬼也。……人不与鬼相伤,故曰:两不相伤。

假如老子彻底否定了客观世界之外存在着任何作为主宰的东西,彻底肯定了万物各循着自己的内在规律的"道"而自然演化,那么老子便成为唯物主义者。但古代思想家,包括老子在内,并不放弃宇宙万物根源的追求。老子追求宇宙万物的根源,他不满足于传统的天地鬼神支配世界的神秘思想。他认为还有支配天地鬼神的东西,那就是"道",就是规律。因为天地鬼神也要服从于规律,所以天地有天地之道,鬼神也有鬼神之道。天地鬼神都是从"道"产生出来的东西,他说:"地法天,天法道。""以道莅天下,其鬼不神。"天地鬼神的头上还有个"道",因之他便把天地鬼神的统治权剥下来,使天地鬼神降为自然的天地鬼神,同为万物中的一物,被支配于规律,被支配于"道"。道便产生一切,"道生一,一生二,二生三,三生万物"。又说:"昔之得一者,天得一以清,地得一以宁,神得一以灵,谷得一以盈,万物得一以生,侯王得一以为天下贞。"规律既产生万物,所以老子便把规律看为宇宙万物的本体:

> 道冲而用之或不盈,渊兮似万物之宗。

> 道者万物之奥,善人之宝,不善人之所保。

> 大道泛兮,其可左右,万物恃之而生而不辞。

规律成为本体,其结果是怎样呢? 结果是规律脱离了它的内在性而成为超越的存在,在各个物质特殊的规律之上,又有一个统一的绝对的规律的存在,《老子》说道:

> 有物混成,先天地生。寂兮寥兮,独立而不改,周行而不殆,可以为天下母。吾不知其名,字之曰道。

所谓"有物混成"就是规律的统一体,"先天地生……独立而不改,周行而不殆",说明这统一体是在物质世界未产生以前就绝对的存在。"可以为天下母",说明它是支配万物,产生万物的本体。至此,老子的哲学已经走入形而上学的天地。他一面否定了客观世界之外存在着任何作为主宰的东西,一面却把一个规律和本体的统一的"道",放在客观世界之上,代替了天地鬼神,作为统治客观世界的东西。而且它是"先天地生"、"独立而不改",是绝对客观的存在,这不是客观唯心主义是什么?

老子为肯定他这统一体的存在，为使人相信这统一体的存在，他用了不少的形容词如"恍兮"、"惚兮"、"澹兮"、"渊兮"、"寂兮寥兮"、"窈兮冥兮"、"泛兮"等类的词语，来描写"道"的混沌渺茫的形象。他又用"朴"来形容它，"道常无名，朴，虽小，天下莫能臣也"，"朴"通"璞"，如玉之未凿，也是混沌之意。所谓"天下莫能臣"，即是无上绝对的存在，天地鬼神，都要受它支配。然而，它是不可捉摸的，"视之不见"、"听之不闻"、"搏之不得"的。虽是不可捉摸，老子却告诉我们，它并不是绝对的虚无，它里面确有东西：

> 道之为物，惟恍惟惚。惚兮恍兮，其中有象；恍兮惚兮，其中有物；窈兮冥兮，其中有精。

肯定其中是有东西，而且这个东西是非常真实，"其精甚真，其中有信"。老子所以极力肯定这"先天地而生"的"物"的存在，即是为着说明宇宙万物的根源，因为宇宙万物是由它产生出来的，所以说：

> 自古及今，其名不去，以阅众甫。吾何以知众甫之状哉？以此。（一本作"众甫之然"，非。"众甫之状"对上"孔德之容"而言）

"众甫"就是万物。我怎么能知道万物生存的形状？就因为找到了"为天下母"的万物的本体，所谓"天下有始，以为天下母。既得其母，以知其子"。反过来也可以说"既得其子，以知其母"。因为子母是一体，那"惟恍惟惚"的"道"虽是无形无名，却可以借有形有名的万物体现出来。每一物都得"道"之一体，而能体现出"道"之一面，这叫作"德"。所谓"德者得也"。庄子说"物得以生之谓德"（《天地》篇），韩非子说"身全之谓德，德者得身也"（《解老》篇），都是这个意思。物既得"道"以生，同时反映出"道"的形容，所以说"孔德之容，惟道是从"。"德"的容貌，完全跟"道"是一样的。老子曾经说明过这发展的一段过程：

> 道生之，德畜之，物形之，势成之。

这是说，万物由"道"而产生，得到了生命而反映"道"的形容，循着规律（势）而成长。这几句话很重要，他说明：（一）物质世界是从那绝对存在的本体世界产生出来的。（二）物质世界是本体世界的反映。（三）物质从"道"得到了生命而成形，同时从"道"得到了规律而发展，说明"道"是本体与规律的统一体。于是，观念世界产生物质世界，物质世界反映观念世界，规律脱离开物质而为超越的存在，这很够说明老子的形而上学了。

老子的哲学是不是有点像柏拉图？我看是很像。柏拉图认为在一切物质存在的基础上，有一个永恒不变的观念世界，而为宇宙万物的根源。这个观念世界是超感觉的离开物质而存在，但物质世界却是它的反映和摹写。这和老子的"有物混成，先天地生。独立而不改，周行而不殆"、"视之不见，听之不闻，搏之不得"、"孔德之容，惟道是从"、"道生之，德畜之，物形之"有什么不同？

但是，老子和柏拉图的哲学，虽同是唯心主义的哲学，而内容却不同。似乎老子的"道"比柏拉图的"观念"更扩大更超越。柏拉图认为观念世界是至善至美的精神世界，感官世界离开这精神世界逐渐远，而至善至美的光辉也逐渐淡薄，以至成为恶的丑的。因此，柏拉图的观念世界还有它的相对性。老子的"道"则是超越一切美丑善恶的矛盾而成为一绝对统一的观念世界。所以他说："道者，万物之奥，善人之宝，不善人之所保。""道"是不分善与不善的。又说"天下皆知美之为美，斯恶矣"。"道"是不分美与不美的，这就和柏拉图的"观念"有极大的不同。因此，宇宙万物是平等齐一同包括于"道"之中，各体现"道"之一端，所以"道"就无所不在。庄子在《知北游》篇里发挥此意，说"道"的"无所不在"，它是"在蝼蚁"、"在稊稗"、"在瓦甓"，以至"在屎溺"。在这个观点上，便发展为庄子"齐物论"的思想。

庄子是从"道"的本体的观点上，说明"道"的无所不在，发挥了老子的"道"对万物的平等齐一的思想。韩非子更从"道"的规律的观点上，说明"道"的无所不在，发挥老子的"道"对万物的平等齐一的思想。《解老》篇说：

> 道与尧舜俱智，与接舆俱狂，与桀纣俱灭，与汤武俱昌。以为近乎？游于四极；以为远乎？常在吾侧；以为暗乎？其光昭昭；以为明乎？其物冥冥。而功成天地，和化雷霆。宇内之物，恃之以成。凡道之情，不制不形。柔弱随时，与理相应。万物得之以死，得之以生；万事得之以败，得之以成。

宇宙间万事万物都各有各的规律,好人有好人的规律,恶人有恶人的规律;失败有失败的规律,成功有成功的规律,规律无所不在,就证明"道"是无所不在。所谓"宇内之物,恃之以成",即是发挥老子的"势成之"的意义,"势"就是规律,没有哪一样事物不有规律而会"成"的,"成"是包括成功与失败在内。

由此看来,老子认为规律是分散在宇宙万物的自身上,成为内在性的规律而"自化"、"自宾",这确是老子的唯物的思想。无奈老子又把规律结合本体,成为"先天地生"的东西,在物质世界未产生以前,便有规律的存在,堕入客观唯心主义去。这种矛盾贯穿在老子思想体系的各个方面,在下面要分别说明。

应当注意的一点是:现在许多学者主张老子的"道"是一种物质,所谓"有物混成,先天地生"的"物",是世界未生以前的混合的物质元素。所谓"独立而不改,周行而不殆",即是说,这种物质是独立的客观世界,不假主观意识而存在的东西。照这样说来,老子已经成为彻底的唯物主义者了。这种说法,我们是不敢苟同的。因为老子的"道"是本体与规律的统一体,若果说物质元素是万物的本体,又是万物的规律,这怎么统一得起来?譬如把老子的"大道废,有仁义;仁义废,有礼乐"说成"元素废,有仁义;仁义废,有礼乐",这怎么说得通?把"下士闻道,则大笑之,不笑不足以为道"说成"下士闻元素则大笑之,不笑不足以为元素",这怎么说得通?"道"既是具体的物质元素,又是抽象的规律,太支离灭裂了,统一不起来。若果说,元素的发展规律,是从简单以至于复杂,适合于"道生一,一生二,二生三,三生万物"[1]的意味,便说元素是"道",这是不对的。只能说元素是"道"的一体,元素发展的规律,是"道"的一种规律。因为物质元素虽然为肉眼所看不见,在老子看来,仍然是属于"器"的东西,"无名朴"的"道",还在它头上。总之,在老子书里,我们并看不出物理学的成分,在那个时代,也不可能产生物理学家的老子。一句话,老子的"道",是形而上学的"道"。

---

[1] [苏联]杨兴顺:《论老子道的学说的唯物主义的本质》,杨超译,《文史哲》1955年第7期。

三、老子看见了矛盾

如上所说,老子把宇宙万物的规律(道),脱离开物自身而成为绝对观念的存在,虽然把它倒植了,但他又承认万物各有内在的规律,各循着自己的规律而自然演化。因此,他便看见了宇宙万物,不是一成不变的,而是发展的。他说:"道生一,一生二,二生三,三生万物。"从无发展为有,从简单发展为复杂。在这个过程中,他又看见了世界万物的运动,他把这种现象譬喻为"橐籥":

> 天地之间,其犹橐籥乎?虚而不屈,动而愈出。

"橐籥"是一种管乐器,管乐器中是空空洞洞的,没有什么东西在里面操纵,而会发出千变万化不可穷竭的乐音,王弼注说:

> 天地之中,荡然任自然,故不可得而穷,犹若橐籥也。

庄子也说"夫吹万不同,而使其自己也"(《齐物论》),即是"万物自化"的原则。

老子不但看见万物各循着自己的规律而发展,并进而在这运动发展的过程中,看见了复杂的矛盾现象。他看见了自然和社会中有着"轻重"、"祸福"、"高下"、"尊卑"、"歙张"、"强弱"、"雌雄"、"黑白"、"刚柔"等许多复杂对立的现象。并且进一步看见了这些复杂对立的现象,并不是各自孤立的发展,而是向着对立面相互转化,变化无常:

> 有无相生,难易相成,长短相较,高下相倾,音声相和,前后相随。

> 正复为奇,善复为妖。

> 祸兮福所倚,福兮祸所伏。

由于矛盾随时在转化,所以"物或损之而益,或益之而损"。看着它损,它又转化为益;看着它益,它又转化为损。"曲"又会"全","枉"又会"直","洼"又会"盈",天下事态,在这矛盾变化的规律中,真没有一定。

老子不但发现了矛盾的相互转化的规律,并且更进一步发现了矛盾的一方

面,常为另一方面的基础:

> 重为轻根,静为躁君。

> 贵以贱为本,高以下为基。

> 有生于无。

> 天下难事必作于易,天下大事必作于细。

轻是从重的基础上发展起来的,躁是从静的基础上发展起来的,贵的高的是从贱的下的基础上发展起来的,矛盾的依存关系,也为老子所发见了。这是老子的绝大智慧,而为古代思想史上辉煌的成就。但是,老子的辩证法也就到此为止,再过去便是分歧点,不能更进一步而堕入循环论的泥沼去了。

因为老子虽然看见了矛盾的一方面常为产生另一方面的基础,而认为基础是永久不变的。从这基础上产生出来的新的东西,发展发展,它又会跌落下来,归在这基础的上面。轻终要回来重的"根"上,躁终要回来静的"君"上,贵终要回来贱的"本"上,高终要回来下的"基"上。所以老子说"反者道之动",就是说"物极必反",轻极必反为重,躁极必反为静,贵极必反为贱,高极必反为下。老子在这些现象上,认为矛盾的发展,是一个循环的发展,再怎样变化,"万变不离其宗",它终要回到根源上来,他说道:

> 天下有始,以为天下母,既得其母,以知其子;既知其子,复归其母。

> 万物并作,吾以观其复;万物芸芸,各归其根。归根曰静,是谓复命。

他不知道一种新的东西,从它的母体里孕育出来,发展壮大,经过了质变,消灭它的母体之后,又成为孕育另一种新的东西的"母"。不断地向前发展,从低级到高级,并没有回归旧路。所以这个"母",已经不是从前的"母","子"也不是从前的"子","今之隐几者,非昔之隐几者也"。而在这"子"与"母"的矛盾斗争的过程中,运动是绝对的,静止是相对的、暂时的。老子不认识物的量变到质变,认为"母"仍然是从前的那个"母",它是永远的绝对的存在。因此,便得出相反的结论:不是新生的"子",消灭了旧的"母",不断地向前运动发展;倒是旧的"母",把新生的"子",吸收转来,走回头路,使它"归根"、"复命",入于绝对的静寂。

老子认为有一个绝对静寂的世界,好像"橐籥"一个样,它是空虚无物,然而它能产生宇宙万有,产生一切的动乱矛盾,但一切动乱矛盾是暂时的相对的,不久仍然要归入于那绝对静寂的世界。这绝对静寂的世界是什么?就是那"可以为天下母"的"道",它是万物之"母",万物之"根",它虽然绝对静寂,而能产生纷纭动乱的万物,又使纷纭动乱的万物终于归到它"母"的怀抱里边,成为静寂。它是不断地导演着宇宙万物的循环舞,所以说"周行而不殆"。

老子的世界观,就是这样一个庞大的循环,他说:"吾不知其名,字之曰道,强为之名曰大。大曰逝,逝曰远,远曰反。"他无限礼赞着伟大的"逝者"。孔子也曾经礼赞过:"逝者如斯夫!不舍昼夜。"但孔子只看见"逝者"一天天远了,而感到它前途的渺茫。老子却看见"逝者"回来了,他认为"逝者"不能不回来,在"道"的伟大的魔力下,他不可能不回来。而且他看到了极强大的一面、极动乱的一面,都常常回归到弱的一面、静寂的一面。他感到这消极落后一面的魔力之大,所以他说"反者道之动,弱者道之用"。宇宙万物总要"复归于婴儿"、"复归于无极"、"复归于朴"。那"绳绳不可名"的宇宙万汇,总要"复归于无物"。老子认为这"无物"、"虚极"、"静笃"的世界,才是常住的世界、不变的世界。他说道:"归根曰静,是谓复命,复命曰常,知常曰明。"他屡次指引人,要寻求这常住的世界:"知和曰常,知常曰明"、"常德不忒"、"常德乃足"、"是为习常"。相反的那物质的世界、运动的世界,是非常住的世界,是短暂的世界。他说道:

> 飘风不终朝,骤雨不终日,孰为此者?天地。天地尚不能久,而况于人乎?

飘风骤雨的世界,是不会久的。至此,老子哲学的天空中,便笼罩上一层薄薄的愁云。他看见伟大的自然,瞬间即成粉碎,归入无边的静寂,而感慨渺小的人生,真如沧海之一粟,更能禁得几何时?但一方面又憧憬着那无边虚静的世界,是常住的归宿,回看那短暂忧患的人生,又何苦留恋?于是断然决绝说道:

> 吾所以有大患者,为吾有身。及吾无身,又有何患?

哲学家的老子,诗人的老子,便带着一种矛盾的心情,走入"玄之又玄"的

"众妙之门"。

我常常感到老子书里有一种矛盾的情绪，一边是阴郁，一边又是斩截愉快。这种感情的矛盾，恐怕是他思想中矛盾的反映。老子是深刻地看见了矛盾，然而他不敢从实际斗争中来解决矛盾，却从观念上来统一矛盾，忘却矛盾。但是这无情现实的矛盾，又常常戳穿他那一层观念的薄纸，这便反映在他感情上成为无可解决的忧郁。

至此，我们更可以明确老子的"道"的本质了，它究竟是唯心的呢？还是唯物的呢？可以明白了。他的全部哲学就是"道"→"器"→"道"。由观念世界出发，到物质世界，便看见了物自身的内在的规律，也看见了矛盾的规律。这是合理的一段，有唯物的因素，和辩证法的因素的一段。跟着来了一个大循环，"归根"、"守母"，物质世界回归于观念世界。内在的规律被毁灭了，而成为超越的先天存在的规律；矛盾也被消灭了，而成为绝对的统一。以观念始，以观念终，这样一个大循环，便是老子哲学的过程。

四、老子如何运用矛盾

上面谈过了老子对矛盾的看法，现在我们来看老子如何运用矛盾！

第一，老子既认为矛盾是循环的，就不必跟着矛盾去循环，定定地守着我的"母"好了。反正重变轻，轻又回复为重，我就守着重；静变躁，躁又复变于静，我就守着静；下逐渐高，高又跌成下，我就守着下。一切刚柔、强弱、雌雄……都是这样，老子宁可居于柔，居于弱，居于雌。所以他说："知其雄，守其雌。""知其白，守其黑。""知其荣，守其辱。"这就是《吕氏春秋》说的"老耽贵柔"（《不二》篇）的"柔道主义"。

老子的柔道主义，并不是他的独创，从古代以来就有这种传统的人生观。《易经·乾卦》的"亢龙有悔"，《坤卦》的"柔顺利贞"，都是儆戒人不要骄傲自满。"六爻皆吉"的《谦卦》教人"卑以自牧"，《周书》的《洪范》教人"高明柔克"，《大雅·烝民》教人"柔嘉维则"。正考父的"一命而偻,再命而伛,三命而俯"(《左传·昭公七年》)。春秋时楚国的邓曼也晓得"盈而荡,天之道也"(《左传·庄公四年》)。老子把这种思想继承下来,加以深刻的哲理化。他说道:"道冲而用之或不盈。"又说"大盈若冲",又说"持而盈之,不如其已",这也可以说是老子"述而不作"的一端。庄子说他"以濡弱谦下为表"(《天下》篇)就是这种柔道主义。

第二,老子的"柔道",并不是惰性的,也不是教条主义的道德观,而是从实际经验中得到的教训。老子是一个"世故"很深的人,他看到了"弱之胜强,柔之胜刚",他经验到了"知足不辱"、"祸莫大于不知足",所以说"坚强者死之徒,柔弱者生之徒"。刚强的人,是没有好结果的,还是柔弱点好。《说苑》上有一段关于老子何以要采取"柔道"的故事:

> 常枞有疾,老子往问焉。曰:"先生疾甚矣,无遗可以语弟子者乎!"常枞曰:"子虽不问,吾将语子。"张其口而示老子曰:"吾舌存乎?"老子曰:"然。""吾齿存乎?"老子曰:"已矣!""子知之乎?"老子曰:"岂非柔存而刚亡乎?"常枞曰:"噫!天下之事尽于此矣,吾何以复语子哉?"

"常枞"即《淮南子·缪称训》的"商客",这虽是一段寓言,可以说明老子的"柔道",是出于利害的选择,也说明他的思想是有渊源的。

第三,这种趋利避害的选择,只是老子的"柔道主义"的消极作用的一方面;老子的"柔道主义"更有他积极作用的一方面。至此,便暴露出老子的"弱胜强"、"柔胜刚"的可怕的阴谋哲学来,他要用"天下之至柔,驰骋天下之至坚"。他怎样来驰骋?那便是:

> 将欲歙之,必固(姑)张之;将欲弱之,必固强之;将欲废之,必固兴之;将欲夺之,必固与之;是谓微明。

王弼注:"固物之性,令其自戮,不假刑为大,以除将物也,故曰微明也。"即是发见矛盾,不采斗争的方式,倒反助长对方发展的趋势,"和其光,同其尘",使它很快地达到饱和点便垮下来,等于自杀。"微明"一个术语,王弼没有注明白。《老子》十六章说:"归根曰静,是谓复命,复命曰常,知常曰明。"五十二章说:"既知其子，复守其母……见小曰明，守柔曰强。"即是很明察地，预见到物的归宿，使它"归根"、"守母"为"微明"（歙为张之母，弱为强之母……）。老子是缩在一个幽静的角落里，用他一双冷眼，发见了极微极微的征兆，看清楚了矛盾的"循环"，安排下敌人的死所。故意放纵敌人，收缩自己，使强大的敌人不知不觉地走上他的死路，老子便得到最后的胜利，这是如何可怕的阴谋。由此看来，道家的老子，并不是一味地消极退诎，不是单纯地趋利避害，不是悲观地坐守着回忆他那不可回复的旧领主的黄金色的梦。他处在那机诈万变矛盾复杂的春秋末年的社会中，他还是想"有为"。他在那阴冷消沉的没落阶级里培养出一种斗争的方法，就是这以静制动，以柔胜刚，以退为进，以逸待劳，以"无为"战胜"有为"的"微明"的战术。这种战术，特别表现在他的军事哲学里边：

> 用兵有言：吾不敢为主而为客，不敢进寸而退尺。

所谓"用兵有言"，可见是"古已有之"的兵家哲学，老子不过是继承者。《汉书·艺文志·道家类》中有"太公谓二百三十七篇"、"谋八十一篇"、"言七十一篇"、"兵八十五篇"不一定是太公作的，在老子以前，有这种兵家的阴谋哲学却是可以断言的。如《左传》所记的"曹刿论战"，晋文公对楚的"退军三舍"等类的故事，都可以说明这种战术思想。不仅老子的军事哲学有他古代的渊源，老子的整套阴谋哲学，也是有师承的。我们看老子以前的一个大阴谋家郑庄公，解决他弟弟叔段，就是用一套"将欲歙之，必固张之"的方法。他的哲学是"不义不昵，厚将崩"，是"君子不欲多上人"，这俨然是老子"多藏厚亡"、"欲先天下者必后之"的口吻！可见老子的思想确是"述而不作"。他把这种传统的人生观更加以哲理化、体系化，使一两千年来，多少士大夫阶级中上了他的深刻的毒，成为统治阶级中一种支配的思想，比儒家的影响更坏。譬如汉朝的陈平，就是一个学黄老阴谋的人，他临死的时候说道：

> 我多阴谋，是道家之所禁。吾世即废亦已矣！终不能复起，以吾多阴祸也。（《史记·陈丞相世家》）

道家就是主张阴谋，他现在倒说阴谋是"道家之所禁"，这又是一种阴谋。

因为老子对矛盾的认识错误,把矛盾看为是循环的,而没有从量变到质变,认识出矛盾的发展性和进步性,所以产生出他在社会伦理方面极反动的毁灭矛盾的思想。摧残了新生的力量,阻碍了社会的发展,这是有利于封建的统治,所以他和儒家的思想,在长时期的封建社会里面,同为统治思想。

五、老子的无为主义

老子既主张"道法自然",认为世界万物都是由自然的法则而演化,万物各自掌握着自己的命运而生长而发展而死灭,不应当用人为的法则来妨碍来戕贼它的自然发展。因此,在政治思想方面,老子便主张"无为自化,清静自正"(《史记》)的"无为主义"。他说道:

为无为则无不治。

是以圣人处无为之事,行不言之教。

我无为而民自化,我好静而民自正,我无事而民自富,我无欲而民自朴。

老子虽然是这样说,但问题并不简单,并不是抱着手,不开动脑筋这样地"清静无为"就解决了问题的。要怎样才能贯彻"无为主义"呢? 我们分作以下几层来说:

第一,老子的"无为主义"是"不伤人主义",他说"非神不伤人,圣人亦不伤人"。这是由他反对鬼神统治世界的理论根据出发,即是庄子说他的"以空虚不毁万物为实"(《天下》篇)的主张。要"不伤人"达到"无为主义",必须反对一切"有为"。在这个原则下,老子对当时一般统治者和为统治服务的政治家们的思想行为,一律反对。因为他们都是"有为"的,都是"伤人"的。他反对战争:

天下无道,戎马生于郊。

夫佳兵者,不祥之器。

反对剥削:

民之饥,以上食税之多,是以饥。

朝甚除,田甚芜,仓甚虚。服文采,带利剑,厌饮食,财货有余,是谓"盗夸",非道也哉!

反对法令:

法令滋章,盗贼多有。

民不畏死,奈何以死惧之?

反对礼治:

礼者,忠信之薄而乱之首也。

反对尚贤:

不尚贤,使民不争。

以上这些东西,老子认为都是"有为",必须反对。这些事情,都是当时统治阶级所加于人民损害人民的东西,老子提出反对,对于人民是有利的。

第二,老子反对战争剥削是对的,但进而反对法令,反对礼治,反对尚贤,这便不能明辨是非,赏罚善恶,出了乱子又怎么办?但老子并不是这样看法,相反地老子认为一切乱子,就是由于法令、礼治、尚贤等"有为法"才搞出来的。所以说"法令滋章,盗贼多有"。礼是"乱之首",尚贤是"争"之端,恰是倒因为果。取消这些政策,天下自然安定,"不欲以静,天下将自定"。

这是从政治的要求上来说,应当"清静无为"。另一方面他认为一切是非善恶本没有多大的区别,不必去辨白是非,分清善恶。他说:"唯之与阿(诃),相去几何? 善之与恶,相去若何?"捧和骂,没有多大的差别;善与恶,也没有多大的距离。所以他主张"圣人无常心,以百姓心为心。善者吾善之,不善者吾亦善之,德善",主张"报怨以德"。所以他的政治思想是兼包并容,良莠不分。这是他的政治手腕,也是他的伦理信条,最重要的还是从他的哲学根据出发。我们在前面已经说过,老子虽然看见了矛盾的互相转化,但没有认识从量变到质变的发展。认为矛盾的相互转化,只是量的循环。一切对立,在老子看来,没有本质的不同,只是子母关系,因此便得出"善之与恶,相去若何"的结论。更进而取消了矛盾的对立，合为一家，他说："道者万物之奥，善人之宝，不善人之所保。"表现在政治上，便成为这种"和光同尘"兼包并容的"无为主义"的政治。发展而为"彼是莫得其偶，谓之道枢"的庄周的虚无主义，这是老庄哲学中最反动的因素。

第三，要贯彻老子的"无为主义"，做到了反对"有为"，毁灭一切政治上的措施，不辩是非，兼包并容，还不是彻底的办法。因为即使做到了以上的两层，只是"无为"，而并不可能"清静"。所以还要进一步想"根治"的办法，于是老子不能不从人民头上来打主意了，到此，老子的"愚民政策"暴露出来了。老子认为要把"无为主义"推进到最理想的阶段，就要从根本上来毁灭文化知识，他反对人民有知识：

> 民之难治，以其智多。故以智治国，国之贼，不以智治国，国之福。
>
> 爱民治国，能无知乎？
>
> 常使民无知无欲。
>
> 绝圣弃智，民利百倍。
>
> 人多伎巧，奇物滋起。
>
> 五色令人目盲，五音令人耳聋，五味令人口爽，驰骋田猎，令人心发狂，难得之货，令人行妨。

老子最恨知识，人民大众一有知识，就难得控制，他要把人民弄得蚩蚩蠢蠢的，才容易治理。他主张断绝人民的精神食粮，充实人民的物质食粮；扩大人民的胃口，收缩人民的脑筋，要"虚其心，实其腹"，要"为腹不为目"。他老实坦白说：

> 古之善为道者，非以明民，将以愚之。

这是老子的知识论，老子的知识论，就是反知识论。他说"为学日益，为道日损"，又说"绝学无忧"。他认为学的越多，知的越少，要以不知为知，所以说"不出户，知天下；不窥牖，见天道"。每一个人都造成没有被凿的"浑沌"，就是大知识，那还有什么乱子呢？那时的社会是什么景象？

小国寡民，使有什百之器而不用，使民重死而不远徙。虽有舟车，无所陈之；虽有甲兵，无所陈之，使人复结绳而用之。甘其食，美其服；安其居，乐其俗。邻国相望，鸡犬之声相闻，民至老死不相往来。

这就达到了老子的"无为主义"的极致，他要把人类的历史拖回到几千年前的"结绳而治"的社会。这种社会，是既"清静"又"无为"，所谓"其政闷闷，其民淳淳"。达到这个阶段，最重要最根本的办法，就是要贯彻"愚民政策"。经常地执行"愚民政策"，人民没有知识，只晓得吃饭，不会发生乱子。即使发生乱子，他便执行"将欲歙之，必固张之"那一套"微明"的战术，也就消乱于无形，所以说：

以正治国，以奇用兵，以无事取天下。

这几句话是老子的政治哲学的精髓，即是愚民政策和阴谋手段的交相为用。在这两种方法交相为用之下，蚩蚩蠢蠢的人民以生以长以死，还疑着自生自长自死，和"圣人"无关。所谓"太上不知有之，其次亲而誉之，其次畏之，其次侮之"。做到使人民天天生活在"圣人"的"恩惠"之中，而不知是"圣人之赐"，还以为是自己循着自己的法则而生存，这种思想由一首古代的民谣里反映出来：

日出而作，日入而息；

凿井而饮，耕田而食。

帝力于我何有哉？

我疑心这首诗是染着道家思想的作品。老子一方面要教人民忘了自己，同时自己也要忘了人民，他说"功成而不居"、"生而不有，为而不恃，长而不宰"，达到了"太上忘情"的阶段。那时的"圣人"高高在上，弄着他"玄之又玄"的造化手腕，他看着一般蚩蚩蠢蠢的人民生活在他的造化之中，就好像"刍狗"一样：

天地不仁，以万物为刍狗；

圣人不仁，以百姓为刍狗。

什么是"刍狗"？《庄子·天运》篇解答出来了：

夫刍狗之未陈也，盛以箧衍，巾以文绣，尸祝斋戒以将之。及其已陈也，行者践其首脊，苏者取而爨之而已。

"刍狗"是一种草扎的狗,供祭祀时的使用。需要它的时候,把它捧在头上;不需要它的时候,把它踏在脚下。愚蠢得像"刍狗"一样的人民,不知有"圣人"在头上操纵着自己的命运;而"圣人"对于它也就无所谓"仁"。这样"物我两忘"的政治,便是老子的"无为主义"的彻底。

姑不论老子的"无为主义"是一种极端唯心主义的"乌托邦",永远不会实现。要说明的是这种政治思想的目的要求,是在实现一种最高度的统治。有人看见老子破坏一切政治的设施,主张"无为自化",认为老子是"无政府主义者",这是非常错误的。你看他一方面要把人民统治到没有一点灵魂,一方面把统治者提升到最高最高的地位,用一种无形的统治威力严格地控制着每一个人民而不自觉。外形看着似宽松,而骨子里却非常严酷,所谓"天网恢恢,疏而不失"。这是一种最冷酷无情的统治思想,后来就转化为法家的集权统治思想。虽然老子说过"我有三宝……一曰慈",但那"慈"不过是一种手段,"夫慈以战则胜",不过是应变的一种手段,他的本来面目却是"圣人不仁,以百姓为刍狗"。

这种高高在上,统治于无形的观念化,就是那"有物混成,先天地生"的"道"。所以老子常常把"王"和"道"相提并论:

容乃公,公乃王,王乃天,天乃道,道乃久。

故道大,天大,地大,王亦大。域中有四大,而王居一焉。

人(王)法地,地法天,天法道,道法自然。

君临万物之上的"恍兮惚兮"的"道",正是无上统治威权的反映。于此,我们更可明确老子的"道"的本质,它究竟是唯物的东西还是唯心的东西?

老子的政治哲学,是反映了春秋时代的政治形势。他说的"故大国以下小国,则取小国;小国以下大国,则取大国",反映当时春秋时代还存在着许多诸侯分裂割据的局面。在这些大大小小的国家上面,又有一个"四大"中的"一大"王的存在,反映了春秋时代周天子的存在。老子一面教"大国下小国"、"小国下大国",他承认分裂的既成形势,又主张有一个最高威权的中央统治,这是老子统治哲学中的矛盾,也是他全部哲学的矛盾的一个方面。

六、结语

一、老子的哲学，是从春秋时代社会基础上产生出来的。从他的世界观方法论以至于伦理政治思想，是一个完整的体系，并不是缀集而成的著作。

二、老子的哲学，有他古代思想的渊源，他继承古代思想的遗产，结合自己的实际，精练成一套独特的思想体系，影响了后来的思想家，特别是庄周与韩非。

三、老子哲学中有合理的唯物主义的因素，但随时为他根本的唯心主义所淹没。他否定神的主宰世界，主张"万物自化"，这是合理的。但剥去了神的主宰，又换上一个观念（道）的主宰，成为反动思想。他看见了矛盾现象，并发见了矛盾的相互转化和相互依存，这是合理的。但却把矛盾看为子与母（道）的循环，结果取消了矛盾，成为反动思想。在政治伦理方面，反对战争，反对剥削，主张"无为而民自化"，这是合理的。但又建立无上威权的统治，主张愚民政策，扭转历史，成为反动思想。

四、老子的全部哲学贯彻着一个"道"的观念。"道"并不是物质，而是超越时间空间绝对存在的一种观念，它是客观唯心的东西。在论矛盾方面，它（道）会消灭矛盾，收转新生的力量，令其"归根"、"守母"，说明"道"的落后性与反动性。在政治思想方面，"道"是最高统治威权"王"的反映，更说明它的阶级本质。总之，老子的哲学，是一套统治哲学。

纬 书 导 论

楚图南[*]

一、绪论

纬书之名，本以配经，并假托孔子，故谓之为纬。经纬皆为织综之义，引申则又有恒久或典常之义。纬书之名，本起于前汉。以内容驳杂，故又有以性质之不同，区分为纬、图、谶三部。刘熙《释名》云："纬围也，反复围绕以成经也；图度也，画其品度也；谶纤也，其义纤微而有效验也。"

因此前汉以来部分的儒家和学者，尤其是今文学派的儒家和学者，颇相信纬书而斥黜图谶。这理由如金鹗的《纬候不起于哀平辨》(参见严杰《经义丛钞》)之所说："纬候所言多近理，可以翼经，本古圣遗书，而后人以怪诞之说纂入其中，遂令人不可信耳。其醇者盖始于孔氏。故郑康成以为孔子所作。其驳杂者盖起于周末战国之时。何以知之，秦始皇时已有亡秦者胡之谶，则谶纬由来久矣。"

也就有根本连纬书也不相信的。最古的如张衡[①]、荀悦(《申鉴·俗嫌》篇)

　　* 楚图南(1899—1994)，1937—1945 年任教于云南大学文史系。本文发表于《云南大学学报》(第一类)1942 年第 2 期。

　　① 《后汉书·张衡传》："自中兴之后，儒者争学图纬，兼复附以妖言。衡以图纬虚妄，非圣人之法，乃上疏曰'……谶书始出，盖知之者寡。自汉取秦，用兵力战，功成业遂，可谓大事，当此之时，莫或称谶。若夏侯胜、眭孟之徒，以道术立名，其所述者，无谶一言。刘向父子领校秘书，阅定九流，亦无谶录。成哀之后，乃始闻之。……殆必虚伪之徒，以要世取资。……宜收藏图谶，一禁绝之，则朱紫无所眩，典籍无瑕玷矣'。"

诸人；最激烈的如欧阳修，他生于隋时焚禁纬书之后，甚至于要删削了九经疏中谶纬之文。

其实，谶纬虽名称不同，在内容上，本是脉络相同、性质相近的一整套的东西。它自成一个规模宏大的体系。将纬书拿来比附六经，说这也是孔子所删定，甚至于是孔子所作的，固然是错误。因为六经是宗法封建社会的基础之上所产生，也是反映和适应了宗法封建社会的要求的一种思想体系。纬书的思想体系则是前一时期的思想体系。这里有着原始社会或去原始社会不十分远的人类的素朴的经验，对于自然和人生的全部的知识，以及拜物教或准拜物教的思想和迷信。这在孔子的时代，以孔子的睿智，他当然不会接受这些东西的。"子不语怪力乱神"，这便是一个最明确的证据。所以说以纬书去比附六经，并托始于孔子，这是错误的。但因为纬书与孔子无关，便一笔抹杀，以为是汉人所伪作，是庸妄人之所伪作，便焚禁攻讦，避之若浼，这也是不对的。纬书虽非孔子所作，但确是中国古代社会流传下来的，虽说它之流传，或者口耳相传，或者在社会风习，在宗教仪式上保留下来，无论它取着哪一种的方式，从它的内容上去鉴别，去讨核，究竟不会是汉人所伪作，也绝不是汉人所"能"伪作的。这整套的思想，很有些地方和埃及及巴比伦的古代社会的思想相类似，一个时代的一部分人，无论他们是天才也好，是庸妄人也好，能够伪造出一个社会，或一个时代的一整套的思想的么？至多这些思想流传到了汉时，又由下层社会浮涌到上层社会；由愚民层传染到知识分子或士大夫之间。于是"已成文者被公认；未成文者被写"；又难免掺杂了汉人自己的时代和社会的迷信思想——如民歌或民间故事之流传，往往也掺杂了不同时代或不同地方的成分一样；于是纬书出现，纬书的数量也特别多了；纬书的内容也特别地显得真伪混淆，古今杂糅。这就好像地下的伏流，到了岩石罅裂的地方，就汹涌地喷溅出来。又好像泥沙里面的种子，遇到了春雨和阳光，便自然的发芽、生长。因此，也就不能不将地上的沙石和杂草也夹混掺杂在一起了。汉时的除挟书之律，奖励民间的献书，以及当时学者的知识水准之低，完全没有先秦时代的学者的修养和识力，这些都自然的是纬书的阳光和雨露。又加以汉时纸墨的应用,已较普遍而便利,古代口耳相传的思想、传说,当然有记录下来的可能和必要了(因献书者可以得禄位和重赏)。所以,在六经之后,纬书也大量地出现了。孰是新种子,孰是旧种子,这要看它的内容,要看它的内容所反映着的时代和社会才能决定。只是看到了它的出现,尤其是只是看到了成为文字或典籍而出现的时期,便来断定了纬书的时代和真伪,当然是不能正确的。

其次,纬书的价值,并不在于它之是否与孔子或六经有关。过去信仰纬书的学者,为的是它可以翼经,是古圣的遗书,所以将纬书看重了。不信仰纬书的学者则又以为它是乖道谬典①,所以又将它看得一文不值。其实,纬书的价值,乃在于它保存了不少的古史的资料。从它我们可以看见中国古代社会和中国古代人类对于自然社会和人生的想法和看法,其中的一部分,且是由长久的观察,长久的经验累积而来的。并且到现在也还被袭用着(如一部分天文学的知识即是)。其中的一部分神话和传说,或者迷信和隐语(这与卜筮的卦辞、爻辞之类是同类的东西)。在现在看起来,诚有如桓谭和张衡诸人之所说,有些近于"奇怪虚诞",但这种奇怪虚诞,正是原始社会或古代社会的人类对于自然和人生的看法和想法。这里面有着他们的原始的宇宙观和人生观。正是由于这样的思想,才反映了古代的人生和社会。不懂得这个社会,则现代中国所残余着的许多的迷信思想、风俗习惯也就不容易理解了。所以纬书的价值,并不在于它之"围绕以成经",而是在它供给了我们不少的中国古史学、民俗学、宗教学,甚至于社会学上的资料。对于纬书的价值的评定,也应当只是就纬书内容自身上去分析、去鉴定、去利用。不能拘执着成见,沿袭着传统的尊孔和尊经,以它对于孔经的关系的如何,作为去取、批判和衡量的标准。

本篇就是想依照这个程序,来概括地将纬书和纬书思想的产生、流传、升沉

---

① 刘勰《文心雕龙·正纬》篇:"沛献集纬以通经,曹褒撰谶以定礼,乖道谬典,亦已甚矣。"

和对于过去与现在中国社会思想的有形无形的关系或影响,做一个比较初步的检讨。至于条别纬书的内容,考核或研究其真伪和起始,并探研其与中国学术和社会的关系,则拟俟诸异日。

二、纬书思想古已有之

纬书如前之所说,无论内容怎样的驳杂、凌乱,从大体上是脉络相通,性质相近,自成一个完整的思想体系。这个体系我们姑以结集成的纬书之名名之,谓之为"纬书思想"。亦如六经里面的儒家思想,道藏里面的道家思想,佛经里面的佛教思想一样,是一个独特的思想体系。

纬书思想,就现在残存的纬书的内容,分析起来,大约不外下列各项:

星象,占卜,天神,人鬼。

阴阳,五行,传说,神话。

此八类思想,皆为中国古代所本有的思想,其中心,则又以一个极原始的天人感应的观念,贯穿着。这都不是汉以后的新的生产。夏穗卿的《中国古代史·孔子以前之宗教》,谓中国自古以来,即有鬼神五行之说。鬼神之中分为天神,地示,人鬼,物魅各类。而术数之法,则所以"探鬼神之意以察祸福之机",其中又分为一天文,二历谱,三五行,四龟蓍,五杂占,六形法。六者之中,天文、历谱、五行,三家之说,不甚可分,可合为一类,共四类。夏氏更进而说明这种思想的起源,乃是:"盖初民之意,观乎人类,无不各具知觉,然而人之初生,本无知觉者也,其知觉不知从何而来。人之始死,本有知觉者也,其知觉又不知从何而去。于是,疑肉体之外,别有一灵体存焉。其生也,灵体与肉体相合,而知觉显。其死也,灵体与肉体相分,而知觉隐。有隐现而已,无存亡也。于是有人鬼之说。既而仰观于天,日月升沉,寒暑迭代,非无知觉者所能为也。于是,有天神之说。俯观乎地,出云雨,长草木,亦非无知觉者所能为也,于是有地示之说。人鬼,天神,地示,均以人生之理推之而已。其他庶物之变,所不常见者,则谓之物魅,亦以人生之理推之而已。此等思想太古已然，逮至算术既明，创为律历，天文诸事渐可测量。推之一二事而合，遂谓推至千万事而无不合。乃创立法术，以测未来之事，而术数家兴。此社会自古至今，未尝或变。非但中国尚居此社会中，即外国亦未离此社会也。所异者，春秋以前鬼神术数之外无他学，春秋以后鬼神术数之外尚有他种学术耳。"（夏曾佑《中国古代史·孔子以前之宗教》，第 70 页）

这里说原始社会人类鬼神思想之发生，人类以人生之理推之，将自然现象视为有生命，而赋予人格，甚至于视日月星辰、山川人物都是活着的，是有生命的，这便是泛灵说（Animism）与拟人说（Personification）。天神、人鬼、神话传说的发生，当然是起源于此。天人感应、物类交感的观念，也是起源于此。其余术数的思想，则是起源于窥探鬼神之意。惟夏氏泥于《汉书·艺文志》的分类，将术数分为天文、历谱、五行、龟蓍、杂占、形法六家。其实，这是很不必要的。杂占、龟蓍，可以并为一类称之类占卜。天文历谱可以合为星象。而汉书九流之一的阴阳家，则与五行是同性质的学说，所以我们在这里另行分合，一共分为上述的八类。这八类的思想，构成了纬书思想的全部的内容。它的来源，诚如夏氏所说，本是古已有之的思想。不过在古代这类思想成为思想的主流，支配了整个的社会。春秋以后则沉淀在社会下层，仅仅在民间，在无知和愚蠢的统治者和学者之间流行着罢了。

现在就以实例来说，书经和诗经本为三代之书或准三代之书。即使今文家与古文家之间还有着多多少少的争论，但书经里面的神话的成分，以及《诗经·商颂》"天命玄鸟降而生商"的传说，这些都是发现于汉以前，而且是与纬同性质的记载。可知这类的思想，在古代当是很普遍的。即春秋时代的学术大师，如孔子和墨子，虽能有着自己的独创的新说，然究竟也还是脱离不了古代传说的思想的束缚。如孔子之言天命，墨子之言鬼神即是。至于聚天下学者合撰而成的《吕氏春秋》，及其后的《淮南子》，古代阴阳、五行、术数家的思想，尤特别的浓厚。这都说明了在秦汉以前，虽还没有纬书之名称，而纬书的实质，即纬书的思想,固已普遍地存在和流行。到了秦汉之际,春秋战国时代有名的学术大师,都相继逝世了。又加以社会上的长期战争和纷乱,以及暴主的愚民政策和可怕的屠杀,都只能使新学说消灭,而旧时野蛮迷信的思想得到了机会可以蓬勃地出现和生长。如秦始皇时燕人卢生奏图箓,有"亡秦者胡"之谶。《史记》亦记载祖龙死之传说。这与陈胜、吴广之篝火狐鸣、鱼腹书,及汉高祖的斩白蛇起义,吕公的相法,范增的望气,都反映了当时的社会所流行的是什么一种思想,所相信的是什么一种学说了。秦始皇焚书,独不禁卜筮之书。易为卜筮之书,故免于难。可知卜筮之类的书籍,只是流行于民间。儒生之"人善其私学以非上之所建立",与民间的信仰,另是一路,所以遭到了横祸。还有一层,卜筮之类的书籍——即或多或少成文或不成文的纬书思想,既普遍地流行于民间,要彻底地焚禁也不可能。所以李斯的奏请焚书,也只是"非博士官所职,天下敢有藏诗书百家语者,悉诣守尉杂烧之,有敢偶语诗书弃市"。可知当时所认为犯禁的,只是诗书百家语,是春秋以来的诸子的新说,纬书思想于统治者无害,且可利用天命鬼神等迷信的思想,以愚弄黔首。所以,纬书思想能够无碍地被流传下来了。汉时纬书之大量地出现,以及纬书思想之普遍地流行,且由民间侵染到了官府,由愚民传到了学者,正是由于有着这样的历史的背景,正是由于纬书思想的源远流长且有着普遍的势力。所以一旦得到了机会,由于政府的奖励和学者的提倡,遂一发而不可收拾,且大有喧宾夺主,改窜儒说以入于阴阳谶纬之势。这算是纬书思想的最盛行的时代,因它已得到官府和学者的正式的承认和公开的信仰了。

三、先秦时代纬书思想沉淀在民间

但是纬书思想,虽是古已有之;纬书思想之流传,却颇走着迂回而弯曲的路子。如夏穗卿之所说,春秋以前,鬼神术数之外无他学,则是纬书思想,本为古代社会思想之主流。单看甲骨文中所表现的商时的宗教思想,及周公《金滕》篇中所表现的天神人鬼互相感应的观念，可知夏穗卿氏的推断，大体是正确的；但到了春秋战国时代，由于交通的便利、新知识的交换，和战时社会的实利的要求与名硕学者的辈出，自然而然的产生了一种新学，比古代的纬书思想更要进步，更能号召和说服新进的知识分子。而这便是造成了中国思想史上的黄金时代的诸子百家。诸子百家中如孔子、老子、庄子、墨子、管子、商君、荀子、韩非，差不多都是很博学的人。如《庄子·天下》篇言墨子之"好学而博不异"，"惠施多方，其书五车"。《史记》言荀子"年五十始来游学于齐"。孟子言治学亦曰"博学之，审问之，慎思之，明辨之"。韩非亦自言"无参验而必之者愚也；弗能必而据之者诬也"。可知当时的学者，都大体很博学，而治学的方法很矜慎。而尤以墨子、荀子、韩非治学的方法，最为严密，几于有着现代社会的科学精神了。这样，当然使他们弃绝了古代的传统的迷信思想——至少，也使他们不能完全地相信，无条件地接受了。所以孔子不语怪力乱神；墨子有非命、节葬的主张；荀子亦有非相之作。这都证明了他们是古学的叛逆，而是新学的创造者，但古学并不以他们的消极或积极地反对而绝灭。古学离开了进步的学人的集团，却流行在愚妄的统治者或沉淀在无知的下层社会的民间了。

观于孔子因鲁史而作的《春秋》，以及后来记载当时政治和人事的三传，及《国语》和《战国策》，其中如记载天象、灾变、妖异，和禁忌的地方，且是后来正史和方志里面机祥符瑞诸志之所本。可知纬书思想，即使为学人所不信，但仍然流行于统治者和民间社会。因为民间社会的文化水准较低，当然只能接受了传统的迷信思想。在统治者，则除了这个原因以外，更由于统治上的需要，不能不保留和利用了这样的思想了。观于春秋战国的诸子，都是一车两马，周游列国，到处碰钉子，而陈胜、吴广、刘邦以及后来的刘秀，假异说符命以起事，号召了民众，甚至创立了帝业。而秦汉以来的方士，假图篆神仙之说，转可以取信于人主，就可以约略知道其间的消息了。

又就纬书的本身论之，纬书传写乖谬之多，用语之特殊，而庸陋浅俗，以及名称与内容并无必然的关系（七纬的内容，都大体相近，并不如六经之各有独特的内容,其性质可绝不相混)。这都说明了它之流传于民间,流传于社会下层的痕迹。因为不为通人所重,只好自然流传,或秘密流传;又加以庸人俗儒的辗转附会,于是便如同滚雪球一样的,越来越多,越来越驳杂了。《后汉书·尹敏传》称:"帝令尹敏校图谶,敏对曰:谶书非圣人所作,其中多近鄙别字,颇类世俗之辞。"《隋书·经籍志》亦云:"然其文辞浅俗,颠倒舛谬,不类圣人之旨,相传疑世人造为之后,或者又加点窜非其实录。"

这是当然的。纬书本来就是流行于民间,沉淀在民间的东西,所以当然是"多近鄙别字",当然是"其文辞浅俗颠倒舛谬,不类圣人之旨"。不过,由此遂断定了它是"世人造为之",这理由是不充分的。"世人造为之"的只是将他拿来比附六经,拿来假托孔子,并多所附会,遂致"篇卷第目转加增广",如是而已。

正因为这原因,所以纬书的近代刻本,也一样的是颠倒舛谬,多错字别字,几乎令人无所遵循。譬如名称上的考灵曜或者又作"耀"或作"燿",这都还可以相通。但河图稽命曜一作"稽命征",帝纪通或作"通纪",真钩或作"真纪钩",纬象或作"绛象",秘微图一作"秘征图",洛书灵准听一作"灵淮听",摘六辟一作"摘之辟";易纬辨终备一作"辨终论";纬书刑德放一作"刑德考";春秋纬汉含孳一作"汉合擎";诗纬推灾度一作"推度灾";孝经纬右秘一作"古秘"。……至于内容方面的窜乱乖谬,尤不胜列举。所以明孙瑴之辑《古微书》其自序云:"纬有七,俪经而行。……尝读历代史经籍艺文,空标其目,而书竟隐泯矣。间有存者,亦复如裂锦碎璧,声味不联。予苦心于兹,且十年。顾简不一遘,遘不连行。于是考其班部,榷其宗旨,核其讹阙,聚其落离,盖句累而章,章累而篇,篇累而帙焉。"

余杭陈世望嘉庆年间《古微书》的刻本亦说:"己巳秋,于金陵书肆,见有抄本孙子纬书,名曰古微。翻阅数过,见其纰缪处甚夥,因重价携归,悉取家藏书剖判赝真。其诬传为经者,则正之,其乌焉为马者,则改之;其残缺零落者,则补之;其颠倒字句晦塞不可读者则淘汰之。总计四千余言。辛未春,购得坊本,其纰缪一如金陵之抄本者。诸同人以望此书雠校有年,请付诸梓。"

可知纬书传写之错落、乖谬,不单是焚禁以后的纬书如此,即纬书初出现时即两汉时代也就如此。这正是由于纬书乃是野蛮时代的遗物,后来又流传在民间,沉淀在民间,为文化水准较低的时代和阶层的人们所信仰,所以传抄错误,"文辞浅俗"、"颇类俗之辞",这正是纬书的本色,这正确切地说明了纬书所自然产生和流传的历史和社会的背景。

四、两汉时代的纬书思想颇为士大夫所信仰

纬书思想既为古代社会神话迷信、阴阳、五行之类的思想之总合,到了春秋战国时代新学纷起,这类思想乃沉淀在民间。至秦以法治致富强,当然是不会看重新学,何况新学的本身,就是一种带有叛逆性的进步的思想? 所以在开始时,商君为政,已目诗书礼乐为"六虱"(《商君书·靳令》篇)。始皇统一中国以后,更感到了当时学者尚有春秋战国时代的风气:"私学而相与,非法教人,闻令下则各以其学议之,入则心非,出则巷议。"于是遂有李斯的奏请烧书之议:"臣请史官非秦纪皆烧之,非博士官所职,天下敢有藏诗书百家语者,悉诣守尉杂烧之。有敢偶语诗书者弃市,以古非今者族。吏见知不举者,与同罪。令下三十日不烧,黥为城旦。所不去者医药、卜筮、种树之书。若有欲学法令,以吏为师。制曰可。"(《史记·秦始皇本纪》)

可知当时所烧之书,正是春秋战国以来的孔、老、墨诸家所创的新学。李斯奏书中"以古非今"的"古",也正是当时诸子"托古改制"的"古"。后来又坑儒诸生四百六十余人于咸阳,亦只是诵法孔子的儒家的门徒。所以真正的古学,即古代流传下来的阴阳、五行、鬼神术数之学——即后来所谓的纬书者,固仍然流行于民间。当时和以后的学者,无书可读,当然要受到这类思想影响。所以在两汉时代的经学家,在古文经未出世以前,故老传习,或以口耳授受(如伏生等),或以今文(即汉隶)书写,都大体杂有阴阳五行的思想,这差不多成为当时

讲学的一种风气。这实在是环境之所使然的。最著名者如《易》,《易》有施雠、孟喜、梁丘贺、京房四家,而《汉书·儒林传》言孟喜曾得易家候阴阳灾变书。刘向亦言:"淮南枕中有鸿宝苑,秘书,书言使鬼物成金之术,及邹衍重道延命方,世人莫见,而更生父德,武帝时治淮南狱,得其书,更生读之以为奇,献之。"可知在当时这类的书必是很盛行的。此外如梁丘贺之讲卜筮①,京房之言灾异,以及伏生、李寻之言尚书,董仲舒之言春秋,翼奉、韩婴之言诗,贾逵之以纬书论左氏学,曹褒之以纬书订汉礼,后来何休、郑玄之以纬文说经。这都说明纬书思想,由民间浮到了社会的上层,且为士大夫之所信仰了。这也就是夏穗卿所谓的儒家与方士思想之糅合。这是社会的历史的原因,但夏穗卿则以为乃是这些学说的本身的原因。他说:"鬼神术数自古分流,至春秋之季,而有老、孔、墨三家,同时各有所发明,其贤于古说明矣。然于古说未能尽去也。至秦乃皆折而入于上古鬼神术数之说。非诸家子弟之不克负荷也,盖其初祖创教之初,即不能绝古说之根株,譬如草子藏于泥中,一遇春日,便即发生,更无疑义。故三家数传之后,诸弟子不欲保存其教则已,欲保存焉,非兼采鬼神术数之说不可也。一既采之,则曾不逾时,已反客而为主,所存者老、孔、墨之名称而已。"

这里所说的秦汉之际的学派,反客为主,虽存老孔之名,而实质已变,这是很对的,但这个原因并不是由于创教的初祖之不能绝古说的根株,而是由于新学的绝灭或中断,只有异说的猖獗横行,又以汉初的搜求遗书和尊儒经,重黄老,这个政治的和社会的原因,于是这些流行的异说,窜入混杂,借尸还魂,遂致喧宾夺主,儒家的学者都穿上了道士的衣冠了。

这样客观的条件,再加上了主观的原因,遂使纬书思想皆蒙纬书之名,而大量地出现了。

---

① 《汉书·儒林传》:"宣帝时,闻京房为易明,求其门人,得贺。贺时为都司空令,坐事论免为庶人,待诏黄门,数入说教侍中,以召贺,贺入说,上善之,以贺为郎。会八月饮酎行祠孝昭庙,先驱旄头剑挺坠首垂泥中,刃乡乘舆车,马惊,于是召贺筮之,有兵谋不吉。"

五、纬书思想之凝化——纬书之出现

　　但秦汉以来,纬书思想虽极流行,却并不有条理,也不成为一个组织。这原因乃是第一,纬书乃是古代的社会的多方面的散漫的知识和片断的传说,并没有一定的中心。第二,只是流行在民间,并不为学者所重视。因此,也就没有经过整理的工作(六经便是经过了整理的古说,甚至于还将儒家的思想,也掺杂进去了——即所谓的托古改制——所以那是有条理,有系统,也有一个中心的思想)。第三,因为纬书思想的本身的民间性和原始性,所以随时附会,随地改变,甚至于添加了内容,譬如古代的阴阳、五行、鬼神、术数与《史记》里邹衍的"善谈天,深观阴阳消息,而作怪迂之变,其语宏大不经……先序今以上至黄帝……因载其祧祥制度……称引天地剖判以来,五德转移,治各有宜"。与秦汉时方士神仙之书、卜筮之书、巫蛊之术、黄老之学,都似互相为表里的。不过随时异名,内容驳杂越显得令人无可索究罢了。

　　但到了汉时,由于这些思想之传染或灌输到了士大夫,甚至于到了第一流的学者和思想家的脑中(如董仲舒、王充即是),又加以统治者提倡,不断地除挟书之律(孝惠帝时),开献书之路(文帝、景帝时),建藏书之策,置写书之官(武帝时)。于是急不暇择,泾渭不分,凡古代流传、民间通行的纬书思想,渐渐地凝化——成为纬书而出现了。

　　这种思想凝化的具体表现,则是第一,得到社会上层和学者的正式承认和公开信仰,如前所说的儒家及汉武帝以后王莽、光武诸人即是。第二,结集成为纬书,且经过学者的整理和应用,甚至于为之注释。如关于纬书的结集,因为是流行于民间的东西,所以每不知作者和结集的名称和时代。汉人和汉以后学者的论断,则以为起于哀平或中兴以前。如荀悦《申鉴·俗嫌》篇所云:"世称纬书仲尼之作也。臣悦叔父故司空爽辨之,盖发其伪也。有起于中兴之前,终张之徒之作乎？或曰杂。曰以己杂仲尼乎，以仲尼杂己乎？若彼者，以仲尼杂己而已。然则谓八十一首，非仲尼之作矣。"

刘勰《文心雕龙·正纬》篇称纬有四伪，最后的结论，则是："故知前世符命，历代宝传，仲尼所撰，序录而已。于是伎数之士，附以诡术，或说阴阳，或序灾异，若鸟鸣似语，虫叶成字，篇条滋蔓，必假孔氏。通儒讨核，谓起哀平。"但说得比较详尽的，则为《隋书·经籍志》："说者又云，孔子既叙六经，以明天人之道，知后世不能稽同其意，故别立纬及谶，以遗来世。其书出于前汉，有《河图》九篇、《洛书》六篇，云自黄帝至周文王所受本文。又别有三十篇，云自初起至于孔子，九圣之所增演，以广其意。又有《七经纬》三十六篇，并云孔子所作，并前合为八十一篇。而又有《尚书中候》、《洛罪级》、《五行传》、《诗推度灾》、《氾历枢》、《含神雾》、《孝经钩命诀》、《援神契》、《杂谶》等书。汉代有郄氏、袁氏说。汉末郎中郗萌集图纬谶杂占为五十篇，谓之《春秋灾异》。宋均、郑玄，并为谶律之注。然其文辞浅俗，颠倒舛谬，不类圣人之旨。相传疑世人造为之后，或者又加点窜，非其实录。起王莽好符命，光武以图谶兴，遂盛行于世。汉时，又诏东平王苍正五经章句，皆命从谶。俗儒趋时，益为其学，篇卷第目，转加增广，言五经者，皆凭谶为说。"

这里说纬书的结集，共八十一篇，与荀悦据说的数量相同。其内容则自上古黄帝以来，九圣之所增演，则其为集中国古代学术思想之大成可知。至于它成为典籍而出现，约在于西汉之末，这也是很合理的。因为汉初搜求遗书，最盛的时候乃在于汉武帝时。

《汉书·艺文志》云："汉兴改秦之败，大收篇籍，广开献书之路。迄孝武世，书缺简脱，礼坏乐崩。圣上喟然而称曰，朕甚悯焉。于是建藏书之策，置写书之官，下及诸子传说，皆充秘府。成帝时，以书颇散亡，使谒者陈农求遗书于天下，诏光禄大夫刘向校经传、诸子、诗赋，步兵校尉任宏校兵书，太史令尹咸校数术，侍医李柱国校方技。每一书已，向辄条其篇目，撮其指意，录而奏之。"

秘府即天子藏书之所,亦称中秘,其书也称中书。当时搜求遗书,谶纬不入中秘,故刘向《七略》不著录谶纬。然民间诵习,固历可案验。《汉书·儒林传》称张霸所进的《尚书》百两篇:"篇或数简,文意浅陋……以中书校之,非是。"可知当时六经固多异文异说,而私家藏书之盛,如河间献王,如淮南王,其藏书几与汉朝相等,其内容如前所言至有"使鬼物为黄金之术及邹衍重道延命方",是其内容驳杂,颇与纬书相近。故无形之纬书,虽为古之所有,且为汉初经师之所引用,而有形之纬书,则当是西汉中叶以后渐渐地搜集、传抄和积累而成,至西汉末而得到了普遍的信仰,直至朝廷里面诏东平王苍正五经章句,皆命从谶,纬书的凝化的工作,至此才算正式的完成。

六、纬书思想之圣化——纬书之假托孔子和比附六经

然西汉中叶以来,纬书虽不断地出现,不断地为学者所引用,但由于纬书的文字的浅俗,和内容的荒谬,颇不为学者所看重,这是第一。汉时置五经博士,也只是表彰儒学和推尊孔子,纬书思想,虽渐已盛行,然桓谭疾其虚伪,尹敏惜其深瑕,张衡发其僻谬,荀悦明其诡诞,也仍然不能与六经得到同等的地位,此其二。由于这两个原因,所以信仰纬书思想的学者,不能不故神其说,竭力地使纬书圣化,即——

第一,以纬为孔子所作,与六经有同等的价值,如《隋书·经籍志》之所说。

第二,在名称上,以纬配经。孔子既作六经,当然还有六纬。故《李寻传》已有六经六纬之名。又《论语》,记孔子言行,晚出的《孝经》,亦相传为孔子所作,故又有《论语纬》及《孝经纬》之出现。

第三,故以谶纬之说比附经义。这原因如徐养原之所说:"既比附经义,必剿袭古语,然后能取信于人。"

这样的三个办法,便是纬书圣化的三个步骤。而这种圣化的工作的最显著的证据之一,则如《儒林传》所说,孟喜"得易家候阴阳灾变书,诈言师田生且死时枕喜膝独传喜。诸儒以此耀之,同门梁丘贺疏通证明之"。

这么一来,是易家候阴阳灾变书得自田生的秘传。而田生之学,传自丁宽;宽传自田何;何传自子乘;乘传自子家;家传自子弓;子弓传自子庸;子庸传自鲁商瞿子木;子木受《易》于孔氏(俱见《儒林传》)。所以,阴阳灾变书,当然也是传自孔子的了。其他关于纬书托之于孔子的说法,大体都是这样附会上去的。伏生的《尚书·大传》,董仲舒的《春秋繁露》,尤多阴阳纬候家之言,自然更为纬书开辟了一条圣化的大道。所以,一切古代的关于天象人事的传说,当代的迷信怪异的思想,皆假托孔子,冒纬书之名而出现了。当初,尚只是民间的流传,后来则是学者风习,最后则得到了官家的信奉和承认。到了光武帝的时候,遂有内学外学的名称①,以通六纬者为内学,通五经者为外学。纬书与六经,不但是有了同等的地位,且骎骎乎有驾孔经而上之势了。

纬书既然崛起民间,陡然得到了这样大的势力,占据了这样的地位,其影响当然是横绝一时,笼罩百国的了。这种风气既成,于是注经说经者引用纬书;著书记录掌故者,引用纬书(如汉末人所著的《越绝书》及《吴越春秋》就有不少的神话和隐语,这都是汉时学者通有的风习)。国家官书亦遵用纬书,甚至国家大事、策免三公,无不援引五行灾异等类的纬书思想以解决之。纬书成为一时的好尚,纬书的出现自然而然地以此而有着更多的附会和更多的伪作了。

七、纬书思想之流行及其弊害

所谓上有好之者,下有必甚焉。纬书思想,既然时兴起来,纬书的结集,自然也盛行了。于是掺杂附会,无古无今,不论真假,都一股脑儿涌出来了。所

---

① 《后汉书·方术传》及《牌版广例》:自光武好图谶东汉士至以通七纬为内学,通五经为外学。

以，其间伪造是免不了的。将汉时社会的传说，妄托之于古人，而写下来这也是免不了的。如张霸所上的《伪古文尚书》百两篇，作伪者即造中候十八篇，以符百二十篇之数。《隋书·经籍志》亦言"俗儒趋时，益为其学，篇卷第目，转加增广"。所以，纬书的数量，越来越多了。隋末，焚禁纬书的时候当是纬书最盛的时候。所以《隋书·经籍志》载纬书凡十三部，合九十二卷，合梁以来亡书，共三十二部，共一百三十二卷。唐以来，其说渐息，然考之《唐志》，犹有九部四十七卷。今从孙瑴、马国翰诸家所辑逸纬分析讨核其内容，除前所言星象，占卜、天神、人鬼、阴阳、五行、传说、神话各类思想，多为古代流传的学说外，其显然为汉人所附会伪托或窜入者，如孔子删诗，见于《史记·孔子世家》，云："古者诗三千余篇，及至孔子，去其重，取其可施于礼义，上采契后稷，中述殷周之盛，至幽厉之缺……三百五篇，孔子皆弦歌之。"纬书的造作者则云："孔子求书得黄帝玄孙帝魁之书，迄于秦穆公，凡三千二百四十篇，断远取近，定可以为世法者百二十篇，以百二十篇为尚书，十八篇为中候。"（《尚书纬璇玑钤》）

这里伪托模仿的痕迹是很显然的。但因为汉人尊孔子，推重六经，所以使他们不能不假造了关于纬书的来源，与孔子有关的传说，以博取时人的尊重和信仰。正如贫贱的暴发户之谬托世家，装扮先世以自重是一样的心理。在文体方面，"文辞浅俗"，本是纬书的本来的色相，但现在一部分也在竭力地模仿六经，如《尚书中候握河纪》的一段云："尧即政七十载，授河图。帝立坛磬折西向，禹进迎，舜契陪位，稷辨护。尧曰嗟，朕无德，钦奉丕图，赐尔二三子。斯封稷契，皋、陶皆赐姓号。又沉壁于洛，赤光起，有灵龟负书出，背甲赤文成字，止坛。尧曰皇道帝德，非朕所事。"

又如《尚书中候考河命》："若稽古帝舜曰，重华，钦翼皇象。舜曰朕维不乂，冀莱孚著，百兽舞，凤皇晨。舜至于下稷荣光休至，黄龙负卷舒图出水坛畔，赤文绿错。"

这便是努力模仿尧典、舜典的文章，但文字极为拙劣，赝作的痕迹仍极显然。此外,如事物、人名、地名本为汉时所有,而纬书的造作者或结集者乱窜进去,以至于破绽百出的地方,尤不可胜。这都证明了纬书的造作者或结集者的手腕,本来也就不甚高明,后来不能自圆其说,则又以孔子是一个先知,如预知汉时的兴起,预知秦及项王的败灭,预知六经中天人之道,后世不能稽其同意,"故别立纬及谶以遗来世"。

以此,秦汉之际,神怪迷信预言灾变之类的资料,杂乱窜入者,当然不少。如《尚书纬帝命验》云:"有人雄起戴玉英(注:云玉英实物之名),履赤矛(注:云赤矛瑞星名)。祈旦失龠,亡其金虎(注:云祈读曰皙,白皙,谓秦也。旦失龠,户将开。金虎百兽之长喻秦君)。东南纷纷注精起(注:云精起,谓刘氏也),昌光出轸已图之(注:云谓火星当起翼轸之野,案即指刘氏)。天鼓动,玉弩发,惊天下(注:云秦野有柱失星似弩,其星西流,天下见之,而惊呼)。贱(一作贼)类出,高将下(注:云贱类谓秦始皇也。吕不韦之妻,妊身,秦襄王纳之,生始皇。高谓丞相赵高。始皇出赵高之下,言天生之也)。贼起蚩,卯生虎(注:贼始皇,虎高祖)。卯金出轸,握命孔符(注:云卯金刘氏之号,轸是分野之星,符图刘氏所握,天命孔子制图书)。秦失金镜,鱼目入珠(注:云金镜喻明道也,始皇吕不韦子,言乱真也)。河图子提期,地流赤,用藏龙吐珠(注:云河图子刘氏,而提起也。藏秘也。珠宝物,喻道也。赤汉,当用天之秘道,故河龙吐珠也)。"

又《尚书中候》云:"自号之王霸姓有工(注:云项字之侧)。""卯金刀帝出,复禹之常。"

又《春秋纬汉含孳》:"孔子曰丘览史记援引古图,推集天变,为汉帝制法,陈叙图录。……刘季握卯金刀,在轸北,字季,天下服。卯在东方,阳所立,仁且明,金在西方,阴所立,义成功,刀居右,字成章。刀击秦,柱史东流,水神哭,祖龙死。"

又《春秋纬握诚图》:"孔子作《春秋》,陈天人之际,记异考符。……刘妪梦鸟如龙,戏己,生执嘉。执嘉妻含始游雒池,赤珠刻曰玉英,吞此者为王。客以其年生刘季为汉皇。"

像这类的记载,当然是汉人所窜入的并不是过去的古说。

又如《春秋纬感精符》:"九女并御则九虹并见,后妃恣则泽为海,妻党翔则黄云入国。候今冬至日见黑云有水云,黄白如人头照镜之状,祸流失阳事,则无云而雨。"

关于这一条,孙子辑《古微书》曾疑之云:"为此书,皆忧世之士也。春秋之世亟僭乱,故为之尊主抑臣,以示笔削。西汉之季忧女谒矣,故于女党之戒,三致意焉。此必京房,翼奉之流,而托于纬书,以重其说。"(《古微书》卷十)

以此可知纬书中除了无意地将同时代的迷信窜入古说,也还有一部分的内容乃是有意的伪托。又加以当时黄老盛行,其说亦足与纬书互为表里。所以这类的思想,更普遍流行了。如夏穗卿云:"汉时民间盛行壬禽,占验之术,皆谓之黄帝书。今所传黄帝龙首经,黄帝金匮玉衡经,黄帝玄女经(名见于《抱朴子》,书在道藏),备列占岁利,月利,嫁娶,祠祀,天仓,天府,日游,妇人产,吏迁否,盗贼,亡命,六畜,囚系,远行,架屋,宅舍,田蚕,市贾,马牛猪犬,奴婢,制学衣,子弟事师,怪祟,恶梦,死人魂魄出否,葬风雨,入水渡江,往来信诸家庭屑事……是必汉时民间日用之书也。"

民间的风气既已如此,故野心家转可利用,假借符命瑞应之说,以愚民。而纬书的弊害,遂显然地为统治者所不容了。

八、纬书之焚劫

野心家之假借符命瑞应之说以愚惑黔首,最著名的例如陈胜、吴广的鱼腹书、篝火狐鸣。汉高帝的:"其先刘媪尝息大泽之陂,梦与神遇,是时雷电晦冥,太公往视,则见蛟龙于其上,已而有身,遂产高祖。高祖为人隆准而龙颜,美须髯,左股有七十二黑子。"

事见于《史记》。这当然也是同一的作用。以后的如王莽,如光武都曾以这样的思想相号召,以夺取天下。但又忌臣下的效其故技。《汉书·王莽传》云:"(孺子)是月,前辉光谢嚣奏武功长孟浚井得白石,上圆下方,有丹书著石,文曰告安汉公莽为皇帝……明年改元曰居摄。……秋遣五威将军王奇等十二人班符命四十二篇于天下,德祥五事,符命二十五,福应十二,凡四十二篇。其德祥言文宣之世,黄龙见于成纪,新都高祖考王伯墓门,梓柱生枝叶之属。符命言井石、金匮之属,福应言雌鸡化为雄之属。其文尔雅依托,皆为作说,大归言莽当代汉有天下云。……是时,争为符命封侯,其不为者相戏曰:独无天帝除书乎?司命陈崇白莽曰:此开奸臣作福之路,而乱天命,宜绝其源。莽亦厌之,遂使尚书大夫赵并验治,非五威将率所班皆下狱。"

"开奸臣作福之路而乱天命",这便是后来的统治者利用纬书以愚惑黔首而又焚劫纬书不许他人假借利用的最主要的原因。而尤其是在天下大乱,称王称帝,人怀侥幸,希图篡窃的时候。

所以《隋书·经籍志》又云:"到宋大明中,始禁图谶。梁天监以后,又重其制。及高祖受禅,禁之愈切。炀帝即位,乃发使四出,搜天下书籍与谶纬相涉者,皆焚之,为吏所纠者至死。自是无复其学,秘府之内,亦多散亡。"

至此有形的纬书——即成文的纬书,才开始消灭,至少是不再公开地流行于民间了。但皇家的秘府,固仍然保存,不过如《隋书·经籍志》之所云,颇有散亡而已。观于隋著作郎杜台卿所撰的《玉烛宝典》(《古逸丛书》,据日人翻刻本)及宋元丰时候司天监所校录的《乾象新书》(罗振玉翻印本)其中所引纬书,不下数十种。可知纬书固未完全灭绝,不过已成为统治者的独秘之宝,不再是民间的共有物了。

除了这个原因以外,由于知识的进化,和治学态度比较严肃的汉学家的兴起,也影响了纬书的绝灭——至少使它不再流行于士大夫之间,不再为学者所信仰了。如古文经发现以后，古文的经学者因为攻击今文，就连带地攻击了与今文家有着很深的关系的纬书思想。此外，前面所说的桓谭、尹敏、张衡、荀悦诸人，都是汉时有名的学者，他们之反对纬书思想当然也很影响纬书之存在和流行。后来的刘勰、欧阳修等，时代愈进化，知识愈发达，更感到了纬书思想的荒谬，因此反对纬书，也更其激烈了。这样的结果，从小处说使掉在纬书思想的泥塘里的孔子的六经，又重新洗脱了一切阴阳五行迷信神怪的曲说，而恢复了孔经的本来的面目。所以，以后无论汉学、宋学，都与纬书思想分道扬镳，不再混淆，这是第一。其次，影响更大的，则是使汉以来涌现到社会上层支配了大部分学者的纬书思想又被打落下去。以后，即使也还有着纬书思想的流行，但也只是流行在民间和一部分愚妄的统治者之间。在学术界，在一般学者的思想中，它已经没有了地位。这便是纬书的焚禁，在中国还未能正确地理解纬书和无碍地应用了纬书的资料以前，对于中国儒学和别部门的学术界的廓清和净化的作用。否则试想纬书仍不被焚禁，仍然流行，且得到了各阶层的人们的信仰，则儒学的混沌纠纷，和中国学术界的迷离杂乱，恐怕到现在也还留着更多的问题的吧。

九、纬书绝而纬书思想仍变相流行

但一种思想和一种信仰之流行，是有着很远的历史的原因和很深的社会的原因的。一种思想之不能陡然禁止，也正如一种思想之不能突然流行一样。所以历史上焚书坑儒正如要想统治或取缔思想一样的愚妄和可笑。隋唐时代的焚禁纬书，有形的纬书固然消灭了，而无形的纬书却仍然流行。士大夫之间，虽已不信纬书，而纬书思想固仍然沉淀民间，为下层社会，为无知的民众所欢迎。在这里，夏穗卿的观察，大体是很卓越的。他在《中国古代史》里说到了"儒家与方士之分离，即道教原之始"，其文云："虽然鬼神数术之事，虽暂为儒者所不道，而此欢迎鬼神数术之社会，则初无所变更。故一切神怪之谈，西汉由方士并入儒林，东汉再由儒林分为方术，于是天文、风角、河洛五星之说，乃特于六艺之外，而自成一家。"

这里夏穗卿所说的"而此欢迎鬼神数术之社会，初无所变更"，究竟这个社会，是什么社会，他没有说明。但我们可以补充一句，这个社会，便是建立于农业经济基础之上的封建（秦汉以前）或半封建（秦汉以后）的社会。这个社会或这个社会的前身原始的野蛮社会，及其以后的农牧社会，产生了鬼神数术，即广义的纬书思想，则这个社会未消灭，这个社会的本质未有根本的变化以前，这种思想是不会消灭的。各种形式的禁止、焚毁和抹杀，那实在是掩耳盗铃的事。犹之乎有形无形，自觉或不自觉地培养和鼓励了自私和贪污的漫无限制的私有制度，或拜金制度的社会存在一天，人类的自私和贪污，究竟是不能根绝的。道德上、法律上的禁止自私贪污，正是所谓的舍本逐末，是治标而不是治本的办法。甚至只是一种欺骗和掩饰，欲图收效可以说是很困难的。历代的禁制纬书思想，正是如此。所以隋唐以后，文人学者不谈纬书，而隋唐以后的道教思想，却正是纬书思想的窜入，或纬书思想的另一种形式，另一个时代的借尸还魂。虽然这种道教思想在教仪上是模仿了佛教——如以老子为教祖、建庙观、设经坛、讲清修、编道藏之类，皆完全抄袭了佛教的宗教仪式；而内容方面，正是国粹中的中国古代阴阳、五行、鬼神数术的思想，也是两汉时代的谶纬图箓的思想，也就是夏穗卿所说的"西汉由方士并入儒林，东汉由儒林分为方术……特立于六艺之外，而自成一家"的思想。所以名义上是纬书已灭绝了，而事实上纬书思想仍然变相地存在和流行。仍然得到了社会的信仰和一部分统治者的利用，只是与儒家和学术界已经绝缘，各从不同的方向，独特地发展着罢了。

观于现在流行的道藏里面的书目，其中如"真"、如"秘"、如"图"、如"诀"、如"谱"、如"灵符"、如"玉符"、如"威仪"、如"璇玑"、如"玉匮"、如"参同契"、如"通卦变"、如"援神契"、如"钩命诀"……这些都是纬书所特有的名词，和特有的用语,但却为道藏所袭用了。在内容方面,如《后汉书·方术传》云:"至乃河洛之文,龟龙之图,箕子之术,师旷之书,纬候之部,钤决不符,皆所以探抽冥赜,参验人区,时有可闻者焉。其流又有风角、遁甲、七政、元气、六日七分、逢占、日者、挺专,须臾孤虚之术及望云省气,推处祥妖,时亦有以效于事也。"

这里以纬候之书、河洛之文,与占卜妖祥之书同言,而这些后来都折入道家。又《后汉书》卷六十《郎𫖮传》称𫖮于顺帝阳嘉之年,奏陈七事杂引《易纬》、《诗纬》之言,谓"汉兴以来三百三十九岁……神在戊亥司候,帝王兴衰得失,厥善则昌,厥恶则亡",为一大变革时期与襄楷之信太平清领书正同(参见傅勤家《中国道教史》第五章)。又郎𫖮引《易·中孚》之语,谓当时宫殿官府之土木,皆极奢侈,故山陵数度尖上。而道藏中最古之《太平经》亦云:"地乃人之母,大兴土功是子母害同。"①(其实这也是由于极原始的天人感应观念演化来的)可知纬书思想,自和儒学分离以后,仍变相地存在着,流行着,成为汉唐以后道教思想之一部了。

其次观于隋著作郎杜台卿所作的《玉烛宝典》,其内容言四季月令节候,多直接引用纬书的原文。唐瞿昙悉达的《开元占经》,其中第一卷天占,至一百十卷星图,均占天象,自一百十一卷八谷占,至一百二十卷龟、鱼、虫、蛇占,均占物异(四库诸臣,疑后者为后人所窜入)。所引纬书,亦数十种。宋元丰写《平乾象新书》残卷,太阳占上第三,细目为:

大阳总序、日旁瑞气占、十辉气占、日无光并黑气占、日晕占、日并出占、日斗占、日隙地占、日中鸟见占、日中见飞燕占、日中黑子占、日中星气占、日无(光)占、日有黄雾、日昼昏占、日赤如血占、日夜出占、日光四散占、白虹贯日占、日赤如火占、白气贯日占、日生牙占、日诸变异占、虹霓占。

同下卷,第四,细目为:

日蚀总序、日蚀初起占、日蚀既占、日蚀京师见四方不见占、正旦日蚀占、日

---

① 查《太平经》与《太平经钞》均无此句,有大意相同之叙述。

蚀有妖气占、日蚀十干占、日蚀十二辰占、日蚀十二月占、日出至日入有蚀占、日蚀有杂伏占、六十甲日蚀占、日蚀有四十二解占、日蚀应验占、日蚀臣僚上灾异占。

其中所引古《易》，卜筮纬候之书，亦各数十种。由这些书籍所引用的纬书的文字看来，我们更可知道了纬书的性质。其次也由此可知道了纬书虽遭焚禁，而历代朝廷的秘府当然还有保存（所以《隋书·经籍志》载隋令焚书，而秘府所藏，不言焚，惟言亦有"散亡"），并不断地仍被引用。所以我们看出了，在纬书思想流行时有董仲舒《春秋繁露》所列求雨止雨、暴巫、聚蛇、埋虾蟆、烧雄鸡老猪、取死人骨燔之等法，到了纬书焚禁以后，朝廷里面天官所职掌的星历占卜一类的书籍，也仍然有日月八谷、龟鱼虫蛇诸占，且所说多直接引自纬书。所以，在社会上，虽有形上的纬书已绝迹，而实际上纬书的思想，仍然变相地流行：流行于民间，窜入道家，浸渍于传统迷信习俗之中；流行于官府，被保存，被引用，作为天时星占之类的官书而流传下来。

十、纬书思想之新的估价

但到了明孙瑴、清马国翰诸人的大规模的辑纬工作（合肥乔松年亦有《纬捃》四卷，惜未见），已湮灭了的纬书，又已渐渐地出现，且又为学者和经学家所注意了。如孙瑴和黄道周等，便是很相信纬书的。到了清时的今文学家，更有的相信了纬书里面的孔子曾为素王之说。非之者，则仍诋之为伪说，为妄诞。实则，过犹不及，我们对于纬书是应当另有着一种新的估价，和正确的认识的。

纬书如前之所言，既大部分是古代流传下来的思想，不纯粹是汉人的伪作，所以我们当然要加以分析和研究，借此可以看出了中国古代的生活情形和社会情形。说它着有着经学上的价值与孔子或孔经有关，自然是汉人所附会的曲说。

但它的古史学上的价值，却是不可否认的。即使不是全部，也至少有一部足以说明了古代社会尤其中国古代人类的生活和思想。虽说它的内容的杂乱伪窜，还得要加一番的整理和分析，和正确而合理的解说。

譬如贯通了全部纬书的天人感应的思想，便是由中国古代也是任何野蛮社会所共同有的万有神、万有生命的观念演进而来（符命之说，又是由天人感应的观念演进而来）。因为万有神、万有生命，才会万有相通、天人交感，不过这种思想在原始时，还很粗糙、素朴。但到了西汉时代，则阴阳、五行、政治、道德、天时人事，都被组织，被融会在一个天人感应的思想体系里面了。古代的天人感应的思想，到此已组织化、系统化，达到了一个更高的和更进步的阶段。汉人的五德转运的历史观也正是这天人感应的思想的一部分。无论我们怎样反对了这种学说，非难了这种学说，但这总是表示了古代人类对于自然，对于社会和历史的一种看法和一种想法。这种看法和这种想法，从纵的方面去看，自然是经过了长期演化，有着它的历史的原因和社会的背景。从横的方面去看，也究竟有了当时社会的思想上的和政治上的效果。所以，作为一个历史的事实，我们总不能以为是伪书是伪托，就轻轻地将这段历史事实疏忽过去，或甚至于抹杀过去。

事实上，纬书的思想，也确有不少的民族经验，和古代生活习惯的记录，这又有谁能否认它的学术上的价值呢？如《尚书·考灵耀》里面之言天象："春则星辰西游，夏则星辰北游；秋则星辰东游，冬则星辰南游。地有四游，冬至地上行北而西三万里；夏至地下行南而东亦三万里。春秋二分其中矣。地恒动不止，而人不知，譬如人在大舟中闭牖而坐，舟行而人不觉也。"

这星游地动的观念，这是由古代人类长久的观察自然而来的，绝不始于汉人的发明，更不会是汉人的伪作。其他如关于星象，及自然的知识，以及古帝王的神话传说，远方异域的地理和物象的记载，以及八卦阴阳五行感应的思想，这都是研究古代社会和古代学术思想的最可贵的资料。又如《春秋·内事》："夏后氏金行,初作苇茭,言气交也。殷人水德,以螺首慎其闭塞,使如螺也。周人木德以桃为梗,言气相更也。今人元日以苇插户,螺则今之门环也。桃梗今之桃符也。"又《易·通卦验》:"正旦五更人整衣冠,于家庭中爆竹,画鸡贴之,镂五色土于户上,以厌不祥也。"

《礼纬斗威仪》:"颛顼有三子,生而亡去为疫鬼,一居江水,是为疟鬼,一居若水为魍魉,一居人宫室区隅,善惊人小儿为小鬼,于是常以正岁十二月,令礼官方相氏,掌熊皮、黄金、四目、玄衣、纁裳,执戈扬盾,师百隶及童子而时傩以索室而驱疫鬼,以桃弧苇矢土鼓且射之以赤丸五谷,洒扫以除疾殃。"

这可以说明中国的正月元旦换桃符、鸣爆竹,以及以疾病为有鬼神作祟、驱鬼即所以止病的民俗,至迟在前汉即已如此。虽然这已成为古代民俗的遗迹,因为别的许多民俗到了现在,已是不见通行了。自然,夏后氏与颛顼云云也是一种历代传说着的神话,这究竟真实与否,那是无关紧要的。又如纬书里面记载黄帝受河图、孔子著春秋、仓颉发明文字时的重重奇迹,也正是古代社会对于文字书契的开始发生和应用,所应有的惊奇和圣化。这正如对于火之发明者,巢居、农稼与宫室衣裳之发明者之有着神圣的传说一样的可以说明了古代的社会情形和古代的社会心理。而其中的一部分,关于文字的解说和应用,也似有着极值得供我们参考的中国文字学上的古说。

总之,还原了纬书的真面目,说明了它的历史的和社会的意义,给予古史学上乃至其他学术部门的正确的估价,便是我们此后对于纬书的研究所应有的新的观点和新的态度。

中国虽是四五千年的古国,但文字的发明和使用,似乎是比较的晚。由最近出土的甲骨和金石器物看起来,在殷商的时代,中国的文字,似还在形成的过程之中,还不能记录古代的历史传说和社会经验,这是可知的。到了晚周,文字的应用比较地发达了,所以有春秋战国时代,诸子百家的新学的发生,对于尧、舜、禹、汤的故事诗歌,也渐渐地被记录下来了。但以竹简漆书、纸墨还没有发明，其余没有记录下来的，自然仍是口耳相传，随着地理和社会的环境，随时演化，并增加了新的成分。到了汉时，纸墨的应用更普遍而便利了，又加以政治的和社会的新的条件，所以纬书的大量的出现，乃是当然的。披沙拣金，将纬书中的有价值的，与古代历史和学术有关的真的史料，洗炼出来，删汰了后人的伪说和曲说，廓清了后人假托伪窜的成分，使古代的社会和古代学术的真面目，又表露出来，这是研究纬书者的工作。这是一块中国古学的被漠视或被忘却了的莽原。中国似乎还需要新的探险者，负荷着新科学的畚锤和工具，来耕耘这块学术上的新的荒地。

儒家的根本精神

罗　庸[*]

一个民族的文化，必有其根本精神，否则这个民族便无法存在和延续。中国民族，两千多年以来，虽然经过许多文化上的变迁，但大体上是以儒家的精神为主。所以，中国民族的根本精神，便是儒家的根本精神。

儒家的根本精神，只有一个字，那就是"仁"。《说文解字》说："仁，相人偶也。从二人。"这个字在西周和春秋初年，还没人特别提出来当作为学做人的标目，到了孔子，才提出来教弟子。所以《论语》一部书里，弟子问仁的话特别多，孔子许多不同的答话，对仁的义蕴，也发挥得最透彻。仁就是孔子的全人格，两千多年以来，中国民族共同的蕲向，也便是这仁的实践。

《论语》里记孔子论仁的话，最简单扼要的莫如答颜渊的一句："克己复礼为仁。"克己就是克去一己之私，复礼就是恢复天理之公。因为人性本善，人格本全，只为一己的私欲所蔽，陷于偏小而不自知，便有许多恶行出现。有志好学之士，欲求恢复此本有之仁，便须时时刻刻做克己复礼的功夫。及至己私克尽，天理流行，自己的本然，也就是人心之所同然，自己的全体大用，也就是宇宙的全体大用。则天下不期同而自同，不期合而自合，所以说："一日克己复礼，天下归

---

* 罗庸（1900—1950），1938—1946年任教于云南大学文史系，著有《习坎庸言》、《鸭池十讲》等。本文作于1942年，为《鸭池十讲》第二讲，选自罗庸《习坎庸言/鸭池十讲》（新星出版社2015年版）。

仁焉，为仁由己，而由人乎哉！"

　　但这为仁的工夫，只在日常的视听言动之中，并非在生活之外，别有所事。所以颜渊请问其目，孔子答他："非礼勿视，非礼勿听，非礼勿言，非礼勿动。"因为闲邪存诚，是克己的根本工夫；学而时习之，也便是实习此事。到了大段纯熟绵密，便可以"无终食之间违仁，造次必于是，颠沛必于是"，达于君子的境界了。颜渊在孔门是最纯粹的，所以孔子称赞他："好学，不迁怒，不贰过。""其心三月不违仁。""吾见其进，未见其止。"其实颜渊的得力处，只是让一息不懈地做收敛向里的工夫。这才真是"学问之道无他，求其放心而已矣"了。

　　克己的工夫，第一在寡欲，《孟子》"养心莫善于寡欲"一章，说得最亲切。因为一切的欲，都是由躯壳起念。心为物累，便会沾滞私小，计较打量，患得患失，无所不至，毁坏了自强不息的刚健之德。所以孔子批评申枨，说："枨也欲，焉得刚？"又说："刚毅木讷近仁。"盖不为物累，便能洒脱摆落，活泼新鲜，使生命成为天理之流行，与宇宙同其悠久。所以曾子说："士不可以不弘毅，任重而道远，仁以为己任，不亦重乎？死而后已，不亦远乎？"

　　能克去外诱之私，便能深根宁极，卓尔有立，所以木有似于仁。孔子称赞颜渊，说："吾与回言终日，不违如愚；退而省其私，亦足以发，回也不愚。"盖心不外驰，自然有此气象。孔子和左丘明都是讨厌"巧言令色足恭"的，就因为他"鲜仁"，所以仁者必讷。司马牛问仁，子曰："仁者，其言也讱。"曰："其言也讱，斯谓之仁矣乎？"子曰："为之难，言之得无讱乎？"因为仁是由力行得来的，所谓先难而后获，所以君子"先行其言，而后从之"，到此才知一切言语，都是浮华了。

　　克己的最后境界是无我。《论语》说："子绝四：毋意，毋必，毋固，毋我。"意是揣量，必是武断，固是固执，都是意识所行境界中的妄念，因为私欲作主，便尔执持不舍，攀缘转深，把一个活泼无碍的生命，弄得触处成障，而其总根源都由于有我。因为我是因人而有的，人我对立，便是自己浑全之体的割裂，缩小，割裂缩小，便是不仁。所以克己不但要克去外诱之私，而且要克去意念的妄执；不但要克去意念的妄执，而且要克去人我共起的分别见。到了用力之久，而一旦豁然贯通，则大用现前，人我双泯，体用不二，天理流行，这才真是复礼，真是得仁了。

孟子教人在怵惕恻隐之发见处识仁，因为仁以感为体，他是寂然不动、感而遂通的。寂然不动便是静虚，感而遂通便是动直。内外无隔，有感斯应，如水就下，如箭在弦，所以仁者必有勇，仁者必敏。静虚之极至于无我，则死生得失不介于怀。动直之极至于自他不二，则不达于得仁不止。所以君子无求生以害仁，有杀身以成仁，是极从容自然的事。到此境界，只有内省不疚，是惟一大事，此外都无忧惧，心境自然坦荡平愉了。

无忧无惧，便是知命乐天，孔颜乐处在此。到此境界，岂但富贵不能淫，贫贱不能移，威武不能屈；直是素位而行，无入而不自得，圣人之从容中道盖如此。然究其极，亦只是做到了尽心率性，并非于人生本分外有所增加，极高明亦不过道中庸而已。

这便是儒家的根本精神。我民族二千年来涵濡于这精神之中，养成了一种大国民的风度。那便是寡欲知足、自强不息、爱人如己、敏事慎言的美德。我民族所以出生入死，百折不回，屹然立于不败之地，全靠了这一副哲人精神为其自信力。发扬这一种精神，便成为全人类共同的信念，是我民族的责任，应该当仁不让的。

三十一年五月十三日昆明广播讲稿

屈子思想简述

姜亮夫 [*]

  历来论屈子思想，喜用《汉书·艺文志》九流之说，以为比附。至近世纪，此情愈演益烈，于是屈子为儒家、为道家、为阴阳家、为神仙家，乃至于是巫者。至"四人帮"时又成为法家，可谓五花八门之至。其实先秦时代之一切思想，都未必能有极其周洽之体系，如后世思想之所为。譬如儒家重点在伦理思想，对一切事、物，只是一个"恕"字。譬如《论语》说："子罕言利与命与仁。"又说："子不语怪力乱神。"似为一无神论者，然而又说"天生德于余"、"天丧余"、"天之将丧斯文"、"凤鸟不至，河不出图"等等，此岂非一极顽强之天命论者？孔子为鲁相三月诛少正卯，又说："齐之以刑。"岂不为法家之论乎？又言"不如老农"、"不如老圃"，此论是劳动力不足，则孔子亦为一农家。"子见南子，子路不悦"，则是非不必师生相同。"子罕言利"，孔子读《易》，"韦编三绝"，《易经》言利之多，古今无二。此又矛盾极矣！法家之管子，亦说"礼义廉耻"，岂不亦成儒家？庄子《天下》篇称孔子为"博大真人"，则庄亦崇儒说，庄子亦辩（《齐物论》），岂不亦成名家？荀子《议兵》、《强国》诸篇，岂不亦为兵家之学？老子讲仁义，岂不为儒家？墨子有《经说》上下、《大取》、《小取》，岂不是老、墨都成名家？若许我充类言之，

  [*] 姜亮夫（1902—1995），1940—1953 年任教于云南大学中文系，著有《屈原赋校注》、《敦煌学概论》等。本文作于 1958 年，选自姜亮夫《姜亮夫全集》第 8 册《楚辞学论文集》（云南人民出版社 2002 年版）。

可以把《艺文志》九流全部塞到每家,皆成九流之总汇。平心而论,先秦诸子之学,仅能认为未成系统,或系统性极薄,或逻辑性不强之各种说素,某些人偏伦理、道德或人生问题,某些人多知道,多注意些经济价值,某些人多看中农业生产关系,某人多知道或喜谈军事知识,某些人对政治统治方法经验多,如此而已,实在不可谓为某种家。极究其实论之,则所谓特种知识,只亦不过:(一)自然现象之规律。(二)人世现象之准则。此等规律与准则,乃人民大众自千百万年经验中体验得来,人人心目中皆多少存在若干成分,譬如天象、地貌,人人皆能知"四时行焉,百物生焉"、"地亏东南"、"水流湿,火就燥"等规律。及人与人,人与事物,物与事物,都有一定准则规律,则按规律准则行之,自然安适快乐、幸福;不按此行事,则有灾难、分崩离析之苦。即至某些时代,某人特别注意某种事物,或特别爱好人与人之关系,于是其所言说成为教育"家"、伦理学"家",又某种人先天所受偏喜"仰观象于天,俯观法于地",于是成为宇宙专"家",成为老庄的虚无主义者。墨翟喜欢搜集鬼事,于是讨论到鬼神曾存在于某地某时。他察觉当时之人,为死人所做之事太多,于是节葬、短丧。仁义、忠恕、诚信、礼义等,并非儒家特创;节葬、短丧,不过是当时社会现实之一种反抗,也绝不是墨家所独创。南楚之荷蓧丈人、长沮、桀溺与渔父,亦为南楚地方风习使然,亦为在民间的人民大众。假使丈人、渔父亦著书立说,亦必用此等"教条"(规律也好,准则也好,总而言之,可谓之曰教条),则又必使向歆父子在《艺文志》中多所劳碌。至于韩非在《显学》篇中,庄子在《天下》篇中,刘安在《原道训》中,亦将为之安排,或更有若干新"家"数论,岂止九流而已哉?

余之此说,似是一个大破坏,其实只说了几句老实话,并无破坏,亦非面子问题,只是真理如此而已。

余以此"大帽子"立论,岂不谓屈原无思想或屈原思想不可谈,不论指说屈子为儒、道、墨、名、阴阳、神仙,皆属错误,余并非此意。正因屈原有许许多多思想,不能用某一家或某几家来绳束。盖先秦诸"家"、"家法"、"家数",皆不十分谨严,故用以比附屈子,皆不恰当。我仅欲依下数点为立论根据:(一)用屈原具体作品中谈到的规律准则等来做具体分析,屈子用了儒家的仁、义、耿介、清浊、中正、真诚,于是指明屈子有此类道德范畴;(二)用内、外、形、质、阴阳等词语,即指陈屈子对物质世界有此等认识;文中说及天体、天象、地貌、地质,即指陈屈子对自然世界有此等认识,如此而已。

我将此等认识归纳起来,举其大者,要者,想分析一下以下几种:

一、屈子从官能作用认识世界。

二、屈子从物质的性行与变化认识物质。

三、他从心理状态之认识,叙述情怀、人世关系。

四、他从天人之际、人群之际、历史发展,来认识道德与人生意义、社会关系与政治美弊。

五、自屈子对自然界之了解,来体认"天"之行事与作用——即今之恒言"天道观"。但此事较复杂,故别为《屈子天道观》一文以详之。

一、屈子论官能作用

人类对一切事物之认识,主要分两个阶段,第一个阶段,可谓之曰"生物性"的,即自一切动物所具备之生态为据,直言之,即五官眼、耳、鼻、舌、身(此用荀子说),此即生理学之五器官——视、听、嗅、味、触,亦即佛说之五根与五欲、五尘、"五识",皆同此一事物。中印古说,皆以此五官为认识之自然官能(故荀子又谓之天官)。一切动物大体皆具备,而人最完整。此五官接受外界事物而起反映,一再接触,遂成为记忆,此为第二阶段。此惟人类为最强烈,人类即恃此一优点,创造若干行远行久,以达其进步之境界,时时改进其生活,日进于幸福康乐之境。文学作品必然反映此一事态之进益后退,为一切认识论之基本因素。屈子文中,所涉五官,至为复杂,且大多推移、类化、设想、综核,使之在作品中发挥其五光十色之最高最美之性能,成其为千古最美备宏大之作品,极尽文艺发挥之能事,固为吾人考研所当从事者也。约略言之,其关系重大者有数事:

（一）以使用视觉之语词为最多，而又最细腻、最活泼。此大足以说明屈子之现实精神作用，盖鼻之嗅，舌之味，所涉及之事物皆较少而小，耳虽稍大，然虚伪者多。古所谓"所闻异辞"、"所传闻异辞"，其多虚妄之谓也。声入耳，立即消逝，即使反复谛听，亦难保持原响，而无斯须之别。至于目视，则有物为依凭；物不变，则入于天官亦不变，即小变亦不影响其整体，始终有一具象贮藏于记忆之中。故目视者，像于物之形色，其有变化，亦因依于形色，故视官之依于物质最切直，因而虚伪不易遮拨其实体，此其一。又目之为器，活动之力最精微而多方，物不得遁其形，且映入人脑，可因其视之方位、形式、时速、光度，乃至于当时之情愫，而得多种多样之映像，集此多种多样之映像，则此事物之变态、动像及一切变幻，皆莫得遁逃。换言之，自视觉所得知识，较为真切、恒久，此其二。凡于事物亲见谛视者，可增强对事物本质、特性之认识（如中看之食物，觉味美；中看之歌唱舞蹈，觉音色至美。人所以爱美色，乃觉其性行品德亦高人一等之类皆是）。在一切通感作用中，此为最多最美，此即文学上修辞中拟人化（俗语谓情人眼底出西施，亦此意也），此其三。又目之流动性最详，且时时与情感相并而发，此为其他四官所不能具，此一事态更为文学作品中所不可少，多多而愈善，此其四。

举屈子二十五篇中所用观视类字，约二十四五字，每字使用次数不定，约共得百次左右，间接用者，如"曾波"（以波形自动）、"宜笑"、"腾光"及若干以"形"、"色"相关之字，如"容"、"颜"、"色"、"形"，凡人类以目为指挥之动词疏状字adverb 如流、波、成、邪、正诸义之字，莫不用之，此在中国文学史上成为一种描写人尤其是女性之美备善恶之准则，大体皆自《诗》、《骚》发之，而《骚》为最具，试就下列诸字论之。如婳、娗（婷）、瞻、睇、睨、览、瞰、顾、瞀、眴、眙、相、观等字，凡目之一切动状为大视、审视、小视、斜视、直视、略视、详视、遍视、俊视、忽视、再三视、怒目金刚之视、含情脉脉之视、闪闪而视、蒙眬而视、反复而视，文中皆详书。精确表之，更加以"目成"、"反顾"、"腾光"、"曾波"、"游目"、"流盻"等修饰之词，在五官功能中，最为具象者，莫详于其书视觉者矣。

抑又不仅此也。目与眉关涉最切,目之动,往往依于眉而表现为最灵活。如曰"蛾眉曼只"、"目腾光只"、"青色直眉,美目眗只"、"曲眉规只",充类言之则为:

(二)分析视觉为精审。分析视觉之精审,上文已能明示之矣,吾人试就一二例以明之。如览揆一词先言览,屈子生时年月日,此一览而可知也,然后揆度之以当日南楚风习与时代传说,则男命起寅,楚人以庚寅为吉宜日,此即揆度审实之过程也,然后以"正则"、"灵均"之美名美字命之字之也。又如"览察草木其犹未得兮,岂珵(今本误理)美之能当",言览之察之于草木形质之美恶尚不可得,岂审实不依形质而认识之美,反而能得其程序者哉? 兹更举一极端之例,以见一斑。《离骚》云:"览相观于四极兮。"以"览相观"三字,形此一视觉,其层次有先后,斯视物有深浅,览者遍视之,识其大略而已。相者,再三视之(相字从目从木,木者乃频频而目之意,非言木也,如噩之有王,非王、非玉乃形其众口嚣嚣之象,木非树木字,乃形目视之频频也)。即今人所谓审视也。审视者,在遍视初粗之后,做深一步之审实,最后乃曰:"观",观者,赏玩之、详查之、久视之,以求得四极之重大变化之谓。试图以表之:

览	览四极之概况	相	详看四极之细部	观	审实四极运行之动态

(三)声嗅味触四事使用之情实。屈子对声觉、嗅觉、味觉、触觉四官使用之情实,其轻、重、厚、薄、强、弱等事状,亦复各有其当然之现象与必然之经历,及所以然之故,亦至显白无隐,而为后世文艺创作之所崇尚。

自其当然、必然之理论之,则听觉、触觉,二者仅次于视觉,而嗅、味两事,则远于视觉者也。何以言之,及其故安在? 则涉于此四事物之本质,与发展变化之历程,或程度攸关,最具。上节吾人已言,视觉对认识强于听觉之所以然,在于目受之于空、色、形、体与环境,以收入贮藏之于旧识之群而入于思维,其行程复杂,而记忆能永久不废,至耳觉,但缘于声响,其物质基础极薄,故其入于思维记忆,实远后于目,故耳之用单纯,然鼻、舌、身等官能,其物质依存亦至薄,然与耳有一相似之点,即此四官所依存之物质,条件各殊,其功能更自有异,视各种物质功能之强弱,而形成各不相同或相似之情状,如古言音乐,石不如金,金不如丝竹,丝竹不如肉。味有酸、甜、苦、辣之殊,其反应于感受者,各各不同,入于记忆与思维,亦遂大差,此中更加入旧染之深浅,与环境,与心情之差别(若干动物,亦有此现象,如瓠巴鼓瑟而流鱼出听、伯牙鼓琴而六马仰秣)。故欲差次其情实所涉之范围至广至阔,非短文所能尽,吾人但思于此四事,各举一二例以明之,不能和视觉之强为分析矣。

屈子文中用耳字惟《大招》之"曾颊倚耳"一见,此以形质本体为用,不杂修饰,疏状无甚深义,故不论。然屈子用声响听闻者至多,如《离骚》云:"何荣独而不予听?"此言不听而不闻也。《惜往日》之"听谗言",此听而信之也。又如《离骚》"齐桓闻以该辅"、《湘夫人》"闻佳人兮召予",此两闻之,皆闻而深识之也,此听与闻之殊也。此所以殊,则在于受此声闻之心理反应,而定其深浅厚薄,非由声之大差,而实缘人之心情者也。此事于《悲回风》一文中,有至精辟之论述,当视为心理思维范畴之"所以然"言之,今姑举一例于此,以当结言。《悲回风》:"入景响之无应兮,闻省想而不可得。"上句景响无应,形与声皆无应也,此客观事象,闻省想句,以声领此一事状,闻者闻此声也,省者省此声也,想者想此声也。此即声入于听觉,惊而察之,察而有所思忆。此思忆,或由当前景所引起,或由记忆中原藏之意识所引起,皆无不可。是则审此一声响,不过一煞那之激刺,而对此激刺,做逻辑或前后因果之考虑,盖非声响一煞那之所能认识也。此即以形象思维或逻辑思维,而审识此声响之所含受。真象由声入耳,而经历目察心想,乃能认识之也。此一小例,描写心理活动为主要之历程,是认此一声响之所以然之故耳。

此下更举一味觉之发展与触觉之入于知识境界之例,以说明味觉、触觉两事云。

味本无所谓美恶,庄子论之至详,此仅说明味觉所依存之物质,实无确定不移之"存在"，因之吾人举《天问》一则以申述之。《天问》："胡为嗜欲（原作不依一本较，详《屈原赋校注》）不同味，而快鼋饱?"此两语用两味觉字，以喻夏禹在治水时期娶涂山氏女事，言禹乃大圣，何以其嗜欲乃与常人相同，图快一朝之饱，而通涂山女于台桑也。此以味与嗜欲相值，味可曰嗜欲也。然此句词底含义，则指匹合事言。男女匹合之所感受，视听感官皆无可拟，惟酸、甜、苦、快，略得近之，则以此比拟匹合事，似为喻词，似属于修词性质用法，下文更申以朝饱。古以匹合为食事，亦见《诗》，《诗》则中土南北同风习之语也，则此味字，不得专为喻词，而以食事言交合，本吾民间习闻之事，以"嗜味"进入感觉，则超于味觉，亦超于触觉，此以文艺理论定之，益所谓通感者矣。通感者，五官得相通，非喻词也。

从上面分析，屈子文中，使用五官文辞至切，五官是知识获得之第一阶段，中国在最古代，已有很多理论，似早于西洋多多。从五官感知，到对事物之认识，由感受到概念，到记忆，到思维，又从思维发而为各色各样之逻辑组织，就是语言。凭逻辑而落地驰行，凌空飞行，成为知识发展之基础，此为认识论之物质条件之两方面，于是吾人认识了世界。

二、屈子从物质的性行变化认识物质

物质世界是个现实存在，即是个"有"字。自"无"而"有"，是春秋战国以来，所常道者，而且许多哲学家，都作如是观，屈子并不例外，所以我们只要平列出他所使用此等术语，其情已可大明。屈子言物凡五见，《悲回风》"物有微而陨性"、"物有统而不可为"，《渔父》"圣人不凝滞于物"，又言"受物之汶汶"，《卜居》"物有所不足"，诸"物"字，皆以指万物与万事而言，则物之用，已扩大于事。又如"实"字，《九章》云"弗参验以考实"，又云"弗省察而按实"，可参验，可省察，则其为实有无疑矣。凡既有而实者必是，故肆论之，请以下表彰之。

物						
起信(说明)	有 从无到有 → 是 → 实 → 真 形体					
具体分析（一）本质	形 外 表					
	质 内 中					
具体分析（二）性行（特点）	质地	五官所觉	色	声	香	味 触
	数量	比 量	厚薄 轻重 大小 多少			
	性行	物质分类常态	（金）	（木）	（水）	（火） （土）
	气	气质	特种能量			
变化（运行）	变	存生亡死出入增损				
	化生	阴阳三合				

上表所列单名三十二，复名二（金、木、水、火、土五者为传世五行之说，屈子未明言五行，而所析物质分类常态，不逾此，故载之），皆屈子文中一再言之者。综合各字在语句中之含义而定之（其文甚繁，故省略不入录），为之归纳分析，以成此表，从此诸词细绎之，盖可当朴素之物观论（不作唯物论计度）。然屈子固甚多唯心论成分，如灵、巫、魂魄、营魂、神、鬼，皆可指数，然其"是认"世界，固从此等物观出发，不作诡辩推断之辞，亦不为意、必、固、我之词，实即屈子认识论之基础所在，甚多不协于科学方法，大体不出春秋战国以来中土所屡见不一之诸子文中。特屈子非思想家，以其未成"家"，故无纲目、原则、条例之比也。

然吾人不能即以此为满足。盖如此而论定屈子之认识过程，不仅粗略迫促，且不足以成其为思想分析，故请更端，更以诸所委曲说明之。名物与其个人心理状态相结合之表现，则其思维接触，最为细微之处，亦可窥见其真际在此。

三、从屈子文中关涉心理现象以体认其意识

屈子文中之涉及心理现象，或述论，或解释，或分析者，二十五篇皆有之，然

《卜居》《渔父》所用只是理性评论之词,此已大足说明其思想体系之大部分,然非述论、解释、推敲之为也。《离骚》中言之最多,然皆平实,无特殊情实,《九歌》以匹偶之神,与娇修之巫论情愫,亦仅涉男女情感为主,其有以名实论理而论之者,莫如《悲回风》"物有微而陨性兮"一段最为深致,故余即借此一段语,以"是认"屈子思维逻辑之大方向云。

(一)悲回风之摇蕙兮,心冤结而内伤。物有微而陨性兮,声有隐而先倡。夫何彭咸之造思兮,暨志介而不忘。万变其情岂可盖兮,孰虚伪之可长。

(二)存仿佛而不见兮,心踊跃其若汤。

(三)入景响之无应兮,闻省想而不可得。

(四)声有隐而相感兮,物有纯而不可为。

上文二十句,凡分四组,主要之物质、意识、心理状态相关之词,亦多有之,欲明澈屈子思理之重要性,略可以此为契机,故录此以为论据云尔。

第一组八句,实一篇主旨之所在,回风摇蕙者,邪风摇落芳蕙也。芳蕙为秋风摇落,使我心中宛结而伤于内。伤于内者,不敢言、不忍言也。悲美质之销铄,而不敢明以伤之,既悲之而仅能内伤,暗自伤悲也!伤而曰内,则伤痛之极,异于号啕大哭,较之嘤嘤啜泣为尤可悲也。"物有微而陨性兮","微"乃"媺"字之借,言蕙为芳美之卉,陨性即上句摇落之义,性即生字,则陨性,即丧其生。美备之物,不应有丧生之遇,此物在变化中之非常现象,不自然而生于变乱,此屈子自身之遭遇。就客观事象言,则兰蕙芳卉化而为茅,灵修高远化而荒唐,委厥美以从俗,背绳墨以追曲,陨其芳质,不为三王之纯粹,而为桀纣之倡披,皆就一身见闻立言,亦即己身之遭遇,化俗追曲,皆足以陨物之本质,人己两方,皆相纠结,而不可分。"声有隐而先倡"与"物有"句为比量之对比,言倡于隐,是未见其实,而先有其说,则澜言、伪词、尤垢,皆当时楚之谣诼、谗说、小人虚伪之词,皆倡之于前于其质,而显于其事。此言声有真伪,而常与现实相左,推虚伪无实事与质异,就声之本质论,此变乱之声也。"夫何彭咸"两句言谣诼谗说,余非不知,与謇謇博謇好修,为敌对之两种言说思维,而"九死未悔"、守死不逾、不忍从俗者,以心之所冀,愿依彭咸之遗仪,则彭咸志行光大耿介,使余不能忘怀于余心也。"万变其情岂可盖兮,孰虚伪之可长",此总结上六句之盖藏而结之以虚伪不可长,言人情万变,人语亦万变矣。情可万变,而表情之语不可盖藏。不可盖藏,则必暴露,虚伪之词,必不可长久存在也,充类言之,余于《通故》中有言可为此一句作总结曰:

> 万变其情者,见放被逐,远去君亲邦国之情思,"九年不复"、"灵修浩荡"、"何足以为美政"、"国无人莫我知"、"陈志无路"、"背膺腣以交痛"、"然而览民德以自慎"、"苟余心其端直"、"虽僻远之何伤",是君国不可去,况为宗子宗臣?盖非乐此謇謇,既不得变心从俗,又岂能易初而屈志?思理纷挐,其为万变者,难一一指数,则其不可盖藏也至明。然余之耿介,不忘其志,则甚深。信念虚伪小人之不可久长,虚伪一句,盖绎理上来所陈各义为定谳之词,亦为导引心冤结之内伤也,总之金玉之质,以防微未慎,渐易其质,至于陨其本性,此喻楚王之被障于谗,胄子之败坏于后,冤事之来,必有诬枉,则小己放逐,自有根源。此事盖亦自知之详,息审之悉矣,何以不求退而甘蒙不白,盖情有不容(宗子淮城)而义有所仪则,思彼彭咸,启余耿介光大之志,而不能忘,从头说起,真千头万绪,有非语言所能尽者,然又宽解曰,余以博謇悃诚光大之怀,至深入信念,虚伪之必不可长久也。

第二组"存仿佛而不见兮",存者屈子心中之所藏识,即冀君之一顾,俗之一解也,而实则桀纣倡披,兰蕙为茅,则所存识者,只在依稀仿佛之间,而实未之一见(观)。盖余言而不信,故情致若得之沸腾而不可止,终之以抚珮按志,悯悯然遂远离君国人民矣。

第三组"入景响之无应"二句,下句"闻省想而不可得"句,已见上文,此二语承上文登峦远望,路途渺远而寂默,此写当前外景,路远无声,谓去君去国,既远而又不闻其有所至治之声,即此入景响而无应也。四者屈原生平行事,入之于庙堂,有形可见、有声可闻而无应,和君王不察,群小谗妒,使吾耳目所接,有所审实,蕴为思理,然而寂寞凄凉,无处安排此萦萦之念,思想亦为之凝固无所得,故郁郁不快,戚戚不解矣。

第四组"声有隐而相感兮,物有纯而不可为",此两语以相反之义,表白己志,声隐而可感,志纯而不可为,此声有隐句,与篇首"声有隐"句义同。言谗妒之言易入,而至于被黜放废,此隐言有相感之力也。相感与先倡,义实相成,先倡从声之发言,相感从声之作用言尔。"物有"句言物有此纯美之质,而不得施展才能之机,失志侘傺,无可言说,此纯即"纷吾既有此内美兮",亦即历炼而昭质未亏,昭质所谓"兹佩之可贵"、"委厥美而历兹"及"芳菲菲而难亏,芳至今犹未沫"等义是也。总言之,则谗言虽微,而可动主之心,质纯才美,而不得君之信任也。

上来所陈,论物事之变化、发展至为深切,而比拟事象,推论幽隐,余已为尽量发之,而其为认识之现象已至明,而发展之精微亦得依此而推知之,似无庸更为喋喋矣。

以上讨研屈子对认识之开发及其运用已略得大端,此有助于吾人读其文而知其人之思想,固为论思想之一种特殊方法也。以下当更端论屈子之人生观。

四、论屈子人生观

关于此事,欲论三点,但与人生观一目,不甚相称尔!

(一)道德范畴,附论伦理。

(二)政治得失。

(三)历史继承与批判。

集道德、政治、历史三大问题于人生观一标题之下,似不甚相称,其实皆以人与人之相关为中心,亦一般人生观论著中所常谈及之问题也。此亦似上文集五官功能与物质认识、心理状态。以认识论以概之,似亦不调协,其实则西洋哲学中认识论,在中土则以"正名"为中心,自正名观点论感觉、物质内容等,固亦认识论之基本质地尔。

道德范畴,不过人生在群类中之相关准则,学术中视相关之深浅与轻重,析道德伦理为公德(public virtue)、私德(private virtue)两类。此之分类,并不严格,与别一种说法分理论与实践两类,其失亦复相同,皆其蜂午交错,时时令人难安,然以屈赋所具备之说素论之,则固可助吾人分析。

自体要论之,则屈子言道德理论与实践之殊,亦有公德和私德之别,余统计其所用术语共计六十余个,以原则(理论)与实践分之,则矗然明白不相混杂,然以公私立说,则几全为公德而少私德,即有私德,亦以利于公而后立义(其中如儒家五伦中所有私德,屈子皆未用,即其明征)。此种现象,即宗法社会下所形成之家族私德,为保存氏族社会素质之南楚所不习(如孝字仅在叙述"晋申生之孝子兮"一见,耻亦私德,弟亦私德,皆不见用)。屈子文中有若干中心字,为若干语词构成之主要成分,如中、贞、修、德、介、义等字,其构成语词有:

中:中正、中情、折中、节中、质中。

贞:贞良、贞臣、贞节、忠贞。

脩:或作修,脩姱、好修、前修、灵修、修能、修名。

德:懿德、大德、天德、和德。

介:耿介、介介。

义:正义、仁义。

而此等字,又往往以字形变易、声韵通转等方式发展为忠、为正、为平、为诚、为谨、为慎、为直、为端、为严、为敬、为美、为善等。凡此类词又自有其组合语词,数之不能终其物。

从此种形态绎之,则中、贞、修、德、义乃至忠、正、谨、诚,皆可认为原则之词语,亦即理论之基础,吾人试就此数十字词论之,则几全部为公德,且各各有其理论基础,与实践通用。

然就此等词语综计论之,则屈子对道德之基点,可能为一中字,中者持两极而守其中,守中则平正,平正则端,端则直,直则诚,而贞良忠贞固亦同此义,则中者，直《易》之所谓"刚中正"。人能刚正，不邪不屈不伪，斯为大德，在尧舜为耿介，在三王为纯粹，在禹汤为祗敬，在士大夫为慷慨，在臣为贞臣，折狱为折中，质之神明为质中，为节中，其人必真，情真则不伪而诚也，谨也，又此原则之用于行事实践者矣。此与《易》之"行健"同其义，行健者，天之德也，自然之道也，四时行焉，百物生焉，为人之本宜如是。此在儒徒则为子路氏之勇，归之于一切行事皆得其宜，是谓义。"孰非义而可服"，其大要不过如此。则刚中正之德者，正天之德，或曰大德，凡中者必和，故又曰和德，曰和。

凡不为曲说、诡行、诈伪者，其人必中正，此正屈子之人格也，故自状曰名曰正则、字曰灵均矣。

中正之德，虽本之于天，而必由善修以保抱之，故文中乃别有一原则性、理论性的词语曰修。修字在屈文中乃一教育意义之道德条理。"退将修吾初服"、"余惟好修姱而鞿羁兮"、"孰信修而莫之"，又美楚君曰"灵修"。"畦留夷与揭车兮，又树蕙之百亩"，则所以修人也。屈子不言性善恶，而突出此一修字，则亦略偏在性恶方面矣。

总而论之，屈子言公德，不言私德，言道德之原理，亦言道德实践之效，且一一分别社会关系，而为之定则，此耿介、忠贞、中正之所以各有所属矣。

屈子政治活动，已别见屈子事迹之中，然其理想之政治，盖应有以阐发之，要而言之，则《离骚》"莫足与为美政"之美政一词，足以尽之。余《楚辞通故》中有"美政"一条，已详哉言之，兹略删其要，以充篇幅。

屈子言政事者，《骚》、《章》、《远》、《卜》、《渔》皆有之，而美政一词，最能总结，细为绎理，略得五义。（一）称说古之圣君贤臣贤后，尽其所能述者皆有之。圣主既受命于天，而明德在躬，施及于民，民得其惠，天为置辅。君之明德，如尧舜之耿介，禹汤之俨而祗敬，盖"内厚直正者，大人所盛"也。则内质以直正为盛，以实为获，不由外来，不虚作，此屈子所欲得而事之者。古之贤者，皆以义而可用，善而可服，不由世袭，亦非出自贵胄，即用人惟贤，而非惟亲者矣。（二）屈子有民本思想，为君者，不但要选贤，而尤要在得民心，称"皇天无私阿兮，览民德焉错辅",言得民者有其国,与《商书》"天视自我民视,天听自我民听"同义。又曰"瞻前而顾后兮,相观民之计极",其以民为政治之基本因素。以上为屈子政治理论之大要,而政治措施之要点,则以《大招》一文,言之最悉。一则贤能在位,"豪杰执政,流泽施只"。二则对人民能"察督大隐,孤寡存只"、"禁苛暴"、"善美明"。三则"田邑千畛,人阜昌只"。四则"名声若日,昭四海只"、"德誉配天,万民理只"。五则开拓疆土,"北至幽陵,南交阯只"。所望于政治上之措施,一一皆具,以较《骚》、《章》、《远》、《卜》、《渔》,皆可一一覆按,盖《大招》乃屈子政治理想之集中表现。即此两端,而屈子思理之要,当已得其概矣。

屈子对历史事态得失之论,见《离骚》篇之中段,《九章》则依事立说,不必即有历史事证。其最为具体表现者,则以《天问》一篇为最详尽,大约(一)以一定的理论原则以评骘事象。(二)以天德天命定史实之得失。(三)以人世之常理常行定史实之是非,如论鲧之治水,非无所得,特以婞直见弃;禹虽大圣,而娶涂山,为嗜欲与常人相同;论武王之伐殷,何其激切,"叔旦不嘉";论古传说之不可必,如"羿焉彃日、乌焉解羽"。论启益之争,启何能逃走,而禹后审隆(此例至多,如羿、浇事迹及古传说中之神异事件皆是,兹不详列)。又如女娲立为帝,为历史传说之不必可信(以古只有男子为帝故),舜弟象不危败,则问天命之不可知,殷先公先王王亥、王恒四世故事之不可解,其事至多,不胜枚举,而其立义,皆可以上所立之义断之,则屈子思想可以知矣。大要言之,屈子以天命为归(天命有反侧,则为变态),而是非得失,在于善与义两端,此在其道德范畴之中。然尚有一事为吾人所不可忽视者,则屈子所依据之史实,不尽与齐、鲁、三晋所传之说相同(如鲧治水事,必本于楚人之所传无疑),则其评骘,可能针对北土诸儒之说,而遮拨之者也(参见《三楚所传古史与齐鲁三晋异同辩》及《楚文化与文明点滴钩沉》诸文,自可知之)。又上所举三义,与余《天问问例述》亦有出入,向例述义在通论《天问》问例,而此则仅就评论史实立言,义各有当,不必雷同,无可互参也。至此,吾人得为之总结曰:屈子政治思想,盖为"民本主义"之道德范畴形态也。以其为民本,则当时民间所习闻习见之事,不背于大理立国之要道者,屈子必为之保抱扶持使之不坠,则屈子固一现实主义之思想家、文学家也。故其所思虑,所念念不忘者,正楚国社会当时所最为需要之准则也,试举一证,即足以明此。按《战国策·楚策》有云:"今王之大臣父兄好伤贤以为资……谒者难得见如鬼,王难得见如天帝。"又《中山策》云:"是时楚王恃其国大,不恤其政,而群臣相妒以功,谄谀用事,良臣斥疏,百姓心离,城池不修,既无良臣,又无守备,故起(白起)所以得引兵深入,多倍城邑,发梁焚沉舟以专民,以掠于郊野,以足军食。"在《国策》、《吕览》、《荀子》、《贾子春秋》中,记载相类似之语至多,吾人试闭目静颂《骚》、《章》、《天问》、《卜》、《渔》、《远游》诸文,不替即写此纷乱世象,分毫不爽。屈子所处之时代如此,故其所写之篇章亦如此,则屈子二十五篇,无一虚声恐骇空言不实之文,其为针对现实而为之,非无病呻吟之作,则其每一篇、一章、一句、一字,靡不为血与泪之发抒,至九死不悔,卒之以汨罗,一去遂成千古奇悲矣,哀哉!

一九五八年初稿

一九六二年修订

一九七四年清正

《礼运》大同辨

姚奠中[*]

一

《礼运》篇首之大同说，后人视之，有以为真孔氏之最高理想者（张横渠以下及近人多有此主张），有以为出于老氏或墨氏者（吕东莱以下多有主张之者），宋元以来，莫衷一是。余以为儒、道、墨之不同，世人类能言之，而于大同百七字之文，遂有如此异义者，则固各有所见，亦各有所蔽也。

吕祖谦之言曰："以禹汤文武为小康，是老聃墨氏之论。"其注意点盖在小康二字，以为儒者极尊三王，绝不至以小康抑之。黄震之言曰："篇首意匠，微似老子。"此盖亦以其推崇大道之故。而张载则云："大道之行，由礼义而行者也。……大道之行，如尧舜方是，惟谨于礼，则所以致大道之行。"此盖以大同小康为一贯，小康之谨礼，即所以致大同。又云："孔子言王者必世而后仁，仁即大道之行也。"是言大同之实，与孔子之仁不殊。

实则大同之高于小康，与大同小康之为两阶段，与大同小康之不同，皆本文极为明显者。故郑康成除以大同小康为五帝、三王外，并直以小康之言礼，为大

---

* 姚奠中（1913—2013），1947—1948 年任教于云南大学文史系，主编《元好问全集》等。本文作于1948 年，选自姚奠中《文史述论》（商务印书馆 2015 年版）。

同"忠信之薄"。吕黄诸人有见于此，故以为非儒者之言，而其于《礼运》全篇与此二段之关系，则未能详究。且又蔽于儒家独尊之偏见，故直斥之为老墨之论。横渠有见于大同与儒说之有可通，而儒家仁礼又为一贯；加以其本人之哲学，如《西铭》所云者（杨龟山与程子书即曾疑《西铭》近墨氏），遂视大同小康亦为一贯，遂视大同亦为孔子之道，然于二段文义之别，则忽视矣。故二派之说，皆有未洽。

二

就《礼运》全篇言之，其以礼为中心，毫无疑问，故其言曰：

夫礼先王以承天之道，以治人之情，故失之者死，得之者生。

圣人以礼视之，故天下国家，可得而正也。

是故礼者……所以治政安君也。

故圣人之所以治人七情，修十义，讲信修睦，尚辞让，去争夺，舍礼何以治之！

故欲恶者，心之大端也，人藏其心，不可测度也。美恶皆在其心，不见其色也，欲一以穷之，舍礼何以哉？

故礼义也者……所以讲信修睦……所以养生送死事鬼神之大端也，所以达天道，顺人情之大窦也。故惟圣人知礼不可已也……

数言圣人，明圣人之为治，舍礼无他道，此其以礼为中心，极为昭晰，而此全篇之中心，与小康一段相一贯，与大同段则不合。盖小康段自"禹汤文武成王周公由此其选也"下，即强调礼之要矣。故言偃之问一则曰"如此乎礼之急也"，再则曰"夫子之极言礼也，可得闻与"。"急"、"极"二字，其旨备见。至于大同段，则绝不提一"礼"字，是大同段竟与全篇中心不合。就《礼运》作者之思想，与其作此文之宗旨言之，大同一段，几同赘疣。（大同不言礼自与孔子之仁不同，横渠欲强通之不可得也）

三

然大同、小康二段，组织紧密，一气贯注，自非后人所增附，而其所以如此论列者，亦必有其故焉。今以文义参之，即可昭见。

孔子答言偃之问首曰："大道之行也，与三代之英，丘未之逮也。而有志焉。"以"大道之行"、"三代之英"对言，而中介以"与"字，明为二阶段，下乃云："大道之行也……是谓大同"、"今大道既隐……是谓小康"。"大道之行"上，虽无昔字，而"大道既隐"上，则有"今"字，此明古今时代之不同。虽不必如郑康成指前者为五帝，后者为三王，然其所叙时间上之异，则毫无疑问。惟其有时间上之异，故叙大同之后，不妨强调礼，盖谓非大同不美，亦非不欲大同，乃以当"大道既隐"之世，不得不谨于礼，亦自仅能为小康耳。故小康在今时代（作者时代）中，故为理想目的，以时言之，固不劣于大同也。（《史记·商君列传》载商君见秦孝公欲言霸道强国之术，乃先言帝道与王道，《礼运》作者之言大同，其意与此相类）

故《礼运》篇终述其理想之治为"大顺"，而"大顺"则以礼致之，而《礼运》作者又极认为治国之急，故既举大道之时之情况，乃复以今字指明时代之不同，实即以迂远目之也（孟子言必称尧舜而说仁义，当时君主即皆以为迂远不切实情。本篇作者之意与战国君主之意相类）。将欲抑之，必先扬之，其作者之心乎！

四

至大同说之来源，于儒道皆有所取，而与孟子关系独深，盖孟派后学之所为，而自成一系统的思想也。如以孔、老、墨之思想较之，则显皆与之不同：

1. 盛称"大道之行"，而不以周为法，则与孔子之规规然"从周"之意相左。

2. "选贤与能"与老子"不尚贤"大异,而大同之理想,与老子之"小国寡民"尤殊,与庄子之"其卧徐徐,其觉于于,一以己为马,一以己为牛",亦不侔也。

3. "不独亲其亲,不独子其子",与墨子之"兼爱",亦复有异。

故论其旨趣,唯孟子为近。其文曰"不独亲其亲,不独子其子",孟子则曰"老吾老,以及人之老;幼吾幼,以及人之幼"。以及云者,犹不独也。其文又曰:"使老有所终,壮有所用,幼有所长,鳏寡孤独废疾者皆有所养,男有分,女有归。"孟子则曰:"是使民养生丧死无憾也,养生丧死无憾,王道之始也。"又曰:"老而无妻曰鳏,老而无夫曰寡,老而无子曰孤,幼而无父曰独。此四者天下之穷民而无告者。文王发政施仁,必先此四者。《诗》云:'哿矣富人,哀此茕独!'"又曰:"内无怨女,外无旷夫。"是为大同说者,所注意之事,与孟子所注意者,大致相同。特壮有所用之用,男有所分之分,孟未言及耳。

然孟子所言王政,常举文王为准,而大同说者则以其为三代以前之事(知其为三代者因小康段禹、汤以下皆谨礼故)。此则有因于道家之说也。

盖孔子言仁,孟子言仁义,皆称尧舜以来。道家独言道,而盛称上古(孔孟亦言道而仅属人道,道家所言之道则包括宇宙而言)。为大同说者,受道家之影响,故亦以"大道之行"抒自己之理想,而其内容,则仍多不出儒家范围。除上所言合于孟子者外,"天下为公,选贤与能,讲信修睦",非儒者所称颂,即儒者所主张(《墨子》尚贤、尚同、非攻,与此意亦相通,然不必采自《墨子》)。以视庄周之由"齐物"而泯物我之界者,固有间矣。

然犹有问题者,即"货恶其弃于地也,不必藏于己;力恶其不出于身也,不必为己"数语,孔、孟既未言及,其他各家,亦未见有此类主张。详其文义,乃独与老子之"生而不有,为而不恃,功成而弗居"之精神相同。盖"不有"、"不恃"、"不居",即"不藏于己"、"不为己"矣。

故知为大同说者,为儒家孟派之后学,生世既晚,得读其他各家之书,乃能独成其说,固不必尽合于孟也。

五

大同之说者,既为孟派之学者,而荀派尚礼之儒,自当不以为然。盖尚礼一派,唯礼是崇,以之修身,以之治国,以之达成所谓太平,与大同说之理想,途径全异。《礼运》篇之中心,即可为此派思想之说明。而其篇首所举之大同说,果为原说与否,已不可知。而为大同说者之所薄禹、汤以下之说,更不可得见(小康薄禹、汤,当为原意;强调礼,则《礼运》作者所增改)。《礼运》作者则既述其言,因藉之以自申其崇礼之主张。盖为大同说者,所言虽一己之理想,其叙述固仍如道家之托之古昔,遂为反对者所乘耳。

孔子之后,儒者多有泥礼文之末者(大、小《戴记》所载孔子弟子之言行可见),故庄子攻之,则以之为"取先王已陈刍狗,游居寝卧其下",是以之为"推舟于陆,劳而无功",主张"礼义法度,因时而变"。盖因时而变之主张,当为战国后期一般学者之所共觉。故荀派儒者虽言礼,而亦与礼以新生命、新意义,较孔子所言之礼,既大为扩大充实;较游夏之徒所守之记,尤为切实而有用,且为现时代所急需。荀子"法后王"之口号,已与此新趋向较近,以此新观点观之,则自当视大同为不切实际之理想矣。(荀子之徒一派为韩非、李斯,由注意现实而变法;一派则虽注意现实而倡礼。《礼运》作者即属后者。至篇中有五行之说则又出荀学以外矣)

六

大同在《礼运》篇似扬而实抑,大同为尚礼一派儒者所不用,大同不合于孔子,亦不尽合于孟子。大同受道家影响,既如上述,而大同说之价值,则不因此而减。

盖道家之言上古,其说虽高,往往不可企及,孔子欲为东周,此在春秋或当如此，于战国则不可复言。以事实既不可行，而其论亦不足与诸子抗也。孟子理想之王政，虽已多有卓见，然犹未臻具体。故为大同说者，读各家之言，融会贯通之，成一系统学说，其详悉节目未得闻，而就《礼运》作者所述，已足见其说之完整切近，若悬之为人类理想目的，固未尝不可以见之于行事也。

"天下为公"三句，说明政治原则，行之则上下和谐，战争绝迹。"故人不独亲其亲"九句，说明社会道德、社会事业、社会组织等原则，行之则人人平等和乐而相爱。"货恶弃于地"四句，说明经济、劳动原则，行之则社会繁荣，文明日进。末数句说明预期之效，自亦未为奢望也。

于中国思想中，于战国不知名之学者中，得此伟大之理论，弥足珍贵，固不必争传之于某权威学者，而后增其价值也。且吾人尚当知战国期中，尚有其他不知名而有价值之学说，为后人强傅之于权威学者，若《孝经》、《大学》之属皆是也，是皆不可不辨者。

1948 年 3 月于昆明

儒、道、佛的自我超越哲学

——孔子的"四毋"、庄子的"三无"和佛家的"破二执"之比较

张文勋 *

在中华传统大文化系统中，儒、道、佛三家的学说，无疑具有互补的主流地位。三家学说的不同是显而易见的，儒学主经世致用，道家主虚无，而佛学则主色空。然而，在中华大文化系统中，三家不同的学说之间却有其契合之处，也就是说他们之间有可以互补、互融的相通之处，这也就是古人所说"教殊而道契"和"三教同源"的根据。

儒、道、佛三家学说，在对待现实人生的态度上是截然不同的，或入世、或避世、或出世，各有其说，但有一点则可以说是殊途同归，那就是对主体人格精神的追求，也即是对人生最高境界的追求。这最高的精神境界，就是一种无欲、无私、无我、无畏的境界，是一种超越世俗、超越物累、超越自我的精神境界。要达到这种境界，各家提出了一些看似不同的主体人格修养的方法，但仔细分析一下，他们之间却大有相通之处，这就是三家学说之间的契合点。也许，这也正是几千年华夏文明熏陶下成长的中国先圣先贤们所追求的崇高人格精神的契合点。中国传统文化中所追求的崇高人格精神，既是一种理想，但也是一种可以

    * 张文勋（1926—　），云南大学文学院教授，著有《刘勰的文学史论》、《儒道佛美学思想源流》等。本文发表于《中国文化研究》2006 年第 4 期。

实践的理性精神,是一种可望又可及的精神。孔子提倡的"四毋"说,庄子提出的"三无"说和佛家提倡的"破二执"说,都是为了达到这种超越的人格精神境界。这也是我中华文化所崇尚的作为人的主体精神的崇高品格。

一、孔子的"四毋"说

《论语·子罕》中有这样几句话说:"子绝四:毋意,毋必,毋固,毋我。"对这几句话的解释,也有所不同,但大体上的意思是接近的。比较多的解释是说孔子坚定地主张修身的四条原则,即文中说的"四毋"。但有的人提出质疑认为,"绝"字若作断绝解,则"绝""四毋"就于义有抵牾。但"绝"字在古汉语中是个多义字,这里应解释为坚持做到"四毋"或绝对主张"四毋"。杨伯峻在《论语译注》(中华书局 1980 年版)中是这样解释的:"孔子一点也没有四种毛病——不悬空推测,不绝对肯定,不拘泥固执,不唯我独是。"这虽然有些勉强,也有些现代化,但是可以肯定孔子是坚持"四毋"的原则,这应是对的。"绝"是"无"的比较级,这里的"绝",就是"绝无"的意思,后面的"四毋"也就是"四无","无"也就是"绝"。刘宝楠在《论语正义》(参见《诸子集成》)中说:"毋者,禁止之辞。毋即绝也。"这样,原意即是子绝四——绝意、绝必、绝固、绝我,意思就通畅了。对孔子"四毋"的含义的解释,我认为还是宋代的朱熹比较得其要旨。他在《论语章句集注》中说:

> 绝,无之尽者。毋,《史记》作无,是也。意,私意也;必,期必也;固,执滞也;我,私己也。四者相为终始:起于意,遂于必,留于固,而成于我也。盖意、必常在事前,固、我常在事后。至于我,又生意,则物欲牵引,循环不穷矣。

按朱熹的这种解释,孔子的"四毋"应该包含有以下几层意思:

第一,"四毋"的含义。毋意,说的是要限制人的私欲。朱熹把"毋意"的"意"字解释为私意是符合原意的,由物欲而产生私意,正是佛家所说七情六欲的产生，都成为左右人的思想行为的意念。儒家学说并不是不承认"私欲"的存在，所谓"饮食男女之欲"是与生俱来的存在，关键在于要把私欲引导入以"仁义"为核心的"道德"轨道上来，所谓"发乎情，止乎礼义"就是这个意思。在"道"的面前，个人的"意"（私欲）必须无条件让位，或者说个人的私欲必须融化于"大道"之中。"道"的本质是"仁义"，是"爱人"，因此每个人都必须"公而忘私"、"大公无私"。宋明理学家所提出的"存天理，灭人欲"，是儒学的极端，不是孔子时代的以人为本的儒学，但也可看出在儒家那里，人欲必须服从于天理。所谓天理，也就是他们所追求的"大道"。可见，孔子的"毋意"，并不是要"灭人欲"，而是要人们从私欲中解脱出来，把个人之欲融入大道的理念之中。说得更具体些，就是要人们从私欲的困惑中解脱出来，不要为满足私欲而至于作奸犯科、伤天害理。"穷则独善其身，达则兼济天下"，穷也好，达也好，都要做一个不危害社会而有益于社会的人。"毋意"就是要去私欲，要把欲化为"独善其身"和"兼济天下"的志。这才是儒家学说的修身原则和人生境界，也即是孔子所说的"毋意"的原意。

其次说"毋必"。朱熹说："必，期必也。"这就是说，人有了某种强烈的私欲，他就一定要达到目的，满足私欲。而私欲是无穷尽的，佛家概括的七情六欲，包括了各个方面，为了满足私欲，有的甚至不择手段。我们今天所最痛恨的贪污腐化、抢劫诈骗，无一不是私欲在作怪。一旦私欲障眼昧心，就不顾法纪道义，危害国家人民。有的人死不悔改，执迷不悟，就是由于"期必"之强烈欲望而宁可铤而走险。

再次说"毋固"。固就是顽固，执迷不悟。其私欲或已满足则必固守之，进而追求新欲，从而在错误的泥潭里越陷越深而不可自拔，在犯罪的道路上愈走愈远而永不悔改。这就是"执滞"。所以孔子的"毋固"，就是要求人因私欲而步入歧途，应知追悔，有悔悟，回到正确的道路上来。

最后说"毋我"。这是"四毋"的核心。可以这样说，要做到"毋意、毋必、毋固"的关键所在是"毋我"，朱熹注："我，私己也。"正是一语中的。私己就是我们常说的自私,前面说的"意"、"必"、"固"俱产生于"我",一切物欲、迷妄、罪恶的产生,都来自"私己",而要做到"毋意、毋必、毋固",关键也在于"我"。"毋我"就是老、庄说的要"物我两忘",就是要能把自我从物质诱惑和名利地位的私欲中解脱出来。儒家提倡的大智大勇、杀身成仁、舍生取义,都是要具有"毋我"的精神才能做到。所以孔子说的"毋我",是一种自我超越的精神,这种超越,不是老庄的虚无,也不是佛家的空门,而是对"私己"的超越,而进入"自诚明"的崇高人格精神境界。

第二,孔子的"四毋"说,是人格修养的四个组成部分,四者之间互为因果,朱熹说是"互为终始",也就是这个意思,其中的任何一个环节,都可以导致善或恶的循环。而决定其善恶的根本原因是在于"我"。如果任"私己"之我恶性膨胀,则私欲不断产生,欲壑难填,愈陷愈深,循环往复则恶果累累,害人害己,后患无穷。所以"四毋"之本,首在"毋我",无私己之心,则可以"敬业乐群",做到"无欲则刚"、"知足长乐",坦坦荡荡地做人。

也许有人会问,孔子学说是修身、齐家、治国、平天下的学说,是面向社会现实的入世哲学,怎么理解他的"毋我"的超越精神呢?是的,孔子的"毋我"并不是要人脱离现实,进入虚无世界。正相反,他的"毋我"是对主体人格的要求,他要求超越的"我",是以"私己"为中心的我。他所说的"毋我",是摆脱了私欲困扰的有崇高道德修养的志士仁人,这和儒家强调的"修身"的道德观是一脉相承的。儒家学说的中心是个"仁"字。仁就是"爱人",要做到爱人,就必须"克己复礼",孔子说的"克己复礼为仁",就是这种道德自律的精神。可见,"四毋"的要害是"毋我",毋我并不是完全不承认"我"的存在,而是要去掉一己之私,克制私欲,有了"克己"的精神,才有可能"毋意、毋必、毋固",才可能自觉地把这个"私己"之"我",纳入以道德为准绳的行为规范。

在孔子看来,"毋我"是主体人格的自我修养,是一种自觉的"内省"功夫;或者说,"毋我"是一种精神境界,是"克己复礼"的手段。通过"克己"而达到"毋我",就必须时刻注意修身,而修身不是外在的粉饰,不是伪君子、伪道学,而是

要建立在正心、诚意基础上的道德修养,这就是《大学》篇中说的:

> 古之欲明明德于天下者,先治其国;欲治其国者,先齐其家者,先修其身;欲修其身者,先正其心;欲正其心者,先诚其意;欲诚其意者,先致其知。致知在格物,物格而后致知,致知而后意诚,意诚而后心正,心正而后身修,身修而后家齐,家齐而后国治,国治而后天下平。

我之所以不嫌冗长引这段文字,是想进一步了解孔子"四毋"说的内涵。四毋的核心就是克服私我,之所以要做到"毋我",目的是要献身于齐家、治国、平天下。只有"正其心"、"诚其意",才能真正"修其身"。正心、诚意、修身,就是要以"仁爱"替代"险恶",以"忠信"替代"奸诈"。只有"毋我",才可以做到为国为民"杀身成仁"、"舍生取义"那样的高风亮节。由此可见,以孔子为代表的儒家的修身学说,乃是以道德为归依的主体人格修养的学说。孔子提倡的"四毋",并不是消极地逃避现实的出世哲学,而是积极的超越自我私欲而对社会、对国家充满"仁爱"和"忠信"精神的入世哲学。

二、庄子的"三无"说

老、庄学说以虚无为本,他们所倡导的"虚无",不是物理学概念中的"真空",而是超越一切有形世界和名言概念的"道",也即是老子说的"道可道,非常道"的"道"。它既是万物之源,为"天下母",但它又是超越万物而存在的最高境界,即虚无境界。所以庄子说:"唯道集虚。"(《庄子·人间世》)他对"道"做了这样的表述:"夫道,有情有信,无为无形,可传而不可受,可得而不可见。"又说:"视而可见者,形与色也;听而可闻者,名与声也。……夫形色名声,果不足以得彼之情,则知者不言,言者不知,而世岂识之哉!"(《庄子·天道》)这就是说,老、庄所追求的最高境界之"道",其本体是虚无,但它是真实的客观存在。这是一个超越物质世界、主观知识所不能言说的境界,总起来说就是超越形、色、名、声的世界,所以称之为虚无。冯友兰先生把它称之为"纯粹经验之世界",他说:

所谓纯粹经验（Pure experience）即无知识之经验。在有纯粹经验之际，经验者，对于所经验，只觉其是"如此"（詹姆士所谓"that"）而不知其是"什么"（詹姆士所谓"what"）。詹姆士谓纯粹经验，即是经验之"票面价值"（Face value），即是纯粹所觉，不杂于名言分别，佛家所谓现量，似即如此。①詹姆士的"纯粹经验"论属主观唯心主义的认识论，所谓"经验"是就主客体关系中的主观经验而言，和老、庄论"道"不同，但就主观认识中的"无言无意之域"而言，则近似于詹姆士的"纯粹经验"。所以冯友兰先生引用它来阐释庄学，并提出与佛家"现量"说近似，是很有见地的。庄子学说中对于"道"的体悟，可以说也是主观认识中的"纯粹经验之世界"，因此，必须超越物质世界，超越一切名言（包括仁义道德等一切理性的知识和一切用语言文字表达的逻辑概念知识），超越自我而进入"无言无意"、"物我两忘"的虚无境界，这是自我与宇宙合而为一的境界，所以冯友兰先生说："……在纯粹经验中，个体即可与宇宙合一。"这也就是一种绝对自由的精神境界。庄子在《逍遥游》中提出的"有待"与"无待"和"无己"、"无功"、"无名"的理论，正是在上述理论的基础上提出来的。

《逍遥游》是《庄子》内篇的第一篇，这是开宗明义具有总纲性质的一篇，之所以用"逍遥"为篇名，正是想用以表现庄子虚无哲学绝对自由精神的思想，也即是超越物我的思想。关于"逍遥"二字，旧注解说很多，各有各的道理，但似乎多不得其要领，倒是唐代成玄英在《庄子·序》中引用高僧支道林的一段解释似还接近庄子的原意。他说："物物而不物于物，故道就不我待；玄感不疾而速，故遥就靡所不为。以斯而游天下，故曰逍遥游。"成玄英和支道林都是高僧，看来佛家和庄子学说之间有一定的默契，所以支道林的解释比较近乎庄子所追求的无所待的绝对自由精神。庄子有许多寓言：鲲鹏、鸿鹄、学鸠、燕雀，体有大小，飞有远近，各随其性，相对而言都适应其所处的环境，都要凭借各种条件而生

---

① 参见冯友兰：《中国哲学史》上册，华东师范大学出版社 2000 年版，第 182 页。冯先生引用的"纯粹经验"出自美国哲学家詹姆士的《急进的经验主义》。詹姆士原是心理学家，其"纯粹经验"论属主观唯心主义的认识论，片面强调直觉经验的真实性，否定理性认识。

存,都未能超越其所依凭的生存条件。这就是《逍遥游》说的"有待",这都不是"无待"的绝对自由的精神境界。他比喻说:"夫列子御风而行,泠然善也,旬有五日而后返。彼于致福者,未数数然也。此虽免乎行,犹有所待者也。若夫乘天地之正,而御六气之辩,以游无穷者,彼且恶乎待哉!故曰:至人无己,神人无功,圣人无名。"

这段话可以说就是庄子学说的主旨,其中心精神就是"无待"二字,而要做到"无待",必须有"无己"、"无功"、"无名"的修养,这纯粹是一种主体人格的修养,也许这就是冯友兰先生说的"纯粹经验"吧!庄子说的"无待"就是一种超越的精神,是他理想中的绝对自由的精神。事实上,宇宙间万事万物,大而至于外星世界,都是互相依存,互为条件,离开"有待"而求"无待"是不可能的。所以有人说庄子说的"乘天地之正"和"御六气之辩",不也是"有待"吗?所以,我们说庄子的"超越哲学",纯属于主观精神世界中的理想,是主观精神的一种"纯粹经验",是一种理想中的绝对自由精神。这种理想也只有在主观精神的纯粹经验中,也许可以得到暂时的实现。庄子想象的"乘天地之正,而御六气之辩"和"列子御风行"有所不同,郭象注云:"非风则不得行,斯必有待也,唯无所不乘者无待耳。"又注云:

> 天地者,万物之总名也。天地以万物为体,而万物必以自然为正。自然者,不为而自然者也。……故乘天地之正者,即是顺万物之性也;御六气之辩者,即是游变化之涂也。如斯以往,则何往而有穷哉!所遇斯乘,又将恶乎待哉!(转引自郭庆藩《庄子集解》)

这就是说,"天地之正"乃顺其自然,一切都自然而然;"六气之辩",也即是自然变化的现象,总起来说就是要顺应自然,把自我融入大宇宙之中,获得主体精神的大解脱,无往而不至。这实际上就是主观精神的大逍遥,也即是绝对自由。这是一种纯粹经验,按冯友兰先生的说法:"在纯粹经验中,个体即可与宇宙合一。"①

---

① 冯友兰:《中国哲学史》上册,华东师范大学出版社2000年版,第182页。

而要达到这种精神境界，就要先做到"无己"、"无功"、"无名"，这三个"无"和孔子的"四毋"有相通之处，但又有区别。孔子的"四毋"以道德理性为依归，而庄子的"三无"则以虚无为本去寻求超越。

这里，我们再来具体分析其"三无"的内涵。先说"至人无己"，庄子著作中常有至人之称，如《田子方》中说："得至美而游乎至乐，谓之至人。"《天下》篇中说："不离于真，谓之至人。"在庄子看来，体悟大道达最高境界者才能称得上至人，有时也称真人，这样的人与道大化，忘我忘物，本道根真，故曰"无己"。郭象注曰："无己，故顺物，顺物而至矣。"无己就是自我的超越，而进入大化的境界。再说"神人无功"，神人是别人做不到的事他能做到而利济天下的人物，但他们不是为了追求个人的功名利禄，事业有成而不居功自恃，即老子说的"功成而不居"，皆顺应自然而为，非为一己之私而追求功利也。最后说"圣人无名"，如果是庄子心目中的"至人"和"神人"还只是想象中的理想人物，那么，圣人则是现实生活中的理想人物。圣人是"无名"的"道"在现实生活中的实现者，他们所做的一切都是"直道而行"，循物之性，而不求其名。这就是说，真正的圣人，其所作所为都是顺应自然，符合道而不是为求名，更不会沽名钓誉。这样看来，庄子说的至人、神人、圣人虽然有层次的差别，但作为"无为而无不为"的理想实现者，他们是三位一体的，所以成玄英疏中说："至言其体，神言其用，圣言其名，故就体言至，就用言神，就名言圣，其实一也。"如果人人都能做到"三无"，那也就能实现理想中的"无为而治"了。关于这个问题，葛兆光先生说：

> 在人们很熟悉的《逍遥游》中，庄子写下了那个关于鲲鹏以及学鸠的著名寓言，从"小知"到"大知"、从"小年"到"大年"、从"有待"到"无待"，庄子要说的就是要进入绝对自由的精神境界；而进入绝对自由的精神境界，就要不凭借任何外在的依托，包括虚名、包括功业、包括为己的私心，这样才能使自己的精神超越世俗的一切乃至超越自我。[①]

[①] 葛兆光：《中国思想史》第1卷，复旦大学出版社2001年版，第184页。

我很赞同这些见解。至于如何评价庄子的超越哲学,那是另一个问题了,留待后面再谈。

三、佛家的"破二执"说

"破二执"是《成唯识论》中提出的理论,这是以唐玄奘为代表的法相宗(即唯识宗)的重要理论。所谓"二执"就是我执和法执。这里的"执"字之意,和我们今天说的固执、执着、执迷等意思差不多。"二执"就是两种"执障",也即是常说的执迷不悟。关于"二执",《成唯识论》中说:"由执我法,二障具生。""二障"说的是"烦恼障"和"知障"(又称"所知障")。冯友兰先生对此"二执",解释得最为清楚,他说:"依此派所说,众生皆有我、法二执。我执者,执'我',为实有;法执者,执'法',即诸事物,为实有。唯识教之目的,即欲破此二执,显示二空,二空者,我法法空也。"①用现在的话来说,"二执"就是由于个人的私欲对客观事物所产生的种种欲望,为了满足无穷尽的私欲而产生无穷尽的烦恼。从主观来说,是佛家所谓的七情六欲;就客观而言,则是种种物质生活之诱惑和名利地位、利害得失之计较,使人沉湎于其中而陷入种种烦恼(佛家称之为苦海)。就人自身主观而言就是我执,就客观事物而言就是法执,有此"二执"而不能摆脱迷津,就是"无明",就深陷于"苦厄"而不能自破。所以,佛家要普渡众生,就先要"破二执",就要使"执迷不悟"者"恍然大悟"而超脱苦海。其关键就在于"破二执"而"悟二空"。

就我执而言,佛学中提出了很多内容:由于有"我",故产生"我识",由主观的"识"产生种种"意",诸如七情六欲之类,所有这些都产生于"我"。关于七情六欲,儒家也讲,儒家说的七情是"喜、怒、哀、乐、爱、恶、欲",这属于人的天性,人的主体意识活动都由这"七情"而产生。如果任其发展,必然导致私欲膨胀而

---

① 冯友兰:《中国哲学史》下册,华东师范大学出版社 2000 年版,第 140 页。

陷入罪恶深渊,故他们提出"发乎情,止乎礼义"的主张,通过教育把人的"七情"导入礼义的规范,所以《中庸》篇又说:"喜怒哀乐之未发谓之中,发而皆中节谓之和。"中节就是合乎"克己复礼"的要求,也就是前面我们说到的通过道德教育而超越私己之自我。佛家说的"七情"是"喜、怒、忧、惧、爱、憎、欲",和儒家说的大同小异,而《成唯识论》中则把"我执"归纳为"我痴、我见、我慢、我爱"四种,这都是产生"烦恼"的根源:

> 此意任运恒缘藏识,与四根本烦恼相应。其四者何?谓我痴,我见,并我慢,我爱,是名四种。我痴者,谓无明,愚于我相,迷于我理,故名我痴。我见者,谓我执,于非我法,妄计为我,故名我见。我慢者,谓居傲,恃所执我,气心高举,故名我慢。我爱者,谓我贪,于所执我,深生耽着,故名我爱。……此四常起,扰浊内心,令外转识,恒成杂染。有情由此生死轮回,不能出焉,故名烦恼。①

用现在的话来解释,我痴就是无明,也就是佛家常说的愚顽不化,执迷不悟。我见就是妄见、妄想,什么都应为我有,自以为是。我慢就是傲慢,以我为中心,君临一切,为所欲为。我爱就是私欲,核心就是一个贪字,欲壑难填、贪无止境。这四者互为因果,私心杂念循环往复,恶性循环,愈陷愈深,不能自拔,于是就有种种烦恼。而究其原因,总归为"我执"。这些见解,和孔子的"毋意、毋必、毋固、毋我",是有共同之处的。所以破我执就需要破我痴、我见、我慢、我爱,就要破主体意识中的种种迷妄。

就法执而言,简单地说就是客观事物对"我"的种种诱惑。以事言之,诸如名利地位的诱惑;以物言之,就是五光十色的物质生活的诱惑。此外,如生老病死种种人生历程之烦恼,俱构成难以摆脱的"法执"。佛家把整个物质世界概括为"四大"和"五蕴","四大"是地、水、火、风为主要构成的物质世界,所谓"四大皆空"是说这物质世界都是因缘和合而生,是幻象,无实性。所谓"五蕴"是"色、

---

① 转引自冯友兰:《中国哲学史》下册,华东师范大学出版社 2000 年版,第 144 页。

受、想、行、识",色泛指物质世界,受是对客观世界(境)的反映,想是客观的境所引起的心理感应和种种想象,行是为达到某种目的而做的行为实践,识是对客观事物的识别知识。五蕴包含主观的心和客观的物之间的种种关系,人的主体感官耳、目、口、鼻、身的功能产生了五境(声、色、味、嗅、触——听觉、视觉、味觉、嗅觉、触觉),由五境而生五识,五识而形成"意"(思维),由此而形成人生的种种欲求,由此而形成"业障"以至于"无明",这就是"法执"。

可见,佛家说的"二执",虽有主观与客观、精神与物质的种种因素,但归根结底,还是在于主观的"心",一切都是心的作用。唯识宗的识,最终是心的作用,称之为"心王",心生则一切生,心灭则一切灭,一切障碍和无明都因清静心(佛性)染上了俗尘。所以"二执"之中最主要的是"我执",故《成唯识论》中又说:"烦恼障品类众多,我执为根,生诸烦恼,若不执我,无烦恼故。"如何能破除此"二执"呢? 佛家以"空"为理论依据,企图从主观认识上悟得"空"的精义去消解"二执"带来的一切痛苦、烦恼和种种"业障"。其说曰:万法随缘起,都是幻有,并非真实体,而真正的"真如"本体是"空",所以说:"四大皆空"、"五蕴俱空"。《心经》中说的"色即是空"、"空即是色"都说的是同一问题。而"破二执"之法,最根本的就是做到"二空",《成唯识论》中的"二空",只不过说得更彻底,连空的概念也是空的,所谓"空空"即是。所以,悟到"二空"之境,即是"破二执"之法,这不依靠外力,而是靠"自觉觉他"。佛家之"破二执",虽然有很多"空门"理论的消极因素,但是在善恶、邪正面前,要求向善除恶、去邪归正,使人从精神上能超越一切私欲产生的烦恼,能超越自我,心灵得到净化,这一点对个人的品格修养来说,还是有借鉴意义的。

综上所述,我们可以看到,在数千年的中华传统文化中,强调人的道德修养,强调修身正己,强调人格自律,以求达到社会和谐、治国平天下的目的,这无论是儒家还是道家、佛家,都是共同的。但是如何达到这一目的,三家学说又各自不同,而其不同之处,又正是各家学说可以互补、取长补短之处。我们把孔子的"四毋"说和庄子的"三无"说以至佛家"破二执"说做比较,正好可以说明这一点。追求超越，强调摆脱"私己"的束缚，以达到高尚的自由人格的精神境界，这似乎是三家学说殊途而同归的人生境界。至于说到三家之不同，也是很明显的：孔子的"四毋"说是要人超越"私己"之我而以道德充实人格，达到"与天地参"的崇高境界，其精神实质是入世的、实用的、现实的。而庄子的"三无"说的超越，则是以所谓"无待"的精神绝对自由为目标，幻想以物我两忘而达到与宇宙合一的境界，这对人的主观精神世界的自我解脱也许有相当的诱惑力，可以启发人的想象力与超脱精神，但就现实生活而言，这是一种属于浪漫主义的幻想。而佛家的"破二执"，虽然要引导人遁入空门，容易使人产生消极厌世思想，但是，对那种在物质诱惑、名利诱惑面前感到无限烦恼以至于陷入罪恶深渊的人而言，要求人们能"自觉"、"自度"，回头是岸、立地成佛的道理，可以从中得到启示，悟出一些人生的真谛，对净化人们的心灵，消除人的私欲心，是很有警世意义的。

《易经》与未来学

——对预测未来的哲学思考

赵仲牧 *

　　《易经》是中国传统文化智慧的结晶,未来学则是涵盖了多种知识的新兴学科。本文将选取易学的研究成果,对《易经》和当代未来学的关系,从它们的哲学基础和方法论的角度,做一些比较研究。

一

　　现存《周易》这部书,包括《易经》(狭义的《周易》)和《易传》(或称《周易大传》)两大部分。人们普遍认为,前者成书的年代大约是西周前期,后者则迟至战国末期到西汉初期才陆续问世,前后相距将近千年。《易经》由两类符号系统构成。一类是卦画符号,即六十四卦和组成六十四卦的两种爻的符号系统。一类是文字符号,即卦名、卦辞和爻辞的符号系统。《易经》中的卦画符号和文字符号组成不可分割的有机整体。就生成的时间而言,卦画早于文字。卦画是年代久远的卜筮符号,其符号的原始意义已不可直接辨认。文字是用来称谓和阐

　　* 赵仲牧(1930—2007),云南大学中文系教授,著有《赵仲牧文集》等。本文发表于《思想战线》1993年第6期。

释卦画的符号系统,后人唯有依靠文字间接了解卦的名称(卦名)、爻的属性和位置(即爻题),以及附在卦和爻后面的卜筮记录或史实记录。

《易经》是一部什么性质的古籍?历代学者众说不一,当代易学界也有种种歧见。对卦画符号的起源问题虽莫衷一是,但有关卦画符号的用途问题学术界已获共识。由两爻、三兆、八卦和六十四卦组成的卦画符号系统,具有卜筮的功能,可作为能操作测算的卜筮工具来使用,操作测算有严格的规则,必须按一定的程序进行。上述见解易学家已大体认同。至于文字符号的意义和功能问题,直到目前尚有争论,尤其是对卦辞爻辞基本内涵的看法,分歧更大。一者认为是卜筮活动典型实例的记录,一者认为是重大历史事件的记录。

不少易学研究者断定卦辞爻辞是卜筮之辞,是周族准备灭殷,经过殷周易代直至西周前期的文字记录,记录了这段历史时期周人对重大事件进行卜筮的结果。朱熹曾在《朱子语类》中提出:《周易》"本为卜筮而作"。当代多数易学家肯定了朱熹的说法,《易经》是一部记录卜筮活动和卜筮结果的"筮书"。高亨说:《易经》"原为筮(算卦)书,要在用卦爻辞指告人事的吉凶"(《周易大传今注·自序》)。朱伯崑说:《易经》"是周人占筮记录的系统化"(《易学哲学史》上册)。李镜池说:《易经》乃"根据旧筮辞编选而成"(《周易通义》)。高、朱、李三位均为当代易学大师,他们的见解在易学界颇有代表性。最近李大用撰写了《周易新探》,对《易经》的性质提出了新的看法。他不否认卦画符号是一套卜筮符号,但认定卦辞和爻辞是重大历史事件的记录,记载了"周文王、武王、周公、成王兴周灭商的历史进程及其成败因由"。李对卦爻辞仔细辨析论证,确认《易经》是一部记述重大历史事件的"史书"。两种对《易经》性质的不同看法,各有根据。本文选取多数易学家的意见,视卦辞爻辞为卜筮之辞的记录,视《易经》为一部记载卦画符号系统和选编占卜占筮记录的"筮书"。《易经》选编的虽属"过去"的预测以及测算的卜筮记录,但记述的却是当事人对"未来"的结果和对结果的验证。如此说来,《易经》这部"筮书"是殷末周初之际周人预测"未来"的实录,是华夏文化孕育而成的"未来学"雏形。《易经》诞生的时间大约距今三千年,也许是人类最早的"未来学"杰作。《易经》之面世乃划时代之创举,从此古人认识到有必要将预测未来的种种成果记录在案,传诸后人。西周以后,《易经》广为流传,成为运用卦画符号预测未来者必读的"未来学"经典,同时也是指导众人怎样预测未来、预知未来和预期未来的"未来学"范本。

二

《易经》作为古人的"未来学"同今人的未来学比较,当然有一些相似或相通之处,除了皆以怎样预测未来和展望前景作为思考的中心课题外,还包括三项共同的原理。一是连续性原理,这是当代未来学家探讨"未来"时普遍认同的第一条原理。它的要点是,了解"过去"是预测"未来"必不可少的根据。"过去已有的条件将延续到未来",这是未来学家的信条之一。历史学家常说,回顾过去的历史能帮助我们展望未来的前景。未来学家表示赞成,同时还补充说,了解过去主要是为了预测未来,我们关于"未来"的种种猜测,需要依靠"过去"提供的丰富资料。历史学家和未来学家都肯定连续性原理,不过两者研究的重点各不相同。历史学家的注意力集中于描述和解释"过去",而未来学家的兴趣却指向探索和预测"未来"。后者强调,历史主要的功能是作为预测的原材料,人们以此为据,可从中做出对未来的估计。未来学家的格言是:"追溯过去其主要价值是能展示未来。"比如,1968 年发现 DDT 减缓了海洋生物的光合作用,然后又回顾了各种化肥、农药、工业废水向江海倾泻的情况有增无减,生态学家兼未来学家们预言:近海将出现生态的大灾难。不幸言中了,20 世纪 70 年代之后,近海生态之灾日益严重。①

前文曾提到,由于对《易经》的性质有不同的看法,在易学界引发了"筮书"

---

① [美]托夫勒:《未来学家谈未来》,顾宏远等译,浙江人民出版社 1987 年版,第 2—3 页。

和"史书"之争。我设想两种观点并非如水火之不相容,可以找到使两者汇流的渠道,这条渠道就是连续性原理。隐含在《易经》卦辞爻辞中的连续性原理,经过仔细辨析才能找到它的行踪。灭殷兴周的历史过程,布满了诡谲的风云变幻。文王、武王、周公旦等周族的当权者采取重大行动之前,按惯例总得用蓍草或卦画符号等工具占筮一番,预测前途的利害吉凶和得失成败。根据或参考占筮结果制定军政方针,做出相应的行动决策,事后还以行动的实际效果去检验占筮的结果。六十四卦辞和三百八十四爻辞都是"一箭双雕",既是殷周换代之际周人的占筮结果与验证其结果的记录选编,又是证实占筮结果的历史行为与历史事件的记录选编。两种记录合二而一,是"筮"?还是"史"?很难分清。因此,《周易》在历史材料和预测未来之间搭了一座桥,使得探察行动前景的"筮"和检验卜算结果的"史"有了连续性。

《易经》成书之后情况又如何呢?假若问卜者想做某件事,为此卜了一卦,遇到了某卦某爻,并按该卦辞或该爻辞去预测其结果的吉凶祸福,从卜卦预测中怎样体现连续性原则呢?不妨举一例来说明这个问题。某问卜者筮遇坤卦(䷁)六二爻("二"表示坤卦六个爻中从下往上数的第二爻,"六"表示该爻是阴爻),其文辞曰:"直方,大,不习,无不利。"高亨主张《易经》是"筮书",他认为该爻辞有两种解释。其一:"……方舟以渡,不易倾覆,虽不习于操舟之术,亦不致有陨越之虞。"其二:"……人据坚固之势,虽非干练之才,亦无往不利。"(《〈周易〉古经今注》,第10页)李大用主张《易经》是"史书",他说:"(该)爻辞意为:值此敌邦强大时("值方大"应连读),我不袭击无不利("习"通"袭")。"(《周易新探》,第46页)李设定的前提是,"坤"、"乾"、"遁"等卦表述了如下的历史内容:"'文丁杀季历',帝乙'二年,周人伐商',失败后……积蓄力量。"(《周易新探》,第45页)我以为两种解释可以互补,坤卦六二爻记录的既是殷商末年周人的"筮",也是周人的"史"。

立足于前人的"筮",问卜者以该爻辞为据即可预见到,按预定目标去做某件事,只要像"方舟"(并船也)渡河一样,稳稳当当地行事,虽然自己能力有限,也会无往而不利。于是，"过去"占筮的结果同预示"未来"的前景之间有了连续性，这就是《易经》为卜卦者提供的一种相当古朴的连续性原理。立足于往昔的"史"，问卜者以该爻辞记述的史实为参考系，也能有所预见。自己今后的处境恰似当年小邦周国面临大邦殷国，敌对一方或竞争对手如此强大，还是小心谨慎为好。假若能以史为鉴，以后做事不冲撞对方，就能顺利实现预期的目标。这样，"过去"的历史格局同问卜者"未来"的景况之间有了另一重连续性，这是《易经》为卜卦者设定的另一种同样古朴的连续性原理。以此类推，《易经》中的其他卦爻辞均可作如是的理解。"殷鉴不远"，先人留下了亦"筮"亦"史"的记录，可供后人预测未来时作根据或作参考。后人可参考卦爻辞中"史"的记述，以往曾有过某种历史事件，引出了如此的后果，然后确定自己该怎么办。后人还能凭卦爻辞中"筮"的实录，从前人想做某件事，占筮显示出必将带来这般的后果，自己要不要做这类事情，答案不言而自明。

三

类推原理是当代未来学家公认的第二条原理。其要点是，以观察为前提，从已观察到某些事件不时重现出发，由此类推，这类事件将会促使另一些相似的事件在今后继续生成。有些未来学家对此原理做了进一步的阐发：如果我们观察到前后发生的几件相同或相似的事件即可进行预测，其后还会有其他事件出现，它们也将类似于现在观察到的那些事件。科学家、艺术家兼未来学者的约翰·麦卡尔认为："随着文化传播设备的不断现代化"，一些"文化产品往往以彼此相关联的群体中的一分子再现"，接着类推到各种文艺作品并做了预测。他说："由于坚持各种艺术的大溶合，艺术的单一性被否定了，得到肯定的只有一条，即拆除艺术和生活经验之间的所有藩篱。"[1]

---

① ［美］托夫勒：《未来学家谈未来》，顾宏远等译，浙江人民出版社1987年版，第50—51页。

《易经》的卦爻辞按中华古老的方式采用了今人称之为"类推"的原理去预示未来。毋庸讳言,卦爻辞自身包含的"由此类推"和问人者的"由此及彼",均接近于"比喻"或"类比",既稚嫩又质朴。有时候卦爻辞记录某些可观察的人文事件及其价值取向,问卜者可类推出众多性质相似和可能发生的人文事件,以及这些事件将会引发的利害祸福。比如问卜者筮遇履卦(☰)的初九爻(由下往上数的第一爻,是阳爻)。爻辞云:"素履,往,无咎。"据闻一多考证,"素履"即"丝履"。原意是,穿着丝鞋前往(某处),必定步步小心,不会出差错(参见王骥德《周易注释》,第63页)。这本是生活中的琐碎小事,而问卜者可以引申生发,同自己想做的事和要实现的目标相联系。他可对该爻辞做这样的解释:今后办事应当像穿着高贵的鞋走路一样,务必处处小心谨慎,唯有如此才能不出纰漏,办好事情达到目标。

有时候,卦爻辞记录了某些可观察的自然事象,问卜者可以推想到许多可能发生和性质相通的人文事象,以及它们将会带来的穷通祸福。比方说:问卜者筮遇坤卦初六爻(阴爻)。爻辞云:"履霜,坚冰至。"高亨说:"履霜,秋日之象也。"(《〈周易〉古经今注》,第7页)属于秋冬季节自然事象的变化。高亨又说:"谓人方履霜,而坚冰将至,喻事之有渐也。"(《〈周易〉古经今注》,第7页)该爻辞的内涵可从自然变化类推到与此相通的人事变迁。《周易·文言传》针对该爻辞曰:"积善之家,必有余庆。积不善之家,必有余殃……《易》曰'履霜,坚冰至',盖言顺也。"《文言传》肯定了爻辞涉及的季节变化,完全可以推广到"积善有余庆"和"积不善有余殃"等人事及其价值取向的变迁上去。同时该《传》还指出,问卜者遇此爻,今后要力求做到"顺",顺其自然,不能违抗。《集解》引干宝之言云:"阴气动关,则必至于履霜,履霜心至于坚冰,言有渐也。藏器于身,贵其得时,防祸之原,欲其先几,故阴在三泉,而显以履霜也。"干宝解释坤卦初六爻辞,不仅从季节推及未来的人事及其吉凶取向,而且谆谆告诫遇此爻之问卜者,"贵其得时"、"藏器于身"、"防祸于原"。

四

期望原理构成了未来学的第三条基本原理。这条原理的内涵是，人们总是按一定的预期目标去预测未来。预期目标既是进行预测活动的起点与动力，也是评价预测结果的重要尺度。许多西方未来学家均强调，在预测未来的活动中，预测者的愿望、期待、目的、理想等因素起着不可低估的作用。审视华夏各族的占卜活动，如瑶族的捣酒卜、扬簸卜，壮族的蚂蚁卜、青蛙卜，普米族、德昂族、佤族的鸡卜或鸡骨卜，蒙古族、羌族、彝族、纳西族的骨卜，汉族的扶乩等等，均能发现设定预期目标是进行一切占卜活动的"内驱力"。古往今来，从传说中周文王为周族的命运而演"易"，到当代美国未来学家托夫勒探讨在"第三次浪潮"冲击下，全球技术、经济、政治发展的新趋势和社会形态演变的新转折，无不怀着强烈的价值目标去预测未来。所以我认为"期望"或"预期"是预测未来的一个支点，未来学的一条重要原理。

憧憬着未来的问卜者，总要为自己、为家庭的未来，或者为社群、为民族、为社稷的未来，设立一些价值目标。希望今后的处境或际遇会好一些，能趋利避害，逢凶化吉，不至于每况愈下。追求某些价值目标是一回事，预期目标能否实现又是一回事。未来的人事变化及其价值取向不能凭一己的愿望去支配，伸向未来的价值目标能否实现更是一个未知数。未来事件的新格局是否有利于原定目标的实现？未来事件的价值走向是否会干扰达到目标的行动？有无可能同原定目标背道而驰？问卜者想预测或预知问题答案的迫切心情是不言而喻的。当代未来学家除了企图了解未来的前景之外，还要看看以后发生的事件和提供的机会能否实现自己或人们的愿望或理想。说到底，了解未来往往是一种手段，测算今后能否达到或怎样达到预期目标才是研究未来的深层目的。全球未来学会主席 E. 柯尼施说："我们的愿望在形成我们关于未来的观念中起主要作用。"他还说：在思考未来时，"也将利用我们自己的愿望，因为我们思考的一个主要目的就是判定真正使我们满意的是什么？从而采取行动得到它"①。

在《易经》成书的年代，周公东征，平定了管蔡助殷掀起的一场叛乱。为了一劳永逸地消除叛乱的根源，周公打算迁殷顽民于洛邑（即成周）。周师驻地在距洛邑不远的王城，可就近监视管束。怀着上述预期目标，周公前后卜筮了三次。《尚书·洛诰》云："予惟乙卯，朝至于洛师。我乃卜问朔黎水（孔传：不吉），我乃卜涧水东、瀍水西（即王城所在之地），惟洛食（吉兆）。我又卜瀍水东（即成周所在之地，殷遗民将迁此处），亦惟洛食（吉兆）。"三次卜筮之结果是，黎水不吉，王城与成周皆为吉兆。黎水不吉，带领殷遗民至黎水滨，殷人未出畿内，没有抵触情绪。关键两次卜筮均呈吉兆，殷人信服，周公迁殷顽民的预期目标可以达到（参见李大用《周易新探》）。从《尚书》开始，按预期目的去卜筮未来的实例真可谓不绝于书。根据"卜用三兆"和"习二卜"的古老惯例，按预期目标一连卜筮六次，逢吉兆的几率很大，问卜者经常心满意足，为实现自己的愿望而信心倍增。《易经》卦爻辞中也有不少"凶"、"贞凶"、"吝"、"贞吝"、"有厉"等非吉兆的记录。问卜者如果筮遇这类卦爻辞，只好忍痛修改或暂时放弃原定计划和预期目标。自有占卜以来，预期原理一直贯穿于其中，离开了它，既失去了进行占卜活动的推力，也失立了衡量占卜结果的准绳。

五

《易经》是古人之未来学，今人有自己的未来学。除了有共性之外，既然前者冠之以"古"，后者冠之以"今"，两者必有"古"、"今"之别。区别何在？我们将根据有关预测未来的哲学前提和方法论前提设计三道考题，让两种"未来学"各抒己见，两者的差异在答案中必能见出分晓。

"未来"是否"存在"？这是一个十分微妙的哲学问题或形而上学问题，《易

---

① ［英］E. 柯尼施：《未来学入门》，孟广均、黄明鲁译，知识出版社1983年版，第85页。

经》的写作者未必能提出此等哲学问题,更不可能有明确的答案。不过这并不能排除他们对未来"存在与否"有一些潜隐的想法。《易经》和卜卦隐含的哲学前提是,某种超自然超人的力量如天帝、祖灵等能使"未来"显示于卦画和卦爻辞中,让问卜者能预知相关的前景。这是否意味着此等神灵能"看见"未来,"主宰"未来或者"创造"未来?假如神灵能清楚"看见"未来的情景,至少"未来"对他们而言是实实在在的,是一种特殊的"存在"。假如神灵能随意主宰"未来",那么"未来"或许早就"存在"了,任他们去"支配",去"变更",或者由他们重新安排。假如神灵能从无到有去"创造"未来,好像上帝创造亚当、夏娃和万物一样,那么"未来"原本并不"存在",一经神灵创造之后,"未来"就先于"现在"而"存在"了。对问卜者来说,"未来"似乎并不"存在",至少他们"看"不见,更谈不上"主宰"未来或"创造"未来。所以问卜者只能诚惶诚恐地进行卜筮测算活动,从遇到的卦爻辞中查询卜算的结果,祈求神灵、天帝将其先知、预见或支配、创建的"未来",即那些早已"存在"着的今后之"有咎"或"无咎",告知或暗示给问卜者。

当代的未来学家则与此相反,他们不承认"未来"成为"现在"之前就是"实在"的了。即使是未来学家中坚定的实在论者,肯定了"现在"的万事万物已经"存在"着,"过去"的万事万物曾经"存在"过,他们也不认为"未来"的万事万物超越了时间的进程,不知在什么缘故早已"存在"了。E. 柯尼施指出:"'未来'指尚未到来的时期,因而未来不存在。而且,即使在未来,未来也不存在,因为未来只是在它成为现在时才存在,到此时,它就自动停止成为未来。正如一句俗话所说,'今天是你昨天担心的明天'。"①

否定了"未来事件"、"未来世界"的"存在"或实在性,未来学家用什么办法研究未来、预测未来和了解未来呢?第一,立足于"现在",因为"现在是已经发生的事物和将要发生的事物的分界线"②。"过去"、"现在"和"未来"是连续的,

---

① [英]E. 柯尼施:《未来学入门》,孟广均、黄明鲁译,知识出版社1983年版,第75页。

② [英]E. 柯尼施:《未来学入门》,孟广均、黄明鲁译,知识出版社1983年版,第76页。

割不断的。立足"现在",就是立足于观察现实的事件或现在发生的事件,回顾现实事件如何从过去曾经发生的事件演化而成,然后考察和探测现实事件将会促使今后发生哪些新的事件。二是立足于"展望","未来"并不"存在","未来"不像"现在"和"过去","现在"是可观察感知的事实,它的面貌是实实在在的,"过去"是曾经观察过、感知过的事实,它的面貌也曾是实在的。至于"未来",既看不见,也摸不着,不具有实在性,只能在思维中或想象中展望。"未来事件"只是展望着的可能发生而并非实在的事件。预测未来就是估计或测算,今后可能发生并呈现在展望中的各种事件和各种价值取向。

六

"未来"是否已经被"决定"? 这是第二个也很深奥的哲学问题和方法论问题。其实质是,用决定论或必然论的观点去看待"未来",还是用非决定论的观点去看待"未来"。肯定某些神秘力量或某些必然规律能决定"未来"的去向,还是否定有任何力量或任何必然性能决定"未来"的进程。

古代人们或原始民族之所以相信自然征兆和梦中景象能预示未来,占卜能预测未来,其根源是他们相信幻化成神灵、魔怪的超人超现实的力量有能力"决定"宇宙万物的生灭和人类的命运。这是最古老的"决定论",可称作"神灵决定论"。殷人笃信"帝"或"天帝",周人则信仰"天"或"天命"(参见冯友兰《中国哲学史新编》)。《易经》的卦爻辞虽然未曾明言"天命",但天命观却潜伏于《易经》编撰者的理念之中。"天命"最早大约是指有人性的"天"或"天"的意志,禀赋了超人和超自然的力量。"天命"无处不在,无所不能,由他来"决定"世间的一切,主宰人类的命运。每个人的过去、现在和将来的遭遇,一生的寿夭穷通,均由"天命"主管,听任"天命"去安排。天命决定一切的观点可名曰"天命决定论"。

我们不能低估"天命决定论"的深远意义。凭卜筮和"筮书"预测未来,究其底蕴不过是窥探"天命"对未来的人事及其吉凶利害如何安排,对未来能否实现预定目标怎样裁决。《易经》的卦爻辞无非是预示"天命"对问卜者未来机遇、处境的先知,晓谕当事人眼下怎样决策,以后如何出处行藏,一言一行都要听取"天命"的忠告。上古时期的华夏文化创立了"天命决定论",并用此论去解释自然、社会和人生等领域里种种事象的发生与发展。回溯"过去"和说明"现在",探索"未来"和预测吉凶,也以"天命决定论"作为形而上学的基石。毫无疑问,"天命决定论"融会贯通于"筮书"兼"史书"的《易经》之中,成为卦辞爻辞的哲学支柱。

殷周之际确有个别有识之士,对天命能决定人事和卜筮能显示天意深表怀疑。王充《论衡·卜筮》中记载了一则姜太公不信卜筮结果的故事。"周武王伐纣,卜筮之,逆,占曰'大凶'。太公推蓍蹈龟而曰:'枯骨死草,何言吉凶!'"《齐太公世家》也有类似的记述:"武王将伐纣,卜龟兆,不吉,风雨暴至群公尽惧。唯太公强之劝武王,武王于是行。"姜尚敢于"推筮蹈龟",视卜筮为"枯骨死草,何言吉凶",虽然难能可贵,但毕竟是个别实例。武王死后,成王继位,管蔡助殷反叛。周公在六十几句的《大诰》中九次引用龟卜之语,透过龟卜之吉兆充分肯定了"天命在周"。其中有一段话:"周宁(文)王遗我大宝龟,绍天明(命)。"它直接提到"绍天命",足以证明"天命决定论"在华夏古文化和以《易经》为代表的"未来学"中的崇高地位。

早在原始社会,"神灵决定论"的观念就已出现,正是这类观念促进了神话和巫术,也促进了占卜的生成和进化。此后,随着人类文化的发展,各种形态的"决定论"先后闯入了宗教、哲学、历史和自然科学等领域。宗教里的创业说、缘起说、因果业报说和原罪说……哲学中性质各异的宇宙生成论和本体论,史学中种种历史发展的必然规律,自然科学中的经典力学和众多机械论的自然法则,全是"决定论"的产物。"未来"的领域也不例外,不论哪种信仰、哪类学科,凡涉及未来事件或未来世界者,无不援引某种"决定论"的观念真可谓根深蒂固。直到 20 世纪才出现变化,量子力学和海森堡的"测不准原理"的诞生,广义系统论和"突变论"的问世,逐步开创了"非决定论"的时代。不要误会,以为"非决定论"排斥所有的规律或法则,只留下"无序"和"混沌"。实际情况并非这样,它只否定企图说明"过去"、"现在"和"未来"的种种自然现象、人文事件和历史进程,必然如此或一定会这样的那些规律和法则。世界和人类及其社会生活的发展历程,被某种意志、力量、目的或规律、趋势所决定,它不接受这类观点。"非决定论"所否定的,仅此而已。

当代西方的未来学以"非决定论"作为哲学基础和方法论支柱。未来学界的科学家已无人相信"天命论"和神的意志等古老的决定论模型了。多数人也不再采用形形色色的"必然论",不再承认有决定自然界与社会生活的"过去"和"未来"的"必然规律"。他们抛弃了延续几千年的决定论哲学和决定论方法,不再靠这类哲学和这类方法去研究未来和预测未来了。不论是有神论抑或天命论的决定论,还是目的论抑或因果论、机械论的决定论,从古到今所有的决定论都不再是当代未来学家的哲学支点或方法论支点了。预测自然现象的变化,有时候还可利用某些已知的和公认的自然法则;预测人文事件的发展,就很难找到普遍认同的必然规律。所以,当代未来学家时常把"机会"、"机遇"、"随机性"、"可能性"、"概率性"、"可选择性"等概念引入未来学,作为研究和预测未来事件尤其是人文事件的概念工具。与此相对照,传统哲学或形而上学中常见的"绝对性"、"确定性"、"必然性"、"必然规律"、"必然趋势"一类范畴,逐渐销声匿迹。用"非决定论"代替"决定论"在未来学界已经蔚然成风,"非决定论"为当代西方未来学奠定了全新的哲学和方法论基础。

著名的美国未来学家托夫勒撰写了《未来学家谈未来》一书,该书的序言很能说明西方未来学家非命定不变和非决定论的思想倾向。序言开宗明义:"今天的未来学家不是昔日的巫师、占星学家、手相家。他们并不宣称拥有未卜先知的能力,而且讨厌什么将发生、什么将不发生这类说法。只是致力于研究可供决策人考虑的一系列选择,强调未来是流动的,并非命定不变的。"①

---

① [美]托夫勒:《未来学家谈未来》,顾宏远等译,浙江人民出版社1987年版,第1页。

七

"未来"是不是"确定"的？这是第三个同样玄妙的哲学问题和方法论问题。其要旨是，"未来"可以具有充分的确定性，能展示出一幅毋庸置疑的图景，或者"未来"不过是一些机会、一些概率、一些可能性。

《易经》的哲学前提是"天命决定论"，在"天命"的支配下或先知中未来事件或未来世界早已发生，早已"存在"了。因此对"天命"而言，"未来"是完全确定的，它绝不是一堆也许如此的可能性，或者是一堆转瞬即逝的机遇。在《易经》编撰者的心目中，"天命"的必然性和"未来"的确定性本来是一脉相承、一环扣一环的。人们要想改变某些未来事件及其吉凶取向，单凭自己的能耐是做不到的，唯独"天命"有此神力，得由它经手去办，因为"天命"才是"未来"的确定者。

在"天命"那里"未来"有确定性，在普通人那里"未来"并无确定性，两者形成强烈的反差。后者没有控制未来或预知未来的本事，只好怀着疑惑忧虑的心情去看待自己的前途。他们心目中的未来变幻莫测，会发生什么事？是福还是祸？目标能否达到？全是一堆猜不透的未知数。不妨设想一下，假若"未来"在上古人心中是确定无疑的，又何必去占卜算卦，何必去编撰或查阅《易经》。反之，如果"未来"的一切在"天命"眼里也是一团乱麻，理不出什么头绪，问卜测算又有何用，编撰"筮书"也是多此一举。所以神奇的"未来"在"天命"眼里是确定的，在众人心中是不确定的。有了这两条，占卜才有意义，"筮书"才成了经典，问卜者才有必要通过卜算和卦爻辞去预测"未来"，了解"天命"对自己、家庭或社稷今后命运所做的确定无疑的安排。

"未来的确定性"，不再是当代未来学家追求的理想了。他们放下了"未来已经存在"这类形而上的命题，抛弃了因袭的"决定论"模型，当然也不去奢望未来事件和未来世界会有什么"确定性"。他们从形而下的非决定论起步，把"未来"尤其是未来的人事和未来的社会，交给"不确定性"的王国去管辖。法国未来学家德儒内尔说得不错："过去是事实的领域，对此人们无能为力，但它也是可知的事实领域……原则上是可检验的。相反，未来是不确定事情的领域，对未来事件不能用像对待已完成事实一样的方式去证实和检验。"①古人对未来的祸福忐忑不安，而《易经》却用深信不疑的语句预示问卜者前途"有咎"或"无咎"的确定性。今日的未来学家却不再用《易经》的口气谈论未来的图景了。他们认为"未来"不是命定的而是游移不定的，所以不论是谁预言未来都没有十成把握。作家兼预言家亚瑟·克拉克颇有感慨地说："预言一直被认为是一桩冒风险的买卖。"②

当代未来学家展望的"未来"，常常是一些概率或机遇，通向今后的路途上有许许多多可供选择的偶然性和随机性。广义系统论者拉兹洛的立论很精辟，他认为，当一个自然系统或社会系统出现巨大的"震荡"或巨大的"涨落"时，这些系统就会从"平稳态"进入非平稳的阶段。此时，系统进化将从有序状态转化为混沌状态或无序状态，并出现各种"分岔"或"汇流"的随机性演化方向。未来学家同广义系统论者一样，也预计到各种自然系统和人文系统通向未来的发展过程中，将会出现种种随机性和概率性，出现众多可供选择的机会。未来学家们决不充当诸如先知、预言家、占卜者之类的角色，他们不会宣告今后必然发生什么，或今后一定不可能发生什么。他们的任务是，为解决大范围的社会、经济、政治、科技、生态、能源以及其他领域的前景问题做出估计。估计一下各类相关事，其发生的可能性如何？发生的概率有多大？然后设计几幅大概率的前景图，或者研究和编写可供决策者考虑或筛选的方案。这是当代未来学和古代未来学最大的不同点。

人类的预测活动永无休止。从《易经》到当代未来学跨越了三千年的历史间隔，潜伏在古今未来学中的哲学和方法论的内核也经历了沧海桑田的巨大变迁。这样的变迁轨迹对预测哲学理念和方法论构想的未来走向，也许能提供一些有益的暗示和启迪。

---

① ［美］托夫勒：《未来学家谈未来》，顾宏远等译，浙江人民出版社 1987 年版，第 116 页。
② ［美］托夫勒：《未来学家谈未来》，顾宏远等译，浙江人民出版社 1987 年版，第 129 页。

庄子思想的现代价值

陈红映 *

庄子思想对中国传统文化的形成与发展产生过深远的影响。人们自然会问,它对中国和人类目前与未来的生活也能提供一些积极的智慧吗? 也就是说,庄子思想具有现代价值吗? 本文拟从以下九个方面粗略地做些探讨。

自 由 精 神

中国思想史上第一个提出人的自由的思想家是庄子。庄子视个人的自由为人的终极性价值或终极追求,追求自由是庄子思想的灵魂所在。在塑造中国人的人格方面,道家的自由人格与儒家的道德人格形成了既对立又补充的中国文化格局。

庄子的自由大致可分为两个层面:精神自由和理性自由。精神自由是一种无拘无束、自由自在的精神状态。庄子认为万物的本性是爱自由的:

> 泽雉十步一啄,百步一饮,不蕲畜乎樊中。神虽旺,不善也。(《庄子·养生主》)

---

* 陈红映(1930—2013),云南大学中文系教授,著有《庄子思想的现代价值》等。本文发表于《思想战线》2000 年第 6 期。

泽雉关在笼中,饮食方便充裕,但不自由,所以庄子宁却楚王之聘"曳尾于涂中",自由自在地生活。

但人生来偏生不自由。庄子深刻揭示了不自由的原因在于人的内在因素和外在社会环境。就社会环境而言,人与社会处在深刻的矛盾之中,是人不自由的根本原因之一。这主要体现在三个方面:一是人的生存受到威胁。庄子生活在"方今之时,仅免刑焉"的社会,这仅仅是他个人;还有那些卫君、武侯不顾人民生命发动战争,造成横尸遍野的老百姓呢? 二是统治者的专制压迫。"君人者以己出经式义度,人孰敢不听而化诸!"三是儒墨仁义所形成的统治阶级的意识形态束缚了人们的思想言行。总之,庄子强烈感受到社会所加与人的是桎梏和死亡,因而要求摆脱现实的枷锁,幻想到那自由平等的"至德之世",具有强烈的政治倾向,你能说庄子追求的自由只是单纯的精神自由吗?

再就人的内在因素而言,人们汲汲于追求功名权势,是造成人不自由的重要原因。人们追逐名利,不惜"与物相刃相摩"、"日以心斗",得到了则"操之则慄,舍之则悲",犹如受自然刑戮,精神何能自由! 因此庄子强调"无己"、"无功"、"无名",才能自由。这已涉及行动自由。因为,"去掉私心,就是一种行"(成中英语)。

庄子追求的自由还有理性自由(这也属于行),这是就形而上层面而言,用以衡量主观与客观的一致性程度。庄子的深刻处在于他视自由的实质为服从规律。大鹏形象的哲理明确概括为:

> 若夫乘天地之正,而御六气之辩,以游无穷者,彼且恶乎待哉!(《庄子·逍遥游》)

"乘"训顺,"正"训规律。庄子认为宇宙是有规律的("四时有明法")。大鹏的自由在于顺风而动,才能游于无穷而无所待。庄子从下层民众的能工巧匠,不论是解牛的庖丁,还是游水的吕梁丈人,总结出他们的自由都来自"依乎天理"、"从水之道而不为私"。顺应规律就自由,反之就不自由。小到做人,大到治国,乃万事不易之理,具有永恒的理论价值。

当然,庄子的自由有凌空蹈虚的一面。如果排除那些神秘体验,他的自由却是实实在在的超越自我,摆脱一切传统和政治道德束缚,追求精神解放的自由。须知,李大钊说过,精神解放是一切解放的基础。诚然,庄子的自由不是现代法治意义下的自由,但我们绝不能小看庄子那点自由的火星,它仍将成为“一追求政治自由最力的思想”(徐复观语)。近代中国自由思想的“木铎”严复说:“夫自由一言,真中国历古圣贤之所真畏,而从未尝立以为教者也。”此论于儒家可也,于道家则不然。

平 等 意 识

中国不仅缺少自由传统,也缺少平等传统。两千多年来的封建秩序,就是建立在等级制度上的。儒、墨、法都维护君臣尊卑等级制度,唯有道家是个例外(传入的佛家也主张众生平等)。庄子是平等意识极强的思想家。他的理想国是一个自由平等,没有君臣贵贱之分的社会:

> 彼民有常性,织而衣,耕而食,是谓同德,一而不党,命曰天放……夫至德之世,同与禽兽居,族与万物并,恶乎知君子小人哉!(《庄子·马蹄》)
>
> 死,无君于上,无臣于下。(《庄子·至乐》)
>
> 天子不得臣,诸侯不得友。(《庄子·让王》)

庄子的平等思想与无君思想一致。即使在君臣尊卑的社会里,也应铁骨铮铮,使“天子不得臣”,体现了庄子何等可贵的独立人格精神。

庄子还有平等理论。章炳麟称“齐物者,一往平等之谈也”[1]。在《秋水》中,庄子明确论述了万物平等与不平等的原因:

> 以道观之,物无贵贱;以物观之,自贵而相贱;以俗观之,贵贱不在己。

前两句讲人生来平等,后四句说人何以不平等。“道”指宇宙由什么构成。

---

① 章炳麟:《〈齐物论〉释》,《章氏丛书》,浙江图书馆校刻本 1917 年版,第 1 页。

回答是"通天下一气耳"。庄子哲学认为宇宙由气构成,人的生命也由气构成。人既秉气而生,气无贵贱,则人生而平等,何来贵贱之分?[1]至于万物为什么不平等,庄子认为是人的内在心理与外在的人为因素造成,非人自身所固有。相对于卢梭的私有制是人类不平等的根源这一理论来说,未免肤浅;但他第一个提出不平等这个命题,在思想史上自有不可磨灭的价值。

庄子的平等思想也贯穿在日常行为中,这突出体现在《德充符》兀者申徒嘉与执政大臣争平等的故事中:

> 子产谓申徒嘉曰:"我先出则子止,子先出则我止。今我将出,子可以止乎?且子见执政而不违,子齐执政乎?"

"齐执政"就是把自己看成与执政大臣平等。在庄子心目中,残疾人与执政大臣在人格上是平等的,充分体现了庄子的人道精神和人权意识。马克思说过:"自由平等也很自然地被宣布为人权。"[2]鲁迅说:"张大个人之人格,又人生第一义也。"惜乎庄子"等贵贱"的思想,虽然一度成为农民运动的社会理想,如《太平经》"尊卑大小如一"的政治平等原则,但"后不见来者",既无思想家探幽发微,又无政治家转接于政治实践,就如黑夜流星,倏忽即逝。

张 扬 个 性

庄子的政治哲学不仅在自由平等方面与儒家绝对服从尊卑有别相对立,在张扬个性上也与之大相径庭。儒家要求个体服从家族和社会整体需要,这固然有益于社会的稳定与发展;但片面要求个体服从整体,势必压抑个体的发展,扼杀个人的创造力,给社会带来更多负面影响。有鉴于此,庄子则反其道而行之,高唱"任其性命之情"(《庄子·骈拇》),率性任情,充分发挥主体性自然天放的

---

① 陈红映:《庄子平等思想解说》,《思想战线》1992年第6期。
② 《马克思恩格斯全集》第3卷,人民出版社1956年版,第145页。

个性和才能。庄子肯定个体的价值,坚决反对压抑扭曲人的个性,要求从儒墨仁义礼法桎梏下解放出来。庄子的个性解放对抹煞个性、漠视个人幸福的集体主义文化无疑是一种挑战。梁漱溟说:"中国文化之偏失,就在个人永不被发现这一点上。"《共产党宣言》说"每个人的自由发展,是一切人的自由发展的条件",意在肯定个体价值先于群体。浩瀚大海,百川汇聚。共性须寓于充分发展的个性之中。没有个性,何来共性? 密尔称:"个性的自由发展仍是人类幸福的主要因素之一。"①明乎此,就可以看出重视个性,肯定个体价值,"使其各种能力得到最高度、最和谐的发展",在今天仍具有理论价值和现实意义。西方的个性解放思想之所以在"五四"时代传入中国立即为知识界接受,就在中国有此种原生理论。后来个性解放的中断,实是民族的大不幸。

那么庄子所提倡的率性任情是不是随心所欲、恣意妄为呢? 不是。庄子的个性发展是在顺应自然之道的前提下的,一如自由是在顺应规律的前提下一样。"无为也而后安其性命之情。"(《庄子·在宥》)无为就是顺应自然,不妄为。个性发展要与自然和社会发展总规律相契合,做到顺道与任性的结合。按照密尔的说法,就是"只要不损害他人,就应当给予各式各样的性格以自由发展的机会"。

和 谐 精 神

中国哲学的最终目的是人与自然、人与社会、人与人、个人与自身的和谐。和谐是中国哲学的基本特征。英国历史学家汤因比就认为中国文化的精髓是"和谐"。所谓和谐主要指两方面,一是和谐精神或境界;一是和谐思维。儒学"和为贵"一直是支配中国人生活的行为准则。庄子提出"爱人利物之谓仁",把仁学扩大到自然,偏重于人与自然的和谐。其《天道》篇提出:"夫明白于天地之

---

① [英]约翰·密尔:《论自由》,张友谊译,外文出版社1998年版,第63页。

德者,此之谓大本大宗,与天和者也;所以均调天下,与人和者也。"它既讲了"天合",也讲了"人和"。

在思维方式上,中国哲学奉行"天人合一"的和谐思维模式。"天人合一"即主体与客体的一致、和谐。老子说"人法地,地法天,天法道,道法自然",庄子说"圣人者原天地之美而达万物之理"、"顺物自然而无容私",《易传》说"夫大人者,与天地合其德,与日月合其明,与四时合其序",都是要求人的行为自觉与自然和谐一致。和谐哲学既是治世妙道,也是处世箴言。中国虽几度分裂,但最终仍能长久地统一发展,与这种和谐精神与思维自是密不可分,在现代化过程中定能起到稳定发展的作用。但必须指出和谐哲学也有它的缺陷,正如成中英指出的,中国哲学往往是知合而不知分。过分的合一,势必走向"尚同",走向同一主义,与西方哲学知分而不知合,同是哲学和科学发展的障碍。当然,这只是就西方总的情况而言。其实马克思也有"天人合一"观念。马克思说:"共产主义,作为完成了的自然主义,等于人道主义;而作为完成了的人道主义,等于自然主义,它是人和自然间、人和人之间的矛盾的真正解决。"①中国的"天人合一"与马克思的"天人合一"融合可铸就一种"新天人合一观"。

不 为 物 役

庄子生活在"小人则以身殉利,士则以身殉名,大夫则以身殉家,圣人则以身殉天下"的时代。在他看来,这都是"丧己于物,失性于俗",人已异化,成了物的奴隶,所以他反复告诫人们"不以物易性"、"不以物挫志",保持主体人格的独立尊严。不幸的是,庄子揭示的现象今天依然存在,且愈演愈烈,出现了拜金主义、物欲横流、见利忘义,乃至欺诈犯罪等现象。这当然引起社会有识之士的高度重视与警惕。庄子看到物质文明在进步,另一方面道德又在退步。这与卢梭

---

① 《马克思恩格斯全集》第 42 卷,人民出版社 1956 年版,第 102 页。

看法一致。鲁迅在《文化偏至论》中对 19 世纪文明重物欲之"通弊"也有深刻的揭露与反省，文章虽长，颇能警世，故不惜冗赘，摘录于下：

> 递夫十九世纪后叶，而其弊益昭，诸凡事物，无不质化，灵明日以亏蚀，旨趣流于平庸，人惟客观之物质世界是趣，而主观之内面精神，乃舍置不之一省，重其外，放其内，取其质，遗其神，林林众生，物欲来蔽，社会憔悴，进步以停，于是一切诈伪罪恶，蔑不乘之以萌，使性灵之光，愈益就于黑暗矣。

鲁迅九十多年前的话，至今仍警钟长鸣。一个社会如果过度崇拜物欲，则必导致道德崩毁，社会停滞；一切个人如果毫不节制地追求名利权势，势必成为物的奴隶，失去人性光辉，最后甚至连生命都要赔了进去。老子说："名与身孰亲？身与货孰多？得与亡孰病？"人们可要深思啊！

生 态 智 慧

在"和谐精神"一节中，讲了人与自然、社会的和谐，这里强调人与自然，藉以突出庄子的生态智慧或环境意识。生态智慧在孔孟那里是没有的。后来《易传》《中庸》讲了人与自然的和谐，这是受庄子的启迪。

人与社会和谐，固然是人生存和发展的根本，但人与自然和谐相处，同样也是人类赖以生存和发展的根本，二者缺一不可。道理很简单，因为自然（地球、生态圈）是人类的栖身之所、精神家园，如果自然被破坏了，人类怎能生存？

庄子的生态智慧源于他的宇宙观。这种宇宙观认为"天与人一"，人与自然是统一的。并进一步提出"天与人不相胜"的命题，即人与自然不对立。因而对待自然的态度是"与物为春""独与天地精神往来而不傲倪于万物"。自然是人类的朋友，应该平等对待。庄子还视自然为人生快乐之源："山林欤！皋壤欤！使我欣欣然而乐欤！"因为道家"采取诸般途径来探索自然。尝悟之，静观之，合而为一之，质言之，道家的自然观是生之流变观"①。也就是宗白华说的"尝玩它的色相、秩序、节奏、和谐，借以窥见自我的最深心灵的反映"②。

庄子时代的科技虽不及现代发达，但仍能对生态平衡造成破坏。他给我们描绘了一幅怵目惊心的惨景："乱天之经，逆物之情，玄天弗成，解兽之群，而鸟皆夜鸣，灾及草木，祸及止虫。"(《庄子·在宥》)人类的行为打乱了自然界的秩序，背离了万物的本性，自然状态不能保存，使得禽奔兽窜，悲鸟夜鸣，草木不得生长，昆虫无处栖身，万物失去生存的环境。长此以往，必将危及人类的生存。所以庄子告诫世人："圣人处物而不伤物，不伤物者，物亦不能伤。"人类无情地破坏自然，自然会反转来报复人类，使人类受到应有的惩罚。"伤物者，物亦伤之"，这庄子未说的话，倒由后人用行动补写上了。顺带说一句，庄子曾提出"夫物不胜天久矣"的论断，这在以天地主人自居的征服者来说，似乎人类在自然面前矮了半截，而津津乐道于"人定胜天"、"与天斗，与地斗，其乐无穷"的豪言壮语。殊不知人类只能在顺应自然规律的前提下，合理地有限度地利用、改造自然，人类最终是不能战胜自然的。培根说过："为了控制自然必须服从自然。"庄子理想的自然是"阴阳和静，鬼神不扰，四时得节，万物不伤，群生不夭"，即环境没遭破坏、物种不被灭绝、生态平衡的生物圈。美国当代科学人文主义物理学家卡普拉说："在诸伟大传统中，据我看来，道家提供了最深刻而且最完善的生态智慧，它强调在自然的循环过程中，个人和社会的一切现象和潜在两者的基本一致。"③这里的道家就是庄子。另据吴晓玲回忆刘文典先生在西南联大讲到"万物皆种也，以不同形相禅，始卒若环，莫得其伦，是谓天均"的"天均"一词时，用了 Natural Balance，就是现在常讲的"生态平衡"。庄子真可谓人类生态智慧的鼻祖。

---

① 成中英：《论中西哲学精神》，东方出版中心 1991 年版，第 350 页。
② 宗白华：《美学散步》，上海人民出版社 1981 年版，第 57 页。
③ 转引自吕锡琛：《道家与民族性格》，湖南大学出版社 1996 年版，第 15 页。

返 朴 归 真

卢梭认为道德的败坏是由于科学艺术的发展,老庄也认为历史的发展、文明的进步,同样也带来了道德的堕落。于是老子要求"反素抱朴"、"复归于朴"。庄子则呼唤"使天下无失其朴"、"葆真"。"朴"是未经雕琢的树木,代表人类纯朴自然的本性。"真"是"精诚之至",乃人类最可贵的品质。"不精不诚,不能动人。"所以,庄子号召人们"法天贵真,不拘于俗",反对用人为的世俗规范制约人的自然本性,具有强烈的反道德倾向。当然,道家以"任其性"否定普遍规范对人性的制约,有其片面性,因为社会的存在和发展需要一定规范,但它将"贵真"与尊重个性联系起来,显然又有助人性的多样化发展,对于人性的异化,无疑也有某种抑制作用。

老庄"返朴归真"的理想,意在矫正浅薄浮华、巧诈虚伪的颓风,呼吁保持人自然纯朴的本真天性,提倡人与人要以诚相待,真诚无欺,在道德沦丧、世风日下的巧伪社会,无疑可起到矫世厉俗的作用。

返朴归真不仅是最高道德理想,也是最高审美理想。庄子视自然朴素、自然天成为最高的美,"素朴而天下莫能与之争美"、"既雕既琢,复归于朴";还认为美的基本要素是真,没有真就没有美。朴素自然成了中国人的最高审美价值取向和审美追求,它已渗透进中国人的灵魂。陶潜、李白等不用说,就连小说戏剧的艺术形象潜意识里也流淌着老庄的血液,杜丽娘的"我常一生儿爱好是天然",贾宝玉批评稻香村的"人力造作",而极力推崇潇湘馆的真朴自然,"有自然之理,得自然之趣",就是典型实例。

宽 容 精 神

《尚书》最早提出了"有容,德乃大"的命题,首倡宽容精神。继而《论语》有

"宽则得众"、"尊贤而容众"之说。不过它们仅着眼于道德,其目的仍在"外王"之用。而《庄子》则扩展了它的内涵与外延。其《天下》篇的"常宽容于物,不削于人",虽为赞誉关尹、老聃而发,实则具有形而上的普适价值。这与庄子的整个思想是一致的。庄子"兼怀万物",具有广博包容的襟怀。仅就各家学说来说,他认为万物平等,百家思想也是平等的。进而说"百家众技,皆有所长,时有所用",所以对各家学说是非应采取"两行"(郭象注:"莫之偏任。")的公平态度,任其自由发展。此"两行"说切中孔孟儒家独断论和文化专制主义要害,对中国后来容纳并汲取异质文化产生了积极影响。李泽厚认为孔子的"攻乎异端,斯害也已""表现儒学的宽容精神"是不确的。那是他的孔子,不是儒家的孔子,否则无法解释孟子辟杨墨、董仲舒"独尊儒术,罢黜百家"以及韩愈、宋明理学家排佛老这一儒学传统。而庄子"宽容于物"的精神,倒是实实在在地"承认、允许价值多元的世界存在,不干预个体选择的自由和权利",千百年来造就了中国于人、于世、于学"有容乃大"的优良文化传统。

批 判 精 神

庄子既是一位清醒的社会观察者,也是现实的无情批判者。他对现实的揭露和批判是先秦任何思想家都无法望其项背的,也许孟子差可比肩。庄子对古代黑暗现实批判的那些愤激之言,至今读来仍令人激动不已。英国学者李约瑟博士说:"道家不但反对儒家,也同样反对封建制度。"[1]的确,一部《庄子》几乎横扫了专制制度的方方面面。值得注意的是这种批判常与人们的生存和人民的苦难联系在一起,这就使庄子的批判具有深厚的道德基础。他不是只从个人、某个阶级或集团的利益出发,而是从整个人类的立场去进行批判,因而具有普遍价值。

---

[1]　[英]李约瑟:《中国科学技术史》,科学出版社1990年版,第1221页。

庄子的批判除前面提到的反对封建制度的核心——等级制度,统治者以自己的意志制订法度强制人民就范,并用儒墨意识形态"以仁义易其性"使人性异化外,还借徐无鬼的口批判武侯说:"天地之养一也,君独为万乘之主,以苦一国之民,以养耳目口鼻,夫神者不自许也。"意思是说,天地养育万物一视同仁,平等对待,人间没有贵贱之分。你现在身为一国之君,却让老百姓辛苦劳碌来供你享乐。这尖锐地指出了封建统治者利用特权剥削人民成为自己享乐的经济根源这一事实。同时,徐无鬼还指责武侯发动战争"杀人之士民,兼人之土地",统治者的爱民实是"害民之始"。

另外,揭露了儒墨仁义是维护封建统治利益镇压人民的工具。其《在宥》篇写道:

> 今世殊死者相枕也,桁杨者相推也,刑戮者相望也,而儒墨乃始离跂攘臂乎桎梏之间。噫,甚矣哉!其无愧而不知耻也甚矣!吾未知圣知之不为桁杨接槢也,仁义之不为桎梏凿枘也。

"仁义"是加固套在人民身上的脚镣手铐的插销,儒墨是统治者镇压人民的帮凶。另外,值得强调的是对传统价值观念重新评价的精神。《胠箧》说:"天下皆知求其所不知而不知求其所已知者,皆知非其所不善而莫知非其所已善者。""非其所已善"就是尼采的重估一切价值,与西方现代派反传统精神一致。没有对传统价值的批判扬弃,人类就不能前进。批判精神不仅适用于社会,对于科学也同样适用。因为科学基本精神之一就是批判。只有批判才能创新。庄子那充满激情与智慧的批判精神,一直是鼓舞封建社会无数知识分子向黑暗社会开战的精神武器。萧萐父说:"中国历史上的异端思想和批判意识的承担者,有不少是具有道家风骨的隐逸人物。"[①]阮籍在《大人先生传》中说"君立而虐兴,臣设而贼生,坐制礼法,束缚下民",批判锋芒直指最高统治者。鲁迅虽说他曾中

---

① 萧萐父:《道家、隐者、思想异端》,转引自吕锡琛:《道家与民族性格》,湖南大学出版社1996年版,第9页。

庄周之毒，但他那犀利的批判精神，未尝不是受惠于庄子。没有批判精神，也就没有了鲁迅。正因为资本主义接受了马克思的批判，它生存发展了；而社会主义的苏联拒绝批判，注定了它的灭亡。

现在越来越多的人同意鲁迅的说法：中国文化的根柢在道家。读老庄，信然。读马克思，读西方哲学，亦然。作为强势文化的西方文化的价值基础是自由平等（即严复所说"自由为体，民主为用"，点明了"自由在近现代人类社会中终极性的价值地位"），这在老庄中多少可以找到，在孔孟那里却难觅踪影。中国要建立现代文明，就不能离开以道家为根柢的传统文化因子（当然，也要汲取儒家文化因子）。我们要用西方文化（马克思主义也是西方文化）的思想方法来审视、阐释道家思想。例如，马克思说的"真正的自由平等，即共产主义"①。再如，"人的实现了的自然主义和自然界的实现了的人道主义"②是"人同自然界的完成了的本质的统一"③，即人的自然化和自然的人化的统一的和谐思想；还有马克思的异化思想和批判精神等等。附带说一句，马克思主义要在中国文化中立定脚跟，就必须与中国的传统文化首先是与道家结亲才成。

总之，庄子思想是中国传统文化中最有价值、最有活力的基因，具有前瞻性和潜在的理论生长点。我深信在现代生活基础上，自由、平等、民主、人权乃至市场经济原理等观念（例如老庄的"无为"曾作为西方市场经济原理基础）都可在《庄子》中孕育，为中国提供积极的智慧，也许这就是庄子思想的现代价值。

---

① 《马克思恩格斯全集》第 1 卷，人民出版社 1956 年版，第 576 页。
② 《马克思恩格斯全集》第 1 卷，人民出版社 1956 年版，第 576 页。
③ 《马克思恩格斯全集》第 42 卷，人民出版社 1956 年版，第 120 页。

李贽的意义

石鹏飞 *

生前与死后

李贽是"个性"解放的先驱者。

先驱者总是孤独的,李贽亦然,他说:"余之孤单莫可告语也。"(李贽《焚书》)《续焚书》中有《石潭记事四绝》诗,内中一首就书写了李贽孤独的感受:

若为追欢悦世人,空劳皮骨损精神。

年来寂寞从人漫,只有疏狂一老身。

李贽说,若去媚俗阿世,"空劳皮骨损精神",我是不肯的。再寂寞再难堪再有举世之毁,随旁人叽叽喳喳去说这道那吧,"一老身"照"疏"照"狂",我行我素,独来独往。

先驱者孤独,但孤独的先驱者,一旦"筚路蓝缕,以启山林",开拓出一方境界,追随者就会接踵而至。所以,李贽又不孤独。马克思谓:"理论只有彻底,才能说服人。所谓理论的彻底,就是紧紧抓住人本身。"对李贽那一套理论,当时就有人评价"天台(耿定向)重名教,卓吾识真机"。"真机"者,不就是"单刀直

* 石鹏飞(1948—),云南大学中文系教授,著有《老子读》等。本文节选自石鹏飞《思想"怪杰"——李贽》(云南人民出版社 2014 年版)。

入，直指本性"么？不就是"紧紧抓住人本身"的"理论的彻底"么？

李贽生前已经名噪一时，是长达十二年的李耿之争成就了这位弃官、弃家、弃发的"流寓客子"。他与耿定向决裂之后，随即投靠麻城周家。周家是望族，与耿家比毫不逊色。他结交的焦竑、顾养谦、刘东星、梅国桢、马经纶等人，官爵很高，地位不低（焦竑中进士第一，顾养谦是蓟辽总兵，刘东星乃漕运总督，梅国桢为兵部侍郎，马经纶曾为御史），而且他们对李贽颇赏识。像焦竑刊刻李贽的《藏书》，顾养谦邀约李贽去南通州，刘东星捧李贽为"活佛再现"，梅国桢为李贽《藏书》作序，马经纶更是夸赞李贽："卓吾生今之世，宜乎为今之人，乃其心事不与今人同，行径不与今人同，议论不与今人同，著作不与今人同。夫彼既自异于今之人矣，今之人谁不以彼为异为颇？"（马经纶《启当事书》）马经纶是视李贽为"异人"的。李贽晚年依马经纶，去北通州，马经纶专门为李贽建造一座"假年别馆"，还拨出果园菜圃和一块土地，雇人耕种，收入作为李贽客居的资费（李贽《续焚书》）。李贽的友朋焦竑等一干人，并非"酒囊饭袋"的"食禄"之辈，他们看重的是李贽的学问。

李贽的异言卓行，民间更有"教主"之誉。且不说他晚年到南京讲学，东南学子士绅靡然从之；移居通州，燕冀人士无不闻风顶礼，就是在他遭耿定向迫害从麻城流寓武昌时，"楚省士人翕然争拜门墙，高者乐其玄虚，可以略训诂；卑者乐其简便，可以忘拘检……出过市中，群少年唱饮屠室，酣歌彻天，手招赞入，赞不辞，偕群少年畅饮而归"（沈铁《李卓吾传》）。李贽俨然是"追星族"心中的当红之星，拥有众多的粉丝。一般人是这样，连"公安三袁"、临川汤显祖等在文学史上可以"照汗青"的大腕作家，都与李贽友善，从李贽的思想理论中汲取很多的养料，这些在前面，介绍甚详。

万历三十年（1602），李贽入狱自刎而死，著作被禁毁，罪名是"妖人"，可李贽照样名垂天下，"一死而名益传，书益重"（汪本钶语）。当时的记载说："李氏《藏书》《焚书》，人挟一册，以为奇货"；"今焚（书）后，而宏甫（李贽）之传益广。然则此书之焚，其布之有火浣哉"（火浣布，石棉布。火越烧越干净——笔者

注);"卓吾书盛行,咳唾间非卓吾不欢;几案间非卓吾不适。朝廷虽焚之,而士大夫则相与重刻"(转引自鄢烈山等《李贽传》)。真所谓"野火烧不尽,春风吹又生"呀!

顾炎武与李贽,理路不同,顾炎武的民族气节和学术研究方法有值得肯定的地方,但基本思想却是维护"程朱理学",主张"凡文之不关六经之旨,当世之务者,一切不为"、"一命为文人,无足观矣"(顾炎武《与人书》)。故排斥王阳明和李贽,指"心学"如同魏晋玄学一样是亡国之肇始,尤其痛恨李贽,"自古以来,小人之无忌惮而敢于叛圣人者,莫甚于李贽",但也不得不承认"虽奉严旨,而其书流于人间自若也"。又说:"天启五年九月(这离李贽去世已经二十三年),四川御史王雅量疏奉旨李贽诸书荒诞不经,命巡视部门禁毁,不得坊间发卖,仍通行禁止。"可结果呢? 顾炎武叹道:"士大夫多喜其书,至今未灭。"(顾炎武《日知录》卷十八)嗟夫,借用顾炎武的论敌讲"心学"的王阳明的话来说,即"破山中贼易,破心中贼难",顾炎武只有徒唤奈何也!

"手辟鸿濛开混茫"、"死后名多道亦彰",这是明末学者冯元仲凭吊李贽的诗,李贽的死后之"名",甚至还出现在戏剧舞台上,晚明剧作家李玉著有《万里圆》,就在剧中有台词道:"我想李卓吾先生,一代伟人,千秋法眼,那《正藏书》斧钺古今,这《续藏书》揄扬昭代,俱堪不朽。"

接续香火的晚清

由明入请,起初是民族矛盾,后来渐趋淡化,明末开始的个性解放的要求又顽强抬头,清朝的统治者为了获得汉族士大夫的支持,也出于维护纲常伦理的需要,承认儒学的正统地位并自居,还努力开掘儒学中保守的内容,对士人和民众进行奴化熏陶。康熙主持和编写《性理精义》,倡导理学,推崇朱熹乃"开愚蒙而立亿万世一定之规"(康熙《御制朱子全书序》),"欲求毫厘之差,亦未可得"(康熙《圣祖仁皇帝圣训》)。"存天理,灭人欲"的朱熹遂成了清王朝的守护神,对晚明的反理学、鼓吹个性解放社会思潮予以有意识的反驳。

清乾隆年间，李贽著作第三次被禁。

然而，"没有柴时，其火自在"（李贽《永庆答问》），晚明燃起的个性解放之火，还在延续。尽管文网严密，文字狱屡兴，知识分子只能转移精力去玩考据学，"蚌病生珠"，使考据学在乾（隆）嘉（庆）年间达到鼎盛，但也没有完全泯灭知识分子的批判社会和批判人生的良知，如考据学者戴震就指出"酷吏以法杀人，后儒以理杀人，浸浸乎舍法而说理，死矣，更无可救矣"（戴震《与某书》），矛头直指程朱理学。只是考据学者的理性精神没有得到有力的张扬，它对社会生活的积极影响毕竟有限。

说说文学。接续晚明"个性解放"之火的是袁枚（1716—1797）。他生活在雍正、乾隆时代，倡导"性灵说"。"性灵说"乃晚明公安派文学理论的重兴，而李贽就是"公安三袁"的导师。袁枚有的思想直接源于李贽，譬如他说，"好货好色，人之欲也"，圣人的职责就在于人欲得到应有的满足。嘉庆、道光年间，终于出现了杰出的思想家和文学家龚自珍（1792—1841）。龚自珍早年受戴震、段玉裁影响极大，有强烈的自我意识，故倡言："众人之宰，非道非极，其名曰'我'。"（龚自珍《壬癸之际胎观第一》）主宰我的就是"我"，绝非什么"天道"呀"太极"呀这些程朱理学所宣传的玩意儿。龚自珍有诗云："九州生气恃风雷，万马齐喑究可哀。我劝天公重抖擞，不拘一格降人材。"（龚自珍《己亥杂诗》）龚自珍又有诗云："一山突起丘陵妒，万籁无声帝座灵。"（龚自珍《夜坐》）……端的是放言无忌。龚自珍还呼唤"童心"："少年哀乐过于人，歌泣无端字字真。既壮周旋杂痴黠，童心来复梦中身。"（龚自珍《己亥杂诗》）"黄金华发两飘萧，六九（阴阳卦象，指循环的劫数）童心尚未消。叱起海红帘底月，四厢花影怒于潮"（龚自珍《梦中作四绝句》）……这"童心"，不就是来自李贽么？或指出："否认孔子思想权威早就见于李贽，强调个人意志的尊严又重见于龚自珍，这是曲折而连续的过程。"（章培恒等主编《中国文学史》）思想是有链条的。梁启超在《清代学术概论》中写道："光绪间所谓新学家者，人人皆经过崇拜龚氏之一时期，初读《定庵（龚自珍)文集》,若受电然。稍进乃厌其浅薄。"也就是说,李贽、龚自珍等人从本土文化角度为中国社会的变革积累了正能量,而西学的涌进则从普世文化角度为中国社会的变革积累了正能量,两股潮流合拢发力,才诞生了"新学"这一概念。

思想无国界,李贽的影响还远及"东亚文化圈"的日本。就在李贽去世后两个世纪多的日本"明治维新"时期,日本有一位李贽的信徒以后成了英雄,他叫吉田松阴(1829—1858),他"拍案叫绝"于李贽的言论,他欣赏"与仆之心合"的李贽思想,他夸赞李贽为"一世之奇男子",欲步后尘也要做个"狂夫"(吉田松阴《己未存稿》),先是创立"松下村塾"而成为启蒙主义的思想巨星,接着三次入狱,最后慷慨赴义。吉田只活了二十九岁,赴义前的绝笔"血躯纵曝武藏野,白骨犹唱大风歌",堪称是李贽精神的重光。盖吉田有言:"仆去冬以来,死之一字,大可发明,李氏《焚书》之功为多……道尽心安,便是死所。"(吉田松阴《己未存稿》)

历史的车轮滚到了 19 世纪末 20 世纪初,其时,清王朝摇摇欲坠,列强环伺,蚕食鲸吞,导致神州大地求变之议蜂起,那些力图通过反专制来救国图存的仁人志士们重新找到李贽,否定明末清初对李贽的批判,肯定李贽的叛逆思想和启蒙精神。1905 年,邓实在其主编的《国粹学报》上发表李贽给焦竑的一封信和焦竑所作的《李氏焚书序》,刘师培撰写了《后记》。继之,刘师培以"不公仇"为笔名在《天义报》(在日本出版)发表《李卓吾先生学说》一文(1907 年第 2 期)。次年,国学保存会出版李贽的《焚书》,又逾三年,到 1911 年,辛亥革命爆发,清廷推翻,中华民国成立。

"打孔家店"的英雄以李贽"清道"

中国的现代化,历经"器物改革"("洋务运动")、"制度改革"(从"百日维新"到"辛亥革命"),再深入下去就当是"文化改革"了,文化不改,换汤不换药,张勋复辟,袁世凯想当皇帝……百变不离其宗。改革从器物到制度到文化,正是一个由"硬"到"软"的过程。1916 年，"新文化运动"遂起。"新文化运动"以"重新估定一切价值"为口号，掀起了一场有史以来最激烈的中国传统文化批判浪潮，吴虞在 1916 年的《进步》杂志第九卷第三十四期发表《明李卓吾别传》长文。吴虞，四川成都人，曾留学日本三年，受新兴思潮影响，开始"非儒"，回国后因家庭纠纷，被戴上"名教罪人"的恶誉，先被逐出教育界，再有地方咨议局呈请官方予以逮捕，差一点就要"就地正法"。在严酷的切身体验后，吴虞对儒学的质疑进而转变为仇恨，"中国天下所以仅存一治一乱之局者，皆儒教之害也"（《吴虞日记·1911 年 9 月 27 日》）。吴虞由"非儒"而"反儒"，自然想到那位因"非儒"、"反儒"而丢了老命的先驱李贽，写《明李卓吾别传》一文便是"借他人之酒杯，浇自己之块垒"吧。文章以一万余字的篇幅介绍李贽生平及其遭遇，抨击儒教专制对学者的迫害，借古讽今，叹息："卓吾产于专制之国，而弗生于立宪之邦，言论思想不获自由，横死囹圄，见排俗学，不免长夜漫漫之感，然亦只能自悲其身世之不幸而已矣！"

说"新文化运动"肇始于 1916 年，是以陈独秀于该年 9 月 1 日在上海创办《新青年》杂志为标志的。三个月前，袁世凯在"护国"的抗议中死去，可康有为的孔教会，要求"以孔教为大教，编入宪法"（康有为《致总统总理书》），陈独秀立马做出回应，在《新青年》第二卷第二号发表《驳康有为〈致总统总理书〉》，认定"孔教与帝制，有不可离散之因缘"，于是"反孔教"的浪潮汹涌而起。

僻处成都的吴虞在该年底方读到《新青年》杂志，兴奋异常，遂致信陈独秀，倾盖如故，陈与吴便牵起手来。"扬李贽"的吴虞进而"批孔"。

从翌年（1917）2 月起，吴虞连续六期在《新青年》杂志上发表"反儒"文章，其要旨为："孔氏主张尊卑贵贱之阶级制度，由天尊地卑而演为君尊臣卑、父尊子卑、夫尊妇卑、官尊民卑。尊卑既严，贵贱遂别……儒教不革命，儒学不转轮，吾国遂无新思想、新学说，何以造新国民？"（吴虞《儒家主张阶级制度之苦》）短短半年时间，吴虞就与陈独秀以"反孔健将"之名而并驾齐驱。1919 年 11 月，吴虞以《吃人与礼教》一文发表于《新青年》第六卷第六号上。"礼教吃人"说，上接戴震的"酷吏以法杀人,后儒以理杀人",下启鲁迅的《狂人日记》小说。

　　盛名之下,吴虞在 1921 年获聘北京大学教授,马幼渔、马寅初、蒋梦麟、周作人、沈尹默、梁漱溟、顾颉刚等都是吴虞的座上客。同年,亚东图书馆出版《吴虞文录》,初版 3000 册,二版 2000 册,一直加印到第五版,由胡适作序。序中,胡适称赞时年五十岁的吴虞为"中国思想界的清道夫"、"'四川省只手打孔家店'的老英雄"。胡适在序之末尾号召:"正因为二千年吃人的礼教法制都挂着孔丘的招牌,故这块孔丘的招牌——无论是老牌、是冒牌——不能不拿下来,砸碎、烧掉!"

　　"新文化运动"破旧立新,立新是引进了"德先生"、"赛先生"(民主和科学);破旧就是"打孔家店"。打孔家店的人物系列中,顾炎武从负面立论:"自古以来,小人之无忌惮,而敢于叛圣人者,莫甚于李贽。"今人邓秋牧从正面立论:"自王充《问孔》后,二千年来,直斥孔子,实唯先生(李贽)。"(转引自许苏民《李贽评传》)又,"新文化运动"内含"新文学运动","新文学运动"的鼓噪者和参与者之一的周作人曾指出:"今次的文学运动,其根本方向,与明末的文学运动完全相同。"(转引自朱维之《李卓吾与新文学》)周作人之言或许偏仄了一点,但从本土文化的脉络去梳理,李贽与新文学的因缘是剪不断的。

　　"新文化运动",在中国文化史乃至中国思想史上留下了光辉的一页,此中,李贽像个"过河卒子",横冲直撞,厥功甚大。

"空灵"的文化哲学基础

金丹元 *

历来,关于中西艺术及其审美在偏于"表现"与"再现"的问题上的争论,像一个纠缠不清的网络,套住了不少论者。然而,如果把艺术哲学放进文化背景中去考察,那么我们将不难发现偏于"表现"或偏于"再现"等等,仅只是一种抽象化了的表象的分野。我觉得,由于传统文化所造就的民族、种族、文化思想的不同,也由于随之而来的对时空认识的不同,中国人和西方人在艺术表现上的一个更带普遍意义也更为深刻的差别是,中国人把"灵"推向了至尊的地位,西方人则一向是"灵肉"并存,笔者在此所说的"灵",是指一种情感化了的灵魂意识和道德意识,即中国人那"俯仰自得"的生命感。"肉"是指肉体与情欲,体现为灵魂、道德之客观的可感的载体。

众所周知,中国哲学一向讲究全体大用、阴阳变化,可开可合,如《易经》、老庄哲学、阴阳五行思想等等。而这些不同的哲学体系实际上又有一个共同的神经中枢把它们无形中连在了一起,那就是以"天下感应"为最高形式的"和"。如"天地感而万物化生,圣人感人心而天下和平"(咸卦象辞)、"大乐与天地同和"(《乐记》)等等。由于存在着这样一个共同的神经中枢,中国哲学就自然而然地

* 金丹元(1949—),1995—1998 年任教于云南大学中文系,现为上海大学上海电影学院教授,著有《禅意与化境》等。本文发表于《文艺理论研究》1988 年第 6 期。

构造了自己独特的框架——二元成本体。即作为本体的道、易、玄、元、太极等，是由阴阳、有无、道器、形神、心物、理气等相生相克之二元共同构成的。二元相统一，便使本体和谐，充满生气。二元相对峙，本体也就因不和而生变。二元不悖，本体位正，则可产生"大用"的效果，中国的大乐、书法、绘画、中医等等皆出于同理。中国的阴阳等二元，是统一在太极、道（本体）内部的。而西方的二元，往往讲的是两个可以分开的独立的本体。一个是属思想、精神、灵魂一类的本体，一个是物质、存在、肉体一类的本体；如"物质与精神"、"肉体与灵魂"，这两类本体就是两种不同质的"元"，它们间的联系，是一体对一体的联系，可以发生种种关系，也可以单相讨论。而中国的二元，则是相互依存、双相作用，是一个整体中的自我调节，缺一不可。没有"阴"也就谈不上"阳"，自然就无所谓太极或道。所以，心与物、天与人，都是同一体的属性，同时也反映着同一体。这样，"天人合一"思想不仅是中国人的一种审美境界，也是中国文化思想中的宇宙模式。然而，中国传统理性中的神秘主义色彩，仅仅只是一个方面。另一方面是，中国式的理性中往往注入了十分浓重的宗族观念和社会伦理道德观念。作为与之相对的文化，西方传统中往往比较注重对自然体的分析、对逻辑的实际运用。

由于这两方面原因的共同作用，中国人向来对"灵"既特别尊崇又极其敏感，如尊祖意识、宗族意识、伦理观念、群体观念等等。在儒、道、佛以至于墨、阴阳等诸家哲学流派中，虽说"灵"的含义各各有别，但却都有一个"灵"在起作用。"灵"从另一个角度讲，也就是近于哲学上的抽象"本体"的概念。在中国思想史中，"灵"的问题有其非常独特的规律，即各哲学思想流派中之"灵"的本意虽不相同，但"灵"与"灵"之间又时时可相通。在儒、道、释三教合流的传统文化演进过程中，不仅儒道互补与整个封建社会的程序相一致，而且，大谈其"空"的佛教也同样是与社会之兴衰大体合拍的。侯外庐等认为："通过封建的品级联合和等级的再编制过程的折射，我们就可以看出佛学各宗派的兴废盛衰和其阶级根源的对立关系，我们就可以看出，从南北朝到隋、唐，佛学流派的演变与社会发展的中心轴线是接近于平行的。"这也就是为什么佛教,特别是禅宗,到了武周时期必然会成为"在等级在编制之下的一种品级联合的宗教的护法"。实际上,程朱理学在很大程度上也都受到了华严宗和禅宗教义的启示。如《二程语录》中的"冲漠无朕,万象森然已具"(卷二),与佛家的"真空观",所谓"妄尽心澄,万象齐观"之一脉相承;《朱子语类》中认为"理"在"气"中,但"气"须以"理"为本,所谓"有此理便有此气,但理是本"(卷一二)的说法,与佛教中的"理"、"事"并提,但理为"能依",事为"所依",所谓"事无别体,要因真理而得成立"之息息相通;以及禅宗与道家的互相渗透等等,都说明中国各思想流派在"灵"的概念上是可以互相影响,并且也时断时续、时分时合地有着部分的一致性。更何况,历史上往往有造诣的士大夫和艺术家,一般都对名教、老庄或佛学有着较深的理解和体验。由此,中国的艺术也就势必受其影响,而致自然而然地将哲学中的"灵"带进艺术领域,并有意无意地提高它的地位。中国艺术讲究"空灵","空"与"灵"的合一正是哲学上的阴阳、虚实统一在艺术中的反映,无"空"即无"灵",无"灵"即无"空"。但"空灵"二字又重在"灵"上。无"灵"之"空"等于无,无"空"而有其"灵",虽不美不妙,但终究仍有其"灵"。"空"是为表现"灵"的生气、"灵"的回环往复而存在的一种背景、氛围。如书法中的布局、国画中的留空、戏剧中的虚拟、诗歌中的兴起等,首先都是一种手段,一种精神的外化条件;目的是为了表现"灵",表现生生不息的各种传统中有生命力的观念、意识或道理。因此,艺术生命的体现者是"灵",是无限生机的"灵动"。当然,为了表现"灵"又必须"空",不然,仅仅只凭"线的运动"是无法显现"灵"的韵味的,这也就是宗白华先生所说的"虚灵化了,也情致化了"。

中国艺术不管其内容所反映的是什么,都有一个"灵"在合于心的节奏下舞动着,默默地与赏者的思绪联系着。写山水、绘花鸟、描仕女游春、画官宦夜宴、抒离情别绪、唱大江东去,全都是"醉翁之意不在酒",又总有个人生哲理的主旋律在回荡。厉归真画猛虎、黄筌画仙鹤、曹不兴的赤龙图、胡五龄的倒影牛、王希孟之"千里江山"、董源之"宫娥挡门",以及梦休的雪竹、米芾的怪石、曾云巢的草虫、朱月鉴的荷花,无一不是灵自空来,言由象著,萧散秀润,元气浑成。是故,郑板桥画兰、竹才会有"墨点无多泪点多"之切身感触。中国诗歌更是讲究"灵"的飘逸,讲究生命、热情、力度与气象、氛围的浑然一体,所谓"透过鸿濛之理,堪留百代之奇"。那些脍炙人口的千古绝唱,往往寥寥数语便道出丰厚的"灵"的内容。或牢骚满腹或回归田园,或绵绵恋情或无尽怅惘。中国艺术既推"灵"为至尊,势必要减弱"肉"在作品里的地位。中国人对人的评价,向来看重的是气质、风度、人格、教养等,因此,提倡的是精神美、道德美。一个女子倘若只有"天生丽质"、风流袅娜,而无端庄持重、含蓄蕴藉,那就很可能被视作"水性杨花",划入"淫"、"邪"之列。所以,对人体美的赞颂始终是依附于内在美的追求之中的。女性之秀外,必须有慧中作其根基;男子之俊美,必须与才气、修养、品性紧密相关。不然就算不上真正的"郎才女貌",至少不会讨人喜欢,不登大雅之堂。也正因为这样,"安分随时,自云守拙"的薛宝钗才会被封建道德标为群芳之冠,"金玉良缘"也才会有其暗含着的必然性。然而,作为客观存在的肉体,人人皆有,人人皆知,又是无法回避,不能不见不思不写不说的。因此,中国传统艺术里也不可能没有这方面的反映。相反,自古至今的诗文绘画中,不仅有,而且有些描写还十分细腻,十分动人。不过,直至明清浪漫洪流出现之前,传统艺术品在这上面花的笔墨总是相对较少,而又从不肆意渲染,更无关于肉体的赤裸裸的描绘和情欲冲动时的详细的过程叙述;而是采取一种含而不露的,既"香艳"又"高雅"的姿态,对情欲、肉体及其行为做"犹抱琵琶半遮面"式的刻画。也就是说,点到就行,其余则让人自去领会。肉体的美可能是一种诱惑,但"灵"的深厚积淀总是可以将它战胜。

　　明清时,中国艺术作品,尤其是世情小说中出现了比较直接的肉的描写和有关性生活的刻画。如《聊斋志异》、《三言》、《两拍》、《红楼梦》、《花月痕》等作品里,都或多或少地有着这方面的情节和细节刻画。但若与西方的近代小说相比,则依然是理多于欲,"灵"胜于"肉"的。而且,在写到这些情景、场面时,一般还是采用了含蓄的手法。如《聊斋志异·青娥》中,写青娥看上了酣卧在她绣榻上的男子时的情态,既要袒护霍生,又要不失闺秀体面的那种矛盾心理。可见小说之美仍在于包括"理"在内的"灵"的生动,"灵"的感化功能。正因为"灵"是"诚于中,形于外"的,"灵"的表现在作品内涵中居于最高的地位,所以中国传统艺术绝不会同西方或其他东方各国的艺术混同。即便是小说,那些动人的故事、可爱的少女,一看便知是从唐代传奇、宋元话本、明清小说中走来的。每一个人物身上都流转着本民族的血液,每一个故事里都深蕴着中国式的人生,中国式的人情。

论中和之美的哲学基础

张国庆*

中和之美,是中国古代美的创造与欣赏的一大追求目标和重要指导原则。多年来,特别是近年来它引起了学术界越来越浓厚的兴趣,得到了较多的研究。但是,中和之美究竟是什么?它的哲学基础又是什么?……在有关的许多问题乃至某些带根本性的问题上,研究都还似欠深入。笔者以为,要使研究工作深入一步,就不能不先对它的哲学基础做一些专门的考察,而当前研究中的一个突出的不足,正是缺乏这样的考察。因此,本文拟在这方面做点粗浅的尝试工作。

学术界一般认为,中和之美指的是一种内部和谐的温柔敦厚型的特定艺术风格,"温柔敦厚,诗教也"(《礼记·经解》),"发乎情,止乎礼义"(《诗大序》)等,是它的较典型的表述。笔者则认为,古代人们对于中和之美的看法(包括谈到"中和"二字者与未谈到此二字但其言论的实质与此有关者),可大致分为两大类别。一类为上述温柔敦厚型的具体风格,另一类则是以《乐记》为代表的一种普遍的艺术和谐观。《乐记》明确标举"中和之纪",通篇所论,与"温柔敦厚"颇不相同,却同样可称作中和之美。从艺术风格的角度看,"温柔敦厚"属阴柔型

---

* 张国庆(1950—),云南大学文学院教授,著有《〈二十四诗品〉诗歌美学》等。本文发表于《中国哲学史研究》1986 年第 4 期。

风格,而《乐记》则兼尚阴柔与阳刚两大风格类型,它极力主张的是二者并存并通过相互的对立互趋、互渗互生、交流转化而形成的一种艺术风格的和谐。这种艺术和谐,须有内在节制,其"节"是一种能够具体化为种种具体标准(如"礼义",快慢中节,高低适度……)的普遍标准。《乐记》的艺术风格主张,实际上表现为一种富有辩证精神的普遍的艺术和谐观。这是一种在中国古代文艺美学中源远流长、影响深广的艺术和谐观。上述二类中和之美,有一定联系,也存在实质性的差异。"温柔敦厚"虽也有追求适中谐调的倾向,但它最终只能是一种内部和谐的特定风格,显然不能与作为普遍和谐关系、关系结构的中和之美(即以《乐记》为代表的中和之美)等量齐观。

两类中和之美的哲学基础,同样是互有联系,又有一定的质的差别。学术界一般认为,中和之美("温柔敦厚"等)的哲学基础是"儒家的中庸之道"。这并不错,但在笔者看来,这里所谓"儒家的中庸之道",实则只是指的《礼记·中庸》篇首、末二段的"中和"思想。①这一思想,虽有某些"执两用中"与中节适度的思想因素,但主要是一种突出地发挥着孟子天命、性善、反身而诚等思想的天人合一式的宇宙观和人生观。以《乐记》为代表的中和之美,其哲学基础则是先秦的尚中思想、孔子的中庸思想和先秦的尚和思想,以及它们的结合体——"中和"思想,简言之,这一哲学基础主要是一种以"执两用中"为核心的思想原则和一种颇多辩证因素的普遍和谐观。

由上所述,就带来了一些问题,例如首先就会出现这样的问题:在中国美学史上,究竟是存在着一种本质统一而下含两类不尽相同的具体形态的中和之美呢,还是存在着两种本质不同而相互间又有一定联系的中和之美呢?……我认为,若能从哲学到美学,对上述两大类既有联系又有一定质的区别的中和思想进行分别的研究,并进而对它们之间的种种关系进行研究,当会有助于我们对

---

① 冯友兰先生在旧作《中国哲学史》第十四章里,将《中庸》的首、末二段从文体、思想到作者都与其中段做了区别。笔者同意这种区别,认为《中庸》首、末二段不论谁作,都与孟子天命、性善、反身而诚等思想一致,而与孔子"中庸"思想不同;《中庸》中段则是孔子"中庸"思想的某些方面的发挥与理论概括。

中和、中和之美做出更为完整而合理的认识,并可较完满地回答与中和之美有关的种种问题。

由于人们对"温柔敦厚"型的中和之美及它与《中庸》首段的"中和"的关系有过较多的研究,故这里要着重探讨的,只是以《乐记》为代表的中和之美的哲学基础。

一、中、中庸

尚中思想,由来已久。在范文澜同志认为是"无可怀疑的商朝遗文"的《尚书·盘庚》的中篇里,就有对"中"的明确肯定。盘庚在迁都前训导臣民要"各设中于乃心"。这个"中",顾颉刚先生译为"中正",王世舜同志译为"正道"(《尚书译注》),显然是一种值得肯定的美德、一种正确的德行。此外,《尚书》的《立政》、《吕刑》等篇每每褒举"中"、"中正",亦多用为准确、得当的意思。总之,《尚书》里"中"的基本含义,可以在"正确"(准确、得当)上统一起来。在这个意义上使用"中"、崇尚"中",在先秦乃属习见。例如高亨先生在解说《易传》"刚柔得中"的思想时指出:"中则必正,正则必中,中正二名实为一义。《易传》又认为人有正中之道德,而能实践之,则能胜利,故得中为吉利之象。"①既然"中"是正确,那么尚中就是对正确的崇尚追求。这一思想,因其显而易见的合理性而在先秦得到了较为广泛的运用与不断的发展。

正是以尚"中"思想为出发点,孔子进一步提出了怎样去获取"中"的一整套思想原则或方法论原则——中庸。孔子说:"中庸之为德也,其至矣乎! 民鲜久矣。"(《论语·雍也》)此"中庸"何指,孔子未曾明言,后世遂生种种看法。笔者认为,这里的"中",即是前述"正确"之意,它也就是《论语·尧曰》里"允执其中"

---

① 高亨:《周易大传今注》,齐鲁书社 1979 年版,第 14 页。

的"中",杨伯峻先生释之为"最合理而至当不移"①。而"庸"即是"用",所谓"庸,用也"(郑玄《礼记·中庸》注)。"中庸"即是"用中",其完整的表述是"执两用中",意即掌握住事物对立两端并在两端间选取、运用正确之点。例如孔子尚简,却反对"居简行简"的"太简",而主张要"居敬行简"(《论语·雍也》)。不简不行,太简亦不行,须简而允当方可。"居敬行简",就是不简与太简两端间的正确之点。这一思想原则或方法论原则,为孔子所倡导推崇并处处恪守躬行,但却未将之明确归结为"执两用中"。完成这一工作的,是《礼记·中庸》中段,其"执其两端,用其中于民"一语,正是对"中庸"原则的正确概括与阐释。"执两用中",正取诸斯语。

"执两用中"是思想原则、方法论原则。然而,"中"在"两"端间何处呢? 前曾指出"中"是"正确"之意,那么"中"也便是"两"端间的正确之点。既是正确之点,就不必是"两"端间的正中央之点或某一固定之点,依据具体情况的不同和变化,它在两端间的位置是变化着的、移动着的。此种情况下,它可能在两端间的正中央处,如孔子所主张的不退不进、亦退亦进的正确处事态度,就可说是处于"退"与"兼人"两端间的正中央处(《论语·先进》)。彼种情况下,它又可能极大地偏向两端中的某一端,如"见善如不及,见不善如探汤"(《论语·季氏》),在善与不善两端之间,"中"显然靠向一端而远离另一端。那么,怎样才能在复杂而又变化着的情况下很好地"执两用中"呢? 孔子思想及儒家其他一些典籍中有几个范畴,与此密切相关。

先谈"义"。孔子明确主张:"君子之于天下也,无适也,无莫也,义之与比。"(《论语·里仁》)义者,宜也;比者,从也。"义之与比",就是唯义是从。就是说,凡事没有绝对固定的标准或规定,而是应该怎样做就怎样做,怎样做适宜就怎样做。可以说,这是衡量事物是否"中"(正确)的普遍标准,它适用于一切范围。例如对于富贵,孔子并不反对得到它,但又明白表示:"不义而富且贵,于我如浮

---

① 杨伯峻:《论语译注》,中华书局 1980 年版,第 219 页。

云。"(《论语·述而》)孟子的"义"旗似乎举得比孔子还高,他常常谈到"义",如"舍生而取义"(《孟子·告子上》),"大人者……惟义所在"(《孟子·离娄上》)等等,并对"义"做了多方面的探讨。当然,孟子"义"的要义之一,仍然是"宜"。

要追求"中"不仅要有普遍的标准,在具体情况下,还须有具体的标准。否则,遇到具体情况,仍难以确定两端间究竟何处是"中",为什么是"中"。孔子提出过一系列具体标准,如礼、仁、善、贤、信、智、直……这些标准,各有其不同的适应面。这说明:凡事求"中",都须有一个具体的标准,不同事物及其不同侧面均有不同的"中"的具体标准,没有任何一个具体标准能够充当一切事物及其不同侧面是否得"中"的具体标准。

再次要谈到"时中"。时中的要义,在于要求人们在发展变化着的时代、环境和各种关系中去研究并把握住彼时彼地的"中"。它也是执中用中的一条普遍原则,突出地强调着中因时变,因时用中的思想,有较鲜明的历史辩证精神。孔子言"时",并不很自觉,并未将之作为一个哲学概念来使用,如"使民以时"(《论语·学而》)便是,不过,他本人的时中思想是很清楚的。如他说:"麻冕,礼也;今也纯,俭,吾从众。拜下,礼也;今拜乎上,泰也。虽违众,吾从下。"(《论语·子罕》)过去的礼,被今天的人们改变了,改得好,改了的做法在今天看来是正确的,就赞同它;改得不好,改了的做法在今天看来并不正确,而原来的礼倒仍有正确性在,就反对不正确的改变而仍然坚持原来的礼。这里的时中精神,是十分显然的。对于孔子确已具有但又未以理论形式表达出来的这一思想,《礼记·中庸》中段又一次做了明确的概括:"仲尼曰:'君子中庸……君子之中庸也,君子而时中。'"仲尼虽未必真说过"时中"二字,但时中精神本为他所倡导,却是不错的。儒家其他一些思想家和典籍中,也有着突出的时中精神。如孟子称孔子为"圣之时者也"(《孟子·万章下》),又说:"可以仕则仕,可以止则止,可以久则久,可以速则速,孔子也。……乃所愿,则学孔子也。"(《孟子·公孙丑上》)荀子也明确主张"与时屈伸"(《荀子·不苟》)。而在《周易》里这类说法就更为多见,如"日中则昃,月满则食,天地盈虚,与时消息"(《丰卦·彖传》),

"损刚益柔有时,损益盈虚,与时偕行"(《损卦·象传》),"时止则止,时行则行,动静不失其时,其道光明"(《艮卦·象传》),"蒙,亨,以亨行,时中也"(《蒙卦·象传》)……《易传》的这类说法,从自然到社会,研究了有关时中的广泛问题,具有更鲜明的哲学意味。总之,时间、环境、条件变动不居,对象自身也在变,对象与主体的具体关系同样在变,在种种"两"之间的"中"也必因之而变。重要的,不只是看到这一切变动,而是要在这一切变动中对一切要解决的问题都因时因地因具体情况而去"叩其两端",最后达到允执彼时彼地彼种情况下的"中"。这就是儒家的时中观念所要求于人们的。

最后还必须谈到"权"。虽然《尚书·吕刑》就已提到"权"的问题,但真正强调、重视"权"的,首先仍然是孔孟。孔子说:"可与立,未可与权。"(《论语·子罕》)礼主立,知礼之人,犹未必知权,可见权之重要。孟子则予权以更为明确的阐释,他说:"子莫执中,执中为近之,执中无权,犹执一也。所恶执一者,为其贼道也,举一而废百也。"(《孟子·尽心上》)"中"本是一个抽象概念,当它具体化后,就表现为与人相关的万事万物里,在人看来的各各不同的正确之点。所以仅知执"中"还不够,还须知道一时一事之"中"非一切时事之"中",凡遇问题,均须用权衡称量的办法去求取该时该地该事物的"中"。若不能通权达变,固执一时一事之"中"以为一切时事之"中",则势必"举一废百",恰恰不可能执到"中"。例如孟子又说:"嫂溺不援,是豺狼也。男女授受不亲,礼也;嫂溺援之以手者,权也。"(《孟子·离娄上》)在特定情况下,执礼如一,却是豺狼,背礼而行,反能得"中"。可知不同时事有不同的"中",须权而得之。权,显然是权衡称量与通权达变的意思,它既有近于"义"和"时中"的含义,又是对一切事物是否合于"中"的具体衡量判断(过程)。

上述诸因素的有机结合,就构成了"中庸"("执两用中")这一套完整的思想原则、方法论原则。这一原则的主要内容和特征,简言之即是:以对"中"的追求、选取为目标;"中"是对立因素或对立面之间的正确之点、最佳之点,它不是固定的而是变动着的;对"中"的掌握,必以对对立两端因素的掌握为前提。衡量"中"须有一个普遍标准,它就是"义"("义之与比")。凡于具体事物求其"中",都须有一个"中"的具体标准,不同事物或事物的不同方面的"中"的具体标准是不同的。"时中"是掌握"中"的历史辩证原则,"权"是综合上述诸因素进行"中"与不"中"的权衡判断的具体方法和操作过程。

这样一套相当完整的思想原则和方法论原则,不妨称作"正确性原则"。需要顺便指出,成为以《乐记》为代表的中和之美的哲学基础之一的,只是这一原则的主要精神而不是它的全部细节。

二、和

先秦思想家有关"和"的见解很多,约可分为两部分来谈。下面先谈西周和春秋末年具有五行思想的一些思想家对"和"的看法。

"和"是一种和谐状态,最佳状态。州鸠在谈到音乐时说:"声应相保曰和。"①李泽厚、刘纲纪解释说:"各种声互相呼应协和叫做'和'。"(《中国美学史》第1卷,第91页)在同一段话里,州鸠认为五声中宫音最低而洪厚,为主音,羽音高而尖细,为细音,指出"细过其主妨于正"。就是说,在一首乐曲中,如果细音的音响特别是地位的重要性超过了主音,就"妨于正",是不允许的。既承认各种乐音在音乐中的合理存在,又反对对音乐组织中的有序性的破坏,反对喧宾夺主而主张主细得宜。一句话,主细共存,各司其职而又互相协应,组成一种和谐有序的状态,这就是音乐的"和"。州鸠又说:"细大不逾曰平。"这样的"平",亦近于"和"。州鸠所谓的"和",是一种具有普遍意义的和谐状态、最佳状态。在自然界,是"物和则嘉成"(州鸠语);在政事上,是"和平则久,久固则纯,纯明则终,终复则乐,所以成政也"(州鸠语)。和谐状态,被推崇至极。

---

① 本节引用西周和春秋末年思想家们论乐的话,均出自《左传》和《国语》,基本上都可以在吉联抗同志《春秋战国音乐史料》和文化部文学艺术研究院音乐研究所《中国古代乐论选辑》中查到,故不再一一注明出处。

"和"是一系统内各种不同或对立因素间的动态关系或关系结构。晏婴说："和如羹焉,水火醯醢盐梅以烹鱼肉,燀之以薪。宰夫和之,齐之以味,济其不及,以泄其过。"在"五味"构成的烹调系统内,诸因素各从自己原处的位置、状态出发,依一定的标准向一特定的基点流动,互济不及,相泄其过,在基点周围组成一个新的有机统一体。此统一体即是一个和谐的整体,它于前来"加盟"的诸因素,有所取,亦有所不取。晏婴又说:"声亦如味。一气,二体,三类,四物,五声,六律,七音,八风,九歌,以相成也。清浊,小大,短长,疾徐,哀乐,刚柔,迟速,高下,出入,周疏,以相济也。"每一个系统内,有各种不同或对立的要素,正是它们之间的相辅相成,相反相济,融合互渗,构成了和谐的系统本身,构成了一个个活生生的有机统一体。正是在这个意义上,"和实生物"[①](史伯)的说法有着明显的合理性与深刻性:"和"是万物昌盛,生生不已的内在根据。

"和"是系统与系统间的动态的机械的和谐对应关系,对"和"的追求与主体的强烈目的性分不开。州鸠认为,在音乐、自然界、人类社会等不同系统之间,存在一种动态的但却是机械的和谐对应关系。他说:"如是而铸之金,磨之石,系之丝木,越之匏竹,节之鼓而行之,以遂八风(乐"和"——笔者注。下仿此)。于是乎气无滞阴,亦无散阳,阴阳序次,风雨时至,嘉生繁祉(自然界"和"),人民和利(人民之间"和"),物备而乐成,上下不罢(政事"和"),故曰乐正。"这种乐"和"→自然界"和"→人类社会"和"的看法,除了有浓厚的神秘色彩外,机械论的缺陷也很明显。但这种看法也有值得注意之处,它反映着当时人们强烈的要求。人心"和",政事"和",社会"和",从而统治久固,是当时统治者所追求的目的,而自然界"和"则是与这目的密切相关的必要条件。这些方面的"和",在相当程度上也是合乎当时广大人民的要求的。因此人们最为重视的,与其说是音乐本身的"和",毋宁说是音乐的社会效果之"和"。可见,这种看法中仍有某些可取之

---

① 韦昭注史伯"和实生物"云:"和,谓可否相济。"韦氏又注史伯"以他平他谓之和"云:"谓阴阳相生,异味相和。"

处:它看到不同的系统之间存在着内在一致的影响关系,高度重视、肯定并追求着和谐的艺术所产生的和谐(美好)的社会效果。

以孔子为代表的儒家对"和"的看法,是先秦尚"和"思想的又一组成部分。儒家对"和"的看法,与上述西周和春秋末年思想家们的看法既有联系,又有一定的区别。

孔子说:"君子和而不同,小人同而不和。"(《论语·子路》)君子的"和",是在"所见各异"(邢昺)的基础上达到的;小人的"同",则是在"各争利"(邢昺)的同时进行的。"各异"是"和"的前提,无"异"就无"和";然虽"异"而无相互的交流济泄,显然也不能"和"。这里,孔子显然是沿用史伯、晏婴等人的和同观来说明君子与小人的区别。"和"是人际关系,也是"君子"的个体人格。从"和实生物"的角度看,"和"是团结和谐的人际关系得以持久而不易瓦解的内在根据,也是"君子"的个体人格久放异彩的内在根据。《论语·述而》又有这样的记载:"子与人歌而善,必使反之,而后和之。"这里的"和",是人与人之间的情感以音乐为载体而进行的交流互渗。也许,一贯具有浓厚神秘色彩的"和",在这里才第一次在人与人的直接而普通的日常交往中出现,显露出格外亲切的人间情味。

孔子直接谈到"和"的地方不多,但他对于"和"的确有着多方面的深刻见解。由于他的这些见解往往受其"中庸"思想的影响很深,故拟在下一节("中和")中再加以讨论。

在《周易》特别是其中约产生于战国或秦汉之际的《易传》中,尚"和"的思想也很突出,如《乾卦·象传》说:"乾道变化,各正性命。保合大和,乃'利贞'。"高亨先生解释说:"太和非谓四时皆春,乃谓春暖、夏热、秋凉、冬寒,四时之气皆极谐调。不越自然规律,无酷热,无严寒,无烈风,无淫雨,无久旱,无早霜,总之,无特别的自然灾害。天能保合太和之景象,乃能普利万费,乃为天之正道。"(《周易大传今注》)显然,"大和"就是宇宙间最大的和谐。要达到它,一方面要求万事万物(不同或对立的事物及其对立面)在运动中互相联结、交流、渗透、转化。《易传》中这类言论很多，如："一阴一阳之谓道"、"刚柔相摩，八卦相荡"、"刚柔相推而生变化"（《系辞上》），"阴阳合德"（《系辞下》）……另一方面又要求万事万物在这一运动过程中始终保持着自身的内在本质，如《易传》说："乾道变化，各正性命"（《乾卦·彖传》），"刚柔者，立本者也"、"刚柔有体"（《系辞下》）……简言之，宇宙间的最大和谐，正由这各持自身性命之正的万事万物在其不断相参相化的运动中构成。

不难看出，《周易》和谐观与晏婴、孔子等人所论之"和"，存在一个明显的差别。晏孔等人言"和"，始终未离开主体的目的性，特别是政治目的。他们研究"和"，从来都着眼于对象对于主体来说的"和"，而非泛论事物间普遍关系与状态之一般的和谐。"和"是最佳状态，却是对人而言的最佳。进入"和"的因素，就必须是在人看来有某种可取之处的因素；全然不可取之因素，是应当排斥于外的。例如"滞阴"与"散阳"，在州鸠看来就是应当拒入"和"内的。因此他们研究的，首先是对万事万物间好、坏因素的鉴别与弃取，然后才是可取因素间的种种联系、弃取和转化关系以及它们对人来说的最佳状态。或者说，正因为他们首先看到了万事万物间普遍联系、转化的现象，他们才从人的目的性角度出发，亦即以防止好因素向坏因素转化为目的，先去确定万物的好坏与弃取，再去研究可取因素间的关系和状态。他们的"和"，实际上只反映着可取因素间的种种关系与状态。也许可以说，这样的"和"，是一种建基于政治学和伦理学上的哲学，或说是一定程度上哲学化了的政治学和伦理学，而非纯粹的哲学。而《周易》的和谐观，虽然最终也离不开主体的目的性，仍是从于人"利贞"的角度着眼，但它常常又是相当抽象地论述着对立因素（如阴阳）之间的对立、联结、渗透转化运动以及由此而达到的诸种对立、不同因素间的最为普遍、一般的和谐状态或关系结构。显然，《周易》和谐观与晏孔等人"和"的思想息息相通，但是更深刻更抽象了，具有明显的普遍意义。可以说，它是一种相当哲学化了的普遍的和谐观。

从晏婴等人到孔子再到《周易》，"和"的思想经历了一个发展过程。综观众说，可以看出先秦尚"和"思想的主要理论特征在于：以不同的"多"（万事万物）

和对立的"两"（阴阳、刚柔等等）为前提，通过它们互相联结交流，互济互泄，转化生成的运动过程，最终使统一体臻于最佳和谐状态。对和谐与否的判断以及对"和"的崇尚追求，都与人的强烈目的性分不开。不仅要在一个个具体事物（如"声"与"味"）中追求"和"，也不仅要在不同事物（如"乐"与"人"）之间追求"和"，而且要"保合大和"——在宇宙万物之中追求那最为伟大的"和"，亦即最大的和谐关系结构。

这种尚"和"思想的主要精神，是以《乐记》为代表的中和之美的又一哲学基础。

三、中和

由上述可见，"中"、中庸与"和"，有其十分相似之处，也有明显的不同。相似利于相成，不同正好相济，于是二者在发展过程中，渐相结合，终于熔铸出一个新的思想理论范畴——中和。中和首先是一个哲学范畴，但几乎一开始，它就常被运用到艺术（主要是音乐）中来，或者说常以艺术理论的形式表现出来，因此它同时又是一个美学范畴。下面着重论述作为哲学范畴的中和，但有时也会涉足美学领域。

作为思想原则、方法论的"中"、中庸，与作为和谐观的"和"，区别似乎是很大的。但实际上，它们也有十分相似相通之处。二者都与主体及其明确的目的性有密不可分的关系，政治学与广义对策学①的色彩都很浓，辩证思想因素都很突出。二者的理论重点、本质特征原有着相当大的区别，如："中"、中庸紧紧追寻着事物间的正确之点并因此而形成了一整套思想原则、方法论原则，"和"则始终注视着、细致分析着事物间的种种关系，并高标着和谐的关系结构或状态。但即使在这些方面，二者也表现出了明显的互趋倾向。"中"、中庸也不得不研

---

① 对策学本是一种数学方法，亦称"博弈论"。这里借用这一概念并冠以"广义"二字，指的是人在面对一切问题时，总是要设法寻找出最佳点、关系形态和策略，以圆满地解决问题。

究事物间的关系,正是在对关系(种种的"两")研究之后才能判断并选取其间正确之点;"和"也有着对正确追求的本性,和谐本身就是对不和谐(错误)的否定。正由于二者有着这种相似、不同而又互趋的关系,它们的结合,几乎是不可避免的。于是,一个新的思想理论范畴应运而生了。中和的理论最初形成于晏婴等人那里,其表征,是在对"和"的研究中开始引进了"中"的标准。

西周末年史伯论"和","尚未涉及矛盾的转化,尚未涉及矛盾转化的度与中"(于民《春秋前审美观念的发展》,第 169 页)。就是说,史伯所论之"和",尚未体现出中和的真正理论特点。春秋末年,情况发生了很大变化。思想家们论"和",大多都将目光同时投向了那潜藏在"和"里的正确之点,"和"的内在根据与标准。其中最可注意者,首先仍然是前曾列举过的晏婴"和如羹焉"那一段著名论述。其中的"齐之以味"一语告诉我们,这种众味向它看齐的味,正是一种作为标准的味,五味的济泄取舍,正是以它为根据,围绕它来进行的,并因此而形成一个以它为基准的新的和谐统一体。没有这一标准,五味的"和",从过程上看,就只能是盲目的排斥与结合,从所达到的状态看,就只能是混乱无序的关系形态。晏婴又指出:"声亦如味。"音乐系统与烹调系统相似,其内部诸要素的和谐,亦必须有一个标准。从"和如羹"与"声亦如味"可知,晏婴谈烹调、谈音乐都不过是一种比喻或举例,意在说明"和"的本质特征。这表明在晏婴看来,凡诸因素的"和",都须有一个正确的内在标准,正是它的存在,使诸因素间的济泄渗成过程得以正确进行,最终达于和谐佳境。这一看法的普遍意义是显而易见的。这样的"和",可以体现在不同的具体和谐体中,例如体现在烹调系统与音乐系统中,但它永远不等同于任何一个具体的和谐体。

此外,同时代的其他一些思想家还分别论及了"和"的不同方面的具体标准。例如子产提出"礼"来作为包括音乐在内的诸种事物的根本标准;单穆公强调着音乐形式中"度"与"节"的重要性;而州鸠的"细抑大陵不容于耳非和",单穆公的"耳之察和也,在清浊之间……夫乐不过以听耳……若听乐而震……患莫大焉!夫耳目,心之枢机也,故必听和而视正"等说法,更强调着音乐的"和"

是必须要以主体的生理、心理因素和承受能力为直接依据的。

既在一般的意义上认识到凡诸因素之"和"必须有一个正确的内在标准，又在涉及不同方面的"和"时提出了"和"的不少具体标准，这就表明无论是在理论上还是实践上，"中"的要义已在一定程度上渗入了"和"的思想，中和理论的雏形，也就形成了。

中和理论，在孔子那里有了更大的发展。这主要表现在"礼"（"中"的具体标准之一）与"和"的进一步互相渗透上。

《论语·学而》说："礼之用，和为贵。"这里的"和"，是沟通协和的意思。礼的本质，本在于立，在于别异，即在于区别尊卑贵贱，使人按一定的社会地位安身立命而各不相越，使社会各阶层等级之间划然相别而又井然有序。所以"不学礼，无以立"（《论语·季氏》）。然而，当礼之用时，却要以"和"为贵，即以协和社会中不同地位的人们之间的关系并使之达于团结协调为贵。这就体现出强烈的"和"的精神：礼之体在立，但只讲立却并不正确，容易导致整个社会毫无情感的交流与和谐，于是就于其用贵"和"，以"和"来济立之不及（无交流协和）并泄其过（人心离析），以情感的交流融合温暖来弥补理性的疏离异别冷漠。礼之体用立和的关系，正好表现为一种典型的"和"的形式：以立为主，以"和"为辅，相得益彰，缺一不可。这可以写为"立而和"的形式，亦即庞朴同志所谓的"A而B"[①]式。显然，这是"和"的精神渗入了"中"的肌体。后来"礼胜则离"的说法，与此有明显的关系。

"和"固然可补"立"的不足，但若一味讲"和"，又会产生另一种错误——无原则地沆瀣一气，亦即"同而不和"，恰恰失去了真正的"和"。孔子决不允许任何一种正确的倾向越过极限而转化为不正确的东西，于是《学而》篇紧接着指出："知和而和，不以礼节之，亦不可行也。"这可以联系孔子"乐节礼乐"（《论

---

① 庞朴《中庸平议》（《中国社会科学》1980 年第 1 期）一文与《儒家辩证法研究》一书，均概括出儒家中庸（中和）思想的四种典型形式。其中的"A 而 B"式，指 A 主 B 从，相辅而行，缺一不可。

语·季氏》)的说法来看。"乐节礼乐",一方面万事万物均须以礼乐为节,始为乐;另一方面,节制得过了头,同样不好。故礼乐的节制作用本身,它的施行,同样须要加以节制,始为乐。礼立乐和,是礼乐的本质表现,堪用以节万物。礼和乐节,是礼乐互补互节,亦可说是自补自节的表现,堪用以正自身,自身正,当然更可以正万物。显然,以礼节和,正是"中"的要义浸入"和"的骨髓。后来《礼记·中庸》中段"和而不流"的说法,又正是对孔子上述思想的理论性概括。

我们看到,晏婴等人的"中"的观念还较薄弱,与"和"的结合也还不甚紧密,因此他们全力推崇的最佳关系形态,主要还是"和"或说是初步的中和。而在孔子这里,"和"已不再是绝对的好了,走过了头,也会发生质变,因而同样也要加以正确的节制,礼之体用立和,发展与节制,理性与情感,在这里都得到了完整而有机的统一,处于一种新型的关系结构中。孔子所标举的最佳关系形态,正是一种真正意义上的中和。

孔子的中和理论,还通过许多具体方面表现出来。例如他主张"文质彬彬,然后君子"(《论语·雍也》),就是突出的一例。从"中"的角度看,"文质彬彬"正是"两"("文胜质"与"质胜文")之间的正确之点,是"中";而从"和"的角度看,"文质彬彬"又是文与质两要素间的最佳关系形态。"中"与"和",真是难解难分,浑化为一了。又如他曾这样来评论诗歌,"《关雎》,乐而不淫,哀而不伤"(《论语·八佾》)。分开来看,"乐"正而"淫"不中,"哀"正而"伤"不中,应取正而弃不中。合而观之,则既肯定着哀乐之情(及其交流互渗、济泄转化之运动)的正常表现,又反对它们各自超越极限而发生坏的质变(走向"伤"与"淫")。这实际上正是对哀与乐之"中和"关系的肯定。简言之,"文质彬彬"说与"乐而不淫,哀而不伤"说,都是中和思想的典型反映,并且后来都成了中国美学史上影响深远的美学原则。

这样看来,虽然孔子本人并未使用过中和一词,但正是在他这里,"中"与"和"的主要精神实现了前所未有的深刻的互相渗透。可以说,中和理论,至此已基本成熟了。

紧接着，作为"正确性原则"的重要有机构成之一的"时中"，也与"和"发生了明确的结合。例如在《易传》的"保合大和"、"动静不失其时，其道光明"等说法里，就表明着这种结合。在这些说法里，天地宇宙的大和谐，与万物是否各得其"时"之"中"关系密切。云行雨施，品物流形，若都各得其时又得其正，则此大和谐成，反之则此大和谐亡。即是说，万物皆依"时中"精神而动静行止，就能构成此大和谐，否则便不能。显然，"时中"成了统一体内整体和谐的内在调节机制。

虽然中和理论至孔子已基本成熟，但"中和"概念却迟至荀子才正式提出。荀子两言"中和"①而未阐释，仅据其言，难知其确指。但是第一，荀子严责思孟之学，并持"性恶"说，而《中庸》首段之"中和"与孟子天命、性善、反身而诚这样一个思想侧面关系很密切，则荀子之"中和"与《中庸》首段之"中和"不类，明矣。第二，荀子的《乐论》与《礼记·乐记》有不少文字相同，思想也有一定相通之处，且共同标举"中和之纪"。就这几点看，《乐论》的"中和之纪"与本文所论之中和思想不能无干。第三，虽然荀子的学说并非纯粹的孔学，但他自己毕竟是以继承孔子的学说自居，对仲尼、子弓推崇备至的。就《乐论》看，其中的一些礼乐思想就与孔子的礼乐思想明显相通。那么他所谓的"中和"与孔子的中和思想有关，与本文所论的中和思想有关，也是完全可能的。综此三点而论，说荀子的"中和"与本文所论之中和大致属于同一类思想，大约是不错的。这样，已有的大致完整的理论内涵加上新出的理论概念，中和理论进一步成熟完善了。不过从哲学上看，本文所论先秦的中和理论始终存在一个明显的不足或缺陷：似乎没有任何一部典籍曾将其理论内涵与概念进行过较为明确而完整的有机结合，而这就给后世对它的理解带来了极大的困难。顺便提一句，由于存在这种不足，对它进行认真的研究，就成了一件难度较大的工作。本文对它进行初探，疏漏与错误实难幸免，尚盼识者不吝指正。

---

① 《荀子》的《致士》篇与《乐论》篇分别提到过"中和"。

至此,我们当可对中和理论的产生、发展及其理论特征做一个简单的归纳。

中和,由盛行于先秦的尚中思想、孔子中庸思想与先秦尚和思想结合而成。由于中与和之间的相似、不同而又互趋,于是随着二者的产生与发展,中和理论也就产生、发展直至基本成熟了。它在春秋末年晏婴等人处初具雏形,至孔子而基本成熟,经荀子提出理论概念而进一步成熟了。其理论特征主要是:和渗中肌,中入和髓。和是中和的主导方面,它使中和成为一种普遍的和谐观,使中和强调着、肯定着统一体内各种不同的以至相反的因素之间对立联结、互济互泄、转化生成的运动过程,以及由此而形成的各因素间的和谐关系结构,或者说统一体的整体和谐状态。中("正确性原则")是中和的内在精神,它使中和具有坚决追求正确的特性,它要求动态和谐过程必以中为基准来进行,而静态和谐关系结构也必以中为内在根据而构成。由于中、中庸本是儒家的一种辩证法,而和也富含辩证因素,并且中与和二者也处于一种辩证关系之中,所以,中和实际是一种辩证的和谐观。此外,突出地强调主体的目的性并由此出发去看待问题,是中与和的共同特征,对象是否中与和,与对象对于人来说所具有的或正或负的价值密切相关。因此,从中与和的立场出发进行的判断,均可以说是一种价值判断。这样,二者的结合体——中和也因之而带上了价值论的色彩:对象中和与否亦与它对人所具有的正负价值密切相关,取决于主体从自身目的性出发而进行的价值判断。

综上所述,中和是一种以正确性原则为内在精神的、具有辩证色彩和价值论色彩的普遍和谐观。

以先秦尚中思想、孔子中庸思想(正确性原则)的主要精神为其哲学基础的有机构成之一,以先秦尚和思想的主要精神为其哲学基础的另一有机构成,以二者的结合体——中和理论为其完整的哲学基础。正因为这样,以《乐记》为代表的中和之美这样一种普遍的艺术和谐观,遂得以在中国美学史上发生、发展乃至成熟,终于成了汉民族的一种较为广泛而稳固的传统审美观念,成了汉民族审美心理结构的一种重要、稳定而富有积极意义的有机成分。

苏轼朱熹文化人格之比较

张　毅*

苏轼和朱熹是时代造就出来的文化伟人，各自在文学艺术领域与学术思想方面代表了宋代文化的最高成就。将他们相提并论，不仅可以看出当时文人与儒者在生命格调和精神风貌方面的不同，也便于说明他们所创造的行为方式和人格类型对后世的深远影响。

一

与苏轼同时的"二程"在谈到古今学者的不同时说："古之学者一，今之学者三，异端不与焉。一曰文章之学，二曰训诂之学，三曰儒者之学。欲趋道，舍儒者之学不可。"①所谓"文章之学"，相当于我们今天说的"文学"，故文人又可称之为文章家。"训诂之学"指汉、唐以章句注疏为主的儒家传统经学。"儒者之学"特指宋代以后兴起的新儒学，即理学。宋代的儒者主要指理学家而言。

至少在宋代之前，文人与儒者之间并不存在着不可逾越的界限，文人也常以儒者自居。如唐代古文家韩愈积极提倡儒家的"道统"和"文统"，自认为是圣

*　张毅(1957—　　)，1979—1982 年任教于云南大学中文系，现为南开大学文学院教授，著有《宋代文学思想史》等。本文发表于《文学遗产》1995 年第 4 期。

①　《二程集》，中华书局 1981 年版，第 187 页。

人之道的传人。可在宋儒看来,韩愈本质上仍然只是一个文人而非儒者。因为自宋代新儒学兴起之后,文人与儒者在生命情调和文化行为,以至人生追求方面的差别日益明显,甚至到了水火不相容的地步,苏轼与二程之间就存在着尖锐的矛盾冲突。苏门文人多视理学家为迂阔不通人情之腐儒,泥古不化而空谈性理;而二程后学多认为文人是不拘礼节的才俊之士,难免有蔑视权威而犯上作乱之嫌。

我们不能以道学的眼光去看诗人,也不能以文学家的标准去衡量理学家。宋代的文人与儒者虽处于同一种文化结构之中,但并非一类人。他们代表的是两种不同的人格类型,生命的底蕴不一样。

作为宋代文人的杰出代表,苏轼给我们展示的是充满情感力量和潇洒气度的艺术人格,是彻底的文人生命。严格说来,文人生命的本质在于发挥自己的生命格调,扩充情感经验,追求精神自由,以便于在审美创作活动中能充分地驰骋想象,用各种艺术语言表现独特的个性风采。在这些方面苏轼是极为出色的,他在诗、词、文方面的杰出成就人人尽知,不必赘言。即以书画而论,他的书法卓然成家,借笔墨线条写胸中逸气,表达心情、人格和意境。他将诗、书、画三者融为一体,是中国文人画的倡导者。尽管苏轼绘画的真迹已失传,但他说的"诗中有画"和"画中有诗"却是文人画的精髓所在,表明画也有传情写意功能,可以寓空间画面于流动的诗意挥写之中,以简洁的线条勾勒和墨色浓淡超以象外而融入诗心,直接表达文人高雅脱俗的生命体验和感受,形成了中国文人画的写意传统。无论从哪个角度看,苏轼都是中国文化孕育出来的文艺全才。

但苏轼的意义绝不仅止于此。

还在宋代,苏轼的得意门生和知己秦观在《答傅彬老简》中就说:"苏氏之道,最深于性命自得之际。其次则器足以任重,识足以致远。至于议论文章,乃其与世周旋,至粗者也。"(《淮海集》卷三十,四部丛刊本)所谓"最深于性命自得之际",指苏轼的人格风貌和生命精神而言,如坦荡率真的个性、随缘放旷的文心、风流潇洒的气度等,这些才是苏轼之所以为苏轼的根本所在。他的诗、词、文和书画等，不过是这一根本的外在表现形式。所以后世喜爱苏轼作品的人，往往能"披文而入情"，用心灵去体会苏轼性命自得的灵魂奥秘及其生命意义。尽管苏轼的思想里也不乏儒家积极入世的忠义精神，但在生命本质上完全是文人的，以审美活动为存在的最高形式。他把超出经验世界之外的人生价值的思考放在有限的生存世界加以体验，其生命就是诗。人生的痛苦和生命的短暂使他产生如梦般的虚无之感，懂得生活中存在的荒谬及现实社会对人性的压抑，所以要在审美体验中重新建构自得适意的人生经验，用诗人的眼光来看待生活，将平凡的生活做诗意的扩展，以驱除内心的悲凉和空漠，以寻求精神解脱。这就形成了他入世而超世、超世而入世的独立人格，在把生活艺术化了的体验中，肯定生命的感觉存在、本能冲动和情感，以超然的态度享受自我生命的全部激情，以出世的精神做入世的事业。所以无论穷达出处，都能保持主体心灵的适意和空灵，保持人格的一贯和完整，有文人的洒脱，无儒者的迂拙，成为当时和后世中国文人争先效法的榜样。

对于喜爱苏轼的人来说，其个性鲜明的文化性格简直就是一个谜。他命运多蹇，屡遭不幸，"一生忧患，常倍他人"①；可却能謇笑于无心之际，活得很快慰，欣赏自己生命的每一时刻。既执着于生命，又能无所系念、随缘自适，情感生活丰富多彩。这虽有利于文人个性的自由发挥，在审美创作活动中极尽潇洒自得之趣；但若施之于社会生活，则有可能使儒家那一套以名教纲纪维系社会稳定的价值观失去约束力。正是由于看到了这种文人生命格调中潜藏的离经叛道的危险，目光敏锐严正的朱熹才会对苏轼的为人和为学持激烈的批判态度。

二

平心而论，朱熹对苏轼的文学成就还是佩服的。他在《答程允夫》中说："苏

---

① 《南华寺六祖塔功德疏》，《苏轼文集》卷六十二，中华书局 1986 年版。以下简称《文集》，并随文注明卷数。

氏文辞伟丽,近世无匹,若欲作文,自不妨模范。"①其《答巩仲至》又说:"文章正统,在唐及本朝,各不过两三人,其余大率多不满人意。此可为知者道耳。"(《朱文公文集》卷六十四)从朱熹提到的古文家来看,属于他所说的"文章正统"的文人作家,唐代为韩愈和柳宗元,宋代是欧阳修、曾巩和苏轼等。这实际上已提出了一种新的文统观念,隐含着后世所称的唐宋古文八大家之目。朱熹还说:"文字自有一个天生成腔子,古人文字自贴这天生成腔子。""读得韩文熟,便做出韩文底文字;读得苏文熟,便做出苏文底文字,若不曾仔细看,少间却不得用。"②

但是,朱熹对文人的为人和为学表示出极大的不满,他在谈到韩愈、欧阳修、苏轼等古文家时说:"大概皆以文人自立,平时读书做考究古今治乱兴衰底事,要做文章,都不曾向身上做工夫,平日只是吟诗饮酒戏谑度日。"(《语类》卷一三〇)在他看来,文人在日常生活中沉溺于吟诗、饮酒和与人戏谑,都属于"玩物丧志"的表现;儒者守身崇"敬",要"向身上做工夫",是不赞成这一套生活作风的。

宋儒所讲的"做工夫",指"存天理、灭人欲"的道德人格修养而言,其要在于"持敬"和"克己"二端。如程颐主张"涵养须用敬,进学在致知",认为诗文创作易使人胡思乱想,于修身无益,公开声称"作文害道"③。而苏轼对这种舍人情存性理的修身工夫颇不以为然,曾要程颐做人从打破"敬"字起。可"敬"之一字被宋儒视为做工夫的最吃紧处,岂能随便打破。自命为二程道学传人的朱熹在谈到苏轼与程颐的分歧时说:"只看这处,是非曲直自易见。"正是因为他看出苏轼的意思是"只要奋手掉臂,放意肆志,无所不为"(《语类》卷一三〇)。他指责苏门文人漠然不知礼义廉耻为何物,如秦观、李廌之流,皆浮诞轻佻之人,为士类所不耻。

朱熹还对当时流行的义兼佛老的苏氏之学进行文化批判,一连写了几封信

---

① 《晦庵先生朱文公文集》卷四十,四部丛刊本。以下简称《朱文公文集》,并随文注明卷数。
② 《朱子语类》卷一百三十九,中华书局 1986 年版。以下简称《语类》,并随文注明卷数。
③ 参见《二程集》,中华书局 1981 年版,第 239 页。

给喜爱苏轼文章和学问的汪应辰,指出苏氏之学与王安石的王学一样,"皆以佛老为圣人,既不纯乎儒者之学矣"。只是王学支离穿凿,尤无义味,只有假人主利势才能流行。"至若苏氏之言,高者出入有无,而曲成义理;下者陈指利害,而切近人情。其智识才辨,谋为气概,又足以震耀而张皇之,使听者欣然而不知倦,非王氏之比也。然语道学,则迷大本,论事实,则尚权谋。衒浮华,忘本实。贵通达,贱名检。此其害天理,乱人心,妨道术,败风教,亦岂尽出王氏之下也哉!"(《答汪尚书》,《朱文公文集》卷三十)如此说,苏轼当为天理难容的名教罪人了。

就儒者的立场而言,人生的最高追求应是学做圣人贤者,德性的圆满自足是圣贤人格的可靠保证。朱熹早年以诗文知名,胡铨曾把他作为诗人向朝廷举荐。可他膺服二程理学而确立自己的生平学问大旨后,有感于作文害道,放弃了当文章家和诗人的念头,立志做一个读书穷理的醇儒。

他一生的大部分时间以少量的俸禄过着晦居山林的读书生活,聚众讲学,探求圣人之道。其《卜居》诗云:"静有山水乐,而无身世忧。著书俟来哲,补过希前修。"(《朱文公文集》卷四)所谓"静有山水乐",本于孔子在《论语》里说的"知者乐水,仁者乐山;知者动,仁者静"。这是用君子比德的方式,对圣人人格所做的形容。仁者的博爱和仁慈,代表一种完满的道德人格,给人以德高望重之感,像巍峨的山峰一样,将这种做人的德性推衍开来,博施济众,就能像水一样普遍而无私地周济万物,如程颢《仁说》中讲的"仁者浑然与物同体"。于是胸次悠然,直与天地万物上下同流,获得一种超越个人私欲束缚而与天地同德的大乐。这种孔颜乐处,应是一种经过长期持敬存养工夫而达到的德性圆满自足精神境界。朱熹认为,只要寻到了人生的这种乐处,就可以免除身世之忧。根据对儒家内圣之学的这种认识和体会,他著书立说,寄希望于后人;同时,自己也在反求诸己的为学过程中改过迁善,克己复礼。于是乎人欲尽处,天理流行,有希望达到前辈圣贤那种功德圆满的至善境地。

这样一种以希圣成贤为目的的读书穷理的书斋生活,就儒者道德人格的塑造来说,自然是极高明的。如果真能在阅读圣经贤传的过程中,将圣人的思想融化在血液中,落实在行动上,那么对于能识文断字的儒者来说,也不失为一种德性自足的人格追求。朱熹根据儒学传统,把这称作"为己"之学,认为这就像吃饭,是为了自家吃饱肚子,并不是要把饭桌摆在家门口,让别人知道我家有饭。他还主张下学而上达,极高明而道中庸,并把"中庸"的"庸"解释为平常,要人们从日常生活和身边近处做起,事事持敬,时时克己,使自己的一切言行都符合礼仪之邦的礼教规范。

作为人们公认的宋代大儒,朱熹堪称儒者理想人格的楷模。他的学生黄干在《朝奉大夫文华阁侍制赠宝谟阁直学士通议大夫谥文朱先生行状》中说:"其可见之行,则修诸身者。其色庄,其言厉,其行舒而恭,其坐端而直。"(《勉斋集》卷三十六,四库全书本)幅巾方履,整步徐行,事事都表现出庄重严肃的态度。朱熹在为自己的画像所作的《写照铭》里也说:"端尔躬,肃尔容,检于外,一其中。力于始,遂共终。操有要,保无穷。"(《朱文公文集》卷八十五)意思是说自己立身端正,表情严肃,于外应事能随时检点自己,主一无适,心中常存天理。工夫从心地上做起,却能贯彻始终,一直保持做人应有的操守,永不改变。这是他对自己恪守持敬、克己的修身工夫的形象写照。

朱熹的修身工夫很到家,甚至连写字这样的细事末节都注意到了。他认为字能反映出人的品格,其《跋韩魏公与欧阳文忠公帖》说韩琦的字端庄谨重,反映出心胸的安静详密和雍容和豫,不同于王安石那种有跨越古今、开阖宇宙气象的躁扰急迫。在谈到当代的书法家时,他最推崇蔡襄而否定苏、黄等人,认为:"字被苏、黄胡乱写坏了,近见蔡君谟(蔡襄)一帖,字字有法度,如端人正士,方是字。"(《语类》卷一四〇)宋代书法四大家中,苏轼的字学晋人,端庄杂流利,刚健含婀娜,虽有肩耸肉多之病,但具名士风味,极萧散自得之趣。黄庭坚的字劲瘦锐利,米芾的字带豪狂之气,亦能表现出文人的个性风采。唯蔡襄的字虽笔划端直严正,无一处败笔,实则缺乏自己的个性。而朱熹论字独表扬蔡襄,从一个侧面反映出儒者的人格追求带有否定情感、压抑个性的倾向,一切都要符合理的法度和规范,做守道循理的正人君子,表现出与苏轼不同的文化人格和精神范式。

三

由朱熹对苏轼的批判,以及他所倡导的持敬、克己的修身工夫,不难看出文人的生命情调与儒者的道德人格理想之间所存在的尖锐对立。因此,是强调个性的发挥以寻求精神的自由和解放呢?还是克制自我的情感欲望入世苦行?是肯定生命运动形式的多样性,将情感活动视为人性最真切的表示?还是执着于循"天理"而行,以先验的抽象性理为人生的最高价值根源?就是宋及宋以后的中国士人难以回避的问题了。

苏轼说:"某平生无快意事,惟作文章,意之所到,则笔力曲折,无不尽意。自谓世间乐事无逾此矣。"(《春渚纪闻》)之所以如此,在于他那强烈的个性意识和活泼的生命情调,难以在现实的社会政治生活中舒展开来。只有在自由的精神创造活动中才能得到完满的体现。尽情地表现自我,超越自我,在物我合一的无差别的审美境界里求得心灵的慰藉和解脱。

他文学创作的两次高峰都是在仕途失意、生活环境极为艰苦的环境中形成的。在将生活艺术化了的审美创作活动中,他获得了充分展示自己个性和才情的自由,更多地体验到了生活乐趣。如在谪贬黄州之后,苏轼晚年再度被流放到南方荒凉的穷乡僻壤,可其《独觉》诗却说:"瘴雾三年恬不怪,反畏北风生体疹。朝来缩颈似寒鸦,焰火生薪聊一快。红波翻屋春风起,先生默坐春风里。浮空眼缬散云霞,无数心花发桃李。翛然独觉午窗明,欲觉犹闻醉鼾声。回首向来萧瑟处,也无风雨也无晴。"①把谪居瘴疠之乡时生火取暖的日常生活,写得如此富有诗意,如此生意盎然,意趣高远而超凡脱俗。说明人在孤独和艰苦的

---

① 《苏轼诗集》卷四十一,中华书局 1982 年版。以下简称《诗集》,并随文注明卷数。

环境中仍能保持美感，是其精神强大的标志。这样不仅能维护自己人格的完整，保持心灵的自由和适意；也能在现实生活中活得从容洒脱。

这种艺术人格，集中反映了宋代士大夫文人身处忧患之时仍能于审美创作活动中寻求解脱的人生追求。受苏轼影响的苏门文人，大都把展示清旷脱俗的品格作为一种艺术追求，形成了具有某种流派性质的文学群体。故他们的文学作品都是充分个性化的。如黄庭坚诗的瘦硬就有别于苏诗自然成文的神逸；秦观词的婉约清丽，也不同于苏词的旷达豪放。也就是说，有才能的文人作家在具体的审美创作活动中享有抒写自己个性和才情的自由，听任自我心灵的解脱与呈现，不受固定的理念或礼教教条的束缚。

与苏轼在生活中醉心于作文之乐形成鲜明对照的，是朱熹那种视"立德"为人生第一要义而甘于读书之苦的行为方式。在他看来，做人须明理，明理必读书，而且是要读圣贤之书。他在《答石子重》书中说："人之所以为学者，以吾之心未若圣人之心故也。心未能若圣人之心，是以烛理未明，无所准则，高者过，卑者不及，而不自知也。"（《朱文公文集》卷四十二）其《答吴伯丰》又说："近日看得读书别无他法，只是除却自家私意而只逐字逐句，只依圣贤所说，白直晓会，不敢妄乱添一句闲杂言语，则久久自然有得。凡所悟解，一一皆是圣贤真实意思。如其不然，纵使说得宝花乱坠，亦只是自家杜撰见识也。"（《朱文公文集》卷五十二）如此读书，是要改造自己的思想，以符合圣贤之言，来一番脱胎换骨。所以朱熹说读书是件苦事，只有寻到那苦涩处方能有所醒悟。他认为像苏轼一类的聪明人难读书穷理，"盖缘他先自有许多一副当，圣贤意思自是难入"（《语类》卷一三九）。

朱熹的一生基本上是在读书改造思想中度过的。他青少年时期就开始苦读"四书"，直至临死前还在修改《大学章句》里的"诚意"章，总觉得自己的理解和注释还不够贴切。在晚年，他将程颐据孔子《论语》讲克己复礼的"非礼勿视，非礼勿听，非礼勿言，非礼勿动"所作的《四箴》抄录在墙上，作为涵养德性的座右铭。他在《答杨子直》书中说："此箴旧见只是平常说话，近乃觉其旨意之精

密,真所谓一棒一条痕,一掴一掌血者。"(《朱文公文集》卷四十五)

由此可知,儒者的读书穷理并非一般认识论意义上的学习知识,而是一种艰苦的思想改造过程和涵养德性的内圣工夫。故朱熹以居敬持志为读书之本,循序致精为读书之法,要以己心去体验圣人之心,一以圣经贤说为准则。他的这些看法是建立在这样一种先验的理念信条之上的,即圣人之心乃天地之心,天地间只有圣人的思想才是正确的,是万古不变的天理,凝结着对于维系社会纲常伦理秩序和政治稳定至关重要的价值观念;而一般人的想法则出自杂有人欲的私心,难免有错。如有聪明人要自家杜撰见识,只能是离经叛道之言,有百害而无一益。当然,倘若通过读书学习,把思想改造好了,也是可以代圣人立言的,如朱熹自己作《四书集注》那样。这是另外一种意义上的思想改造,即根据读书人所处的时代政治的需要,诠释圣贤著作里的微言大义。但朱熹认为这必须严格地按照圣人的真实意思接着讲,最好是像孔子那样,"述而不作,信而好古"。其事虽述,其功则倍于作矣。

这样一来,读书的士人除了充当圣人思想的实践者和宣传者外,实在没有著书立说的必要,更谈不上根据自己的生活体验随心所欲地写诗作文了。当时登门向朱熹求教,立志苦读圣贤书的士人很多,仅《朱文公文集》里可查到的与朱熹有书信往还的门生就有二百多人,《朱子语类》所列记录朱熹语录的弟子也有九十多家,可这些人里很少有文章或著作流传。往高处说,是他们害怕作文害道,不屑于文章辞艺,能以圣人的不变之理应万变;往低处讲,则是他们已没有了独立思考的习惯,丧失了自由表达自己思想感情的能力。

四

在社会发展的文明进程中,士人承担着文化创造和思想承传的任务,孔子《论语》里讲的"士志于道"和"君子谋道不谋食",构成了中国士人以道自任的传统文化性格。可是,由于宋代的文人与儒者在具体的文化行为方式上存在着分歧,苏轼和朱熹所代表的人格类型的深层思想文化意蕴及其对后世的影响是各不相同的。

尽管苏轼几被朱熹说成是"乱人心,妨道术,败风教"的名教罪人,但苏轼本人并不这么认为。他自幼受的是儒家传统教育,熟读经史,奋厉有当世志,年轻时写的大量史论和奏议,充满了浓厚的儒家正统思想气息。如其应举考试时所作的《刑赏忠厚之至论》,阐述的是儒家仁政治国的理想。直至晚年,苏轼还对提倡儒家"道统"的代表人物韩愈持赞赏态度,说他"文起八代之衰,道济天下之溺"(《潮州韩文公庙碑》,《文集》卷十七)。在《与李公择》书中,苏轼说:"吾侪虽老且穷,而道理贯心肝,忠义填骨髓,真须谈笑于生死之际。若见仆困穷便相于邑,则与不学道大不相远矣。"(《文集》卷五十一)显然还在以儒家的忠义思想自砺。

不过,在涉世更变、经历磨难的仕宦生活中,苏轼的思想和人生态度却发生了重大变化。如他贬谪黄州后,许多官场上的亲朋好友都与他断绝了音信往来,而过去结识的一些释、老方面的方外之交却不远千里寄信来问候,情义之厚,胜过平时。苏轼不由得感叹道:"以此知道德高风,果在世外也。"(《与参寥子书》,《文集》卷六十一)儒者的修身,一入于仕禄之途就难免流于虚假,其品格反不如忘情于宝贵的释老之徒。故苏轼中年之后喜欢引佛、老以说儒,其《思无邪斋铭》用佛语的"本觉必明,无明明觉"来解释孔子《论语》里讲的"思无邪"。《庄子祠堂记》认为庄子对孔子是阳挤阴助,两家思想有互补性。他在《上清储祥宫碑》里说:"道家者流,本出于黄帝、老子。其道以清静无为为宗,以虚明应物为用,以慈俭不争为行,合于《周易》'何思何虑'、《论语》'仁者静寿'之说,如是而已。"(《文集》卷十七)苏轼认为,当时一些著名的文人学者,如欧阳修、范镇、司马光等,他们虽不喜欢佛学,甚至力排释、老,"然其聪明之所照了,德力之所成就,皆佛法也"(《跋刘咸临墓志》,《文集》卷六十六)。在当时形成的以苏轼、苏辙兄弟为代表的"蜀学"中,以释老说儒的色彩尤为明显,《苏氏易传》和《老子解》就是他们融合儒、道、释三家的代表作。所以在苏轼身上,我们才会看到具有社会责任感和历史感的儒家积极入世的精神,与释老庄禅齐生死、轻富贵的出世思想的奇妙结合,形成既入世又出世、既出世又入世的处世态度和文化人格。

反映到文学创作上,苏轼将庄禅的"空"、"静"用于诗人的观物,所谓"欲令诗语妙,无厌空且静,静故了群动,空故纳万境"(《送参寥师》,《诗集》卷十七)。以空灵明觉之心洞悉事物的变化,独立于万物之表,使气骋才,任性逍遥。在心与物游时,深于情而不为情所累,寓意于物而不留意于物,始终保持一种超乎有限的具体事物之上的妙赏能力,澄观一心而腾踔万象。这种诗、禅相通之论,使禅由"本来无一物"的清静空明心境的神秘体验,成为诗人观物的特殊方式,由否定世俗情欲而寻求了无挂碍的人生解脱的禅悦情趣,变为文人作家自由活泼心灵"了群动"和"纳万境"的艺术创造。佛家的禅悟与道家返归自然的逍遥、齐物之旨相结合,不仅能使士人在仕途失意时得到解脱,也契合文人作家在创作中追求个性发挥和精神自由的生命格调。

自苏轼之后,宋代作家在将生活艺术化了的审美活动中,往往以禅喻诗和以禅论诗,将诗道与禅道相提并论。从某种意义上说,作家的诗文作法,常常就是他的活法,是其人格的表现形式。庄禅的适意禅悦和精神自由思想,对于中国文人至关重要,成为他们在社会上为文做人的最终出路。它能使士大夫作家在一定程度上摆脱道德和政治的重负,有一种自然行文的潇洒气度,可以在审美领域以自我为中心,抒写性灵,歌唱感情,充分发挥其任情不羁之个性。

在生命意义的寻求方面,佛家视人生为苦海而求一切解脱的禅悟,道家游心于淡、合气于漠的物我合一的无差别境界,是一种解决人生问题的消极办法,带有追求个体生命适意和精神自由而不愿受名教纲纪束缚的倾向。但在现实的社会生活里,自由总是有限的,个体的个性意识也必须符合群体的道德规范。正是在这一点上,后来以"醇儒"自居的朱熹要对以佛老庄禅为依归的文人生活和文学创作持否定态度。

朱熹早年也曾迷恋于佛学,说:"某也理会得个昭昭灵灵底禅。"(《语类》卷一〇四）可当他发觉释道两家的空无之说安放不下儒家道德济世的实理时,就走上了逃禅归儒之路。他说:"某尝叹息,天下有些英雄人,都被释氏引将去,甚害事。"(《语类》卷一三二)所以他要在儒、释之辨中对苏氏之学进行过激的批判,认为释氏之言虽有与圣贤相似处,但精神意旨完全不同。释氏所要办的事是超然世外的出家之事,学佛者多要忘却是非,心空一切,亦无义理。而信奉圣人之道的儒者要办之事,是入世的齐家治国之事,入世办事须讲理,故要用圣人讲的义理来贯事物、洞古今。万理归于一理,才能义以方外,济世救民。这一理就是"道",亦称为"天理",是一种绝对意义上的人伦社会的价值根源。"道"的尊严,要靠培养士阶层的道德人格的内圣之学来彰显,只有对圣人贤者所讲的"天理"存敬畏之心,克己复礼,提高自己的道德修养水平,方能体道和行道,由"内圣"之学,开出"外王"之道。

这种道德救世的新儒家伦理哲学,是以道德人格的涵养为主要内容的,要贯彻德行优先于知识的原则。所以朱熹反对唐宋古文家的"文以贯道"之说,认为:"这文皆是从道中流出,岂有文反能贯道之理?"他说:"三代圣贤文章,皆从此心写出,文便是道。今东坡之言曰'吾所谓文,必与道俱',则是文自文而道自道,待作文时,旋去讨个道理来入放里面,此是它大病处。"(《语类》卷一三九)朱熹主张文由道出,是为了强调道德人格修养对于作家创作决定性意义。他把读书穷理的心性涵养视为作文的根本,想用文道合一的思想把宋代的儒者之学与古文家的文章之学绾合在一起。

理学家总是想管住文学家。在读书穷理方面,朱熹推崇二程,把他们视为儒家圣人之道的当然传人,是新道统的奠基者;可是在作文方面,他又肯定了欧、苏等人所取得的成就,视为新文统的作家。他说:"文字到欧、曾、苏,道理到二程,方是畅。"(《语类》卷一三九)有要各取所长而合二为一的意思。这对中国封建社会后期士人的精神生活影响极大,从南宋末期开始,随着程朱理学为官方统治者所认可,学宗程、朱而文慕欧、苏,以古文家的方法阐述理学家的义理,有余力而顾及辞章,就成为一般应举士子奉行的读书作文的原则。明、清两代,朱熹所撰的《四书集注》是士人探求圣人之道的必读书,是他们科举考试时代圣人立言的根据;而考试时所用的八股文的起承转合,则是模范唐宋古文八大家的文法,亦即朱熹讲的"天生成腔子"。到了清末民初,则演变为桐城派的"义法"。"五四"新文学运动扫荡桐城妖孽时,是要把程朱理学与唐宋八大家一齐打倒的。

想不到原本精神追求颇有分歧的文学家的作文与理学家的读书穷理,竟在以儒家思想为主导的学术文化传统中整合为一体,以至两者之间文化人格的不同往往被后人所忽略。而指出他们的不同及其对中国文化精神的影响,正是本文的目的。

汉代经学的政治批判性

冯良方 *

一、在道统与政统之间

在中国文化的传统中,道这个概念代表了终极依据和价值。先秦时期"诸子纷纷,则以言道矣",尽管他们对道的理解各不相同,皆"道其所道",但"形而上者谓之道"成为通识。另一方面,中国古代知识分子所坚守的道是从上古礼乐传统中突破而出,百虑归治,嵩目世患,所以关注的大多是社会政治问题、人间秩序、人间正道等等,"不敢舍器而言道","皆自以为至极,而思以其道易天下者也"(章学诚《文史通义·原道中》),道又贯穿在宇宙自然、社会人生之中。

中国文化中长期存在道统与政统的对立。知识分子往往以道的拥有者自居,先秦诸子游走天下,就莫不以道驰说,以期获得君主的采纳。他们坚信道以其合理性,必然取得合法性,于是往往以道为凭藉批评社会政治,抗礼王侯,强调势从道出,亦即用道统对抗政统,以知识对抗权力。儒家作为先秦显学,以道为己任,自觉承担道义是他们最高的追求。孔子说,"士志于道"、"朝闻道,夕死可也"(《论语·里仁》),孟子则坚决反对"枉道而从彼势"(《孟子·滕文公下》),

* 冯良方(1965—),云南大学文学院教授,著有《汉赋与经学》等。本文发表于《孔学研究》第 10 辑(云南人民出版社 2004 年版)。

孔孟所开启的这个传统一直被真正的儒者所继承。

然而,从政统方面来说,君主及其各级官吏掌握着政治、经济、法律、军事等权力,他们不可能轻易屈服于道统。在某种特殊的历史时期,如春秋战国时代,天下大乱,诸侯并争,知识分子有相对自由的环境,诸侯也希望以道统支持政统,一些君主就礼贤代表道统的知识分子,让他们做帝王之师,"不治而议论"。不过,就是在春秋战国时代,道统有时候又不得不迁就政统,甚至服务于政统,否则诸子周游列国的结果只能急急如丧家之犬。

到了大一统的秦代,君权获得了绝对的至尊地位,特别是秦始皇采纳李斯的建议焚书坑儒,宣布"以吏为师",政统完全压倒了道统,道势之间的关系发生了根本性的变化。然而,秦短命而亡,政统并未取得对道统的彻底胜利。于是,如何处理二者之间的关系就成为汉代经学需要解决的根本性问题之一。

在汉代经学看来,六艺之所以为经,不仅是因为六艺是古代的重要典籍,更重要的在于六艺是与圣人孔子相联的包容了道的经典。同样的道理,经学之所以是经学,也不只是一般的注疏和阐释六艺,而是通过六艺与圣人合一从而达到道的境界。汉儒把经释为"径"、"常"、"法",也就是"道"。汉儒虽不如宋儒那样大谈而特谈"道",但实际上对"道"也是很重视的。如董仲舒在表达终极意义时喜欢使用"天"这个词,有时也使用"道",在他的理论中,"天"与"道"互为关联,而且有大致相同的含义:"道之大源出于天,天不变,道亦不变。"(董仲舒《天人三策》)此外,公羊《春秋》所谓"元",《易》所谓"太极",尽管使用的术语有差别,但在表达终极依据和价值的意义上,"天"、"元"、"太极"与"道"都是相通的。

汉代经学是儒学发展的一个特殊阶段,它既改造了先秦儒学,也秉承了先秦儒学的一些特性。自从汉武帝接受董仲舒的建议"罢黜百家,独尊儒术"之后,儒学成了经学、官学,汉儒中的一部分已丧失了以追求"道"为使命的精神。就在汉武帝的时代,齐《诗》学大师辕固生就警告公孙弘:"公孙子,务正学以言,无曲学以阿世!"(《史记·儒林列传》)像公孙弘那样"曲学以阿世"的汉儒大有人在。但是,另一方面,孔子之"道"至少在名义上成了所尊崇的对象,儒学一贯坚持道统而与政统对抗的精神在部分汉儒那里仍在继续,汉代经学依然具有一定的批判性功能。昭帝时公羊学家眭弘说:"先师董仲舒有言,虽有继体守文之君,不害圣人之受命。汉家尧后,有传国之运。汉帝宜谁差天下,求索贤人,禅以帝位,而退自封百里,如殷、周二王后,以承顺天命。"(《汉书·眭弘传》)成帝时,长于京氏《易》的谷永言:"天垂三统,立三正,去五道,开有德,不私一姓,明天下乃天下之天下,非一人之天下也。"(《汉书·谷永传》)这些直言极谏、大胆激烈的言辞,都是坚持道统以对抗政统的表现。至东汉末年,一批儒者以清流之士自居,与执政相对垒,更是人所熟知的以道制势的典范。

二、《春秋》公羊学的政治批判性

在汉代经学之中,今文经学占据主导地位,在今文经学中,《春秋》公羊学则占主导地位,在某种意义上可以说,《春秋》为五经之冠冕,公羊学为《春秋》学之代称,为汉代经学之魁首。公羊学虽大盛于汉代,但其传承则来自先秦。徐彦《公羊传序疏》引戴宏说:"子夏传与公羊高,高传与其子平,平传与其子地,地传与其子敢,敢传与其子寿。至汉景帝时,寿乃共弟子齐人胡毋子都著于竹帛。"徐彦于是得出"公羊高五世相授,至胡毋生乃著竹帛,题其亲师,故曰《公羊传》"的结论。尽管此说是否完全真实尚值得怀疑,但公羊学出自先秦大盛于汉代,阐述孔子作《春秋》之微言大义则基本上是可以肯定的,所以公羊学仍然继承了先秦儒家的政治批判精神。

公羊学的政治批判性可以从孔子为什么作《春秋》见出。公羊家皆认为《春秋》为孔子所作,那么,孔子为何要作《春秋》呢?这个问题对于公羊学具有十分重要的意义。在直接记录孔子言行的《论语》中夫子没有自道作《春秋》的问题,直到战国中期孟子才明言孔子作《春秋》及其意图。他说:

> 王者之迹熄而《诗》亡,《诗》亡然后《春秋》作。晋之《乘》,楚之《梼杌》,鲁之《春秋》,一也。其事则齐桓、晋文,其文则史,孔子曰:"其义则丘窃取

之矣。"(《孟子·离娄下》)

又说：

> 世衰道微，邪说暴行有作。臣弑其君者有之，子弑其父者有之。孔子惧，作《春秋》。《春秋》，天子之事也。是故孔子曰："知我者其惟《春秋》乎！罪我者其惟《春秋》乎！"(《孟子·滕文公下》)

按照孟子的说法，鲁之《春秋》与楚之《梼杌》、晋之《乘》一样，原本都是史书，孔子之作《春秋》不是对鲁《春秋》史事的改写，而是要在"世衰道微，邪行有作"的时代，通过《春秋》确立王道大法，行天子之权，以对乱臣贼子施以诛伐，即用道统整顿政统。

汉代公羊学家同样认为，孔子之作《春秋》并不是为了对鲁《春秋》做史事上的改写，而是借以寄托自己的政治理想和措施。司马迁在回答上大夫壶遂孔子为何而作《春秋》的提问时说：

> 余闻董生曰："周道衰废，孔子为鲁司寇，诸侯害之，大夫雍之。孔子知言之不用，道之不行也，是非二百四十二年之中，以为天下仪表，贬天子，退诸侯，讨大夫，以达王事而已矣。"子曰："我欲载之空言，不如见之于行事之深切著明也。"夫《春秋》，上明三王之道，下辨人事之纪，别嫌疑，明是非，定犹豫，善善恶恶，贤贤贱不肖，存亡国，继绝世，补敝起废，王道之大者也。……《春秋》辩是非，故长于治人。……《春秋》以道义。拨乱世反之正，莫近于《春秋》。《春秋》文成数万，其指数千。万物之散聚皆在《春秋》。
> (《史记·太史公自序》)

这段话非常准确地概括了孔子作《春秋》的目的，那就是：孔子所生活的春秋时代是一个"周道衰微"、"道之不行"的时代，是一个弑君亡国的时代，孔子之作《春秋》是为了拨乱反正，恢复"王道"；孔子虽然是一介布衣，没有王位，却可以"上达王事"，拥有"王道"；孔子作《春秋》的思维方式是借助历史以表达思想，不做单纯的哲理思辨，因为"我欲载之空言，不如见之于行事之深切著明也"；其具体的做法就是"贬天子，退诸侯，讨大夫"，直接针对世俗的统治者；《春秋》语约义丰，文约法明，最具有系统性、哲理性和现实针对性，故言"万物之散聚皆在《春秋》"。总之，汉代公羊家认为孔子所作《春秋》有鲜明的政治批判性，是儒家政治哲学的代表。

这样一种思想学说运用于汉代政治生活中必然产生对现实的批判作用。公羊学所谓的王道，表面上是先王之道，实际上是一种理想的社会形态，在汉儒看来，孔子不仅借《春秋》阐明了王道，而且也是在"为汉制法"。汉承秦制，社会矛盾重重，远非"王道"之世，公羊学继承孔子以来儒学的历史使命意识，必然对汉代的种种不合"王道"的地方加以衡量、指斥、重建。尤其是对于世俗政权中的当权者，公羊学希望对他们进行制约、规范，"贬天子，退诸侯，讨大夫"，而不是无条件地维护、尊崇。从这个意义上说，公羊学确实是一种批判儒学，它是春秋战国时期以来"道统"对抗"政统"的继续。

事实上，《春秋》在汉代确有法典的性质。"《春秋》之道，奉天而法古。是故虽有巧手，弗修规矩，不能正方圆；虽有察耳，不吹六律，不能定五音；虽有知心，不览先王，不能平天下。然则，先王之遗道，亦天下之规矩六律也。"（《春秋繁露·楚庄王》）在汉代，《春秋》的地位非常高，与法律的关系十分密切，援引《春秋》以论事决疑者也最多。例如，汉昭帝的时候有一男子自称为卫太子，满朝官员无人敢断是非，京兆尹隽不疑到来之后就下令把这个假卫太子捆绑起来，他的根据是："昔蒯聩违命出奔，辄拒而不纳，《春秋》是之。卫太子得罪先帝，亡不即死，今来自诣，此罪人也。"昭帝及霍光知道这件事后说："公卿大臣当用经术明于大谊。"（《汉书·隽不疑传》）赵翼《二十二史札记》卷二云：

> 汉初法制未备，每有大事，朝臣得援经义以折衷是非。如张汤为廷尉，每决大狱，欲傅古义，乃请博士弟子治《尚书》《春秋》者，补廷尉史，亭疑奏谳；倪宽为廷尉掾，以古义决疑狱，奏辄报可；张敞为京兆尹，每朝廷大议，敞引古今处便宜，公卿皆服是也。

赵翼所举的例子还有很多，此不备引。且不论以《春秋》断事本身的是非，仅以《春秋》断事为时人所认可，即说明了它在汉人心目中至高无上的地位，说它是一朝之大纲大法,不为过也。

三、董仲舒天人理论的政治批判性

汉代公羊学政治批判性的哲学表现是以董仲舒为代表的天人理论。董仲舒是汉代今文经学的代表人物,以研究《春秋》公羊学而著名,"汉兴至于五世之间,唯董仲舒名为明于《春秋》,其传公羊氏"(《史记·儒林列传》),但他不像一般学者那样对经典作章句注疏,而是发挥公羊奥义,著成了独立的系统的理论著作——《春秋繁露》。董仲舒又并非单单的公羊学家,他的思想十分庞杂,汉代文化不以独创性见长,而以综合性取胜,董仲舒正是这一文化品貌的代表,儒家、道家、阴阳家、墨家、法家、名家等先秦思想均被他纳入自己的体系之中,如果说综合本身也是一种创新的话,那么董仲舒学说的特异之处就在这里。徐复观说:"在董仲舒以前,汉初思想,大概是传承先秦思想的格局,不易举出它作为'汉代思想'的特性。汉代思想的特性,是由董仲舒所塑造的。"[①]这个"汉代思想"的特性,就是以阴阳五行为框架,建立了一个人与自然、社会和宇宙相互关联、影响、同构、反馈的庞大而严密的系统,说明自然界的现象与人类行为之间的因果关系,论证大一统世界存在的合法性和秩序性。董仲舒的这一套理论,后人简明地概括为天人之学。

在董仲舒天人学说中,天是宇宙人间的最高主宰,最高的人格神、上帝或造物主,但天又非单一的人格神,天同地、阴、阳、五行和人共同构成宇宙。这样的宇宙,笼罩天地阴阳,分为四时五行,用数字化的方式整理起来,按照一定的规律互相联系制约,具有"其大无外,其小无内"的特点。这样的宇宙论,具有一定的系统论色彩:天和人构成最为重要的两极,地也可归于天,而阴阳和五行处于二者之间,是沟通天人的枢纽,这正是较为粗略的系统模式构想。同时,董仲舒

---

① 徐复观:《两汉思想史》第 2 卷,华东师范大学出版社 2001 年版,第 182—183 页。

又强调"天地之性人为贵"(董仲舒《天人三策》),"人之超然万物之上,而最为天下贵也。人,下长万物,上参天地"(《春秋繁露·天地阴阳》)。这样,人在天的面前就不是渺小被动的,而是常常居于崇高主动的地位。

对天和人的上述看法,在董仲舒的思想之中当然是重要的,但董仲舒更重视的还在于天人之间的关系。他认为,"身犹天也"、"人副天数"(《春秋繁露·人副天数》),换言之,天为一大宇宙,人就是一小宇宙。他采用基于经验事实的类比联想之法,推导出"气同则会,声比则应"(《春秋繁露·同类相动》)、"天亦有喜怒之气,哀乐之心,与人相副。以类合之,天人一也"(《春秋繁露·阴阳义》)等结论,也就是认为天和人之间因有一定的相似性而可以互相沟通、影响,天人可以合一,甚至天人可以感应。

董仲舒的天人之学对现实政治的批判性至少表现在两个方面。第一,他在君主之上树立了一个天的权威。秦代以来,法家的政治实践使君主的地位过度扩张、无限膨胀,董仲舒却主张"天者,群物之祖也,故遍覆包涵而无所殊,建日月风雨以和之,经阴阳寒暑以成之,故圣人法天而立道"。在这里,天也就是道,是宇宙人间所有秩序和行为的本原与依据,君主必须"法天而立道",遵循天的秩序和品性行事,否则就要遭到天的谴告甚至惩罚,这就是"屈君而伸天"。说它是"神道设教"也罢,说它是"神学唯心主义"也罢,但不可否认,这种理论对君主的绝对权力确有一定的制约力、控制力和批判性。第二,董仲舒主张施行王道政治,以仁为本,任德而不任刑,仍保留了先秦原始儒学以仁政批判暴政,以道德对抗刑法的基本特色。尽管董仲舒的学说杂糅儒、法、道、名、阴阳等数家,但仍以儒家为主,仍属儒家经学,根本原因就在于他仍然保留了仁在其学说中的优先地位,他的贡献是对仁做了阴阳五行化的解释,有了比原始儒学更严密更高级的理论论证。他说:"仁,天心。"(《春秋繁露·俞序》)"仁之美者在于天。天,仁也。""察于天之意,无穷极之仁也。人之受命于天也,取仁于天而仁也。"(《春秋繁露·王道》)天之所以为仁,是由阴阳五行规定的,"天道之大者在阴阳。阳为德,阴为刑;阴主杀而德主生。是故阳常居大夏,而以生育养长为事;

阴常居大冬,而积于空虚不用之处。以此见天之任德而不任刑也"(董仲舒《天人三策》)。"天道之常,一阴一阳。阳者天之德也,阴者天之刑也。……是故天之道,以三时成生,以一时丧死。"(《春秋繁露·阴阳义》)而董仲舒把天与仁、阴阳与刑德等相联系,"都是为了把汉代思想家们所总结出来的秦亡经验,把儒家一贯讲的'仁义',提升和放大到宇宙论层次上来制约绝对君权"①。

汉代经学除公羊学之外,都有程度不同的政治批判性。具体运用于汉代,著名者莫过于"以《禹贡》治河,以《洪范》察变,以《春秋》决狱,以三百五篇当谏书"(皮锡瑞《经学历史·经学昌明时代》)。总之,"《易》著天地阴阳四时五行,故长于变;《礼》经纪人伦,故长于行;《书》记先王之事,故长于政;《诗》记山川溪谷禽兽草木牝牡雌雄,故长于风;《乐》乐所立,故长于和;《春秋》辩是非,故长于治人"(《史记·太史公自序》)。可以说,在汉儒看来《易》、《礼》、《书》、《诗》、《乐》、《春秋》构成了一个具有一定政治批判性的哲学、道德、文学、历史、社会生活法典的颇为完备体系。

---

① 李泽厚:《中国古代思想史论》,人民出版社 1986 年版,第 151 页。

孟子诠释思想再探索

孙兴义　张国庆*

自 20 世纪 80 年代以来,在"构建诠释学中国学派"的呼声中,孟子(前372—前289)的诠释思想吸引了较多的关注,其理论内涵也得到了进一步的开掘。但此种学术探讨大都是在西方诠释学理论的参照下,采用"以西释中"的言说方式来进行,这不可避免地给孟子诠释思想本身带来了一定程度的遮蔽,因而尚有诸多未尽之处。本文在中国传统学术思想背景下,对孟子诠释思想重新进行了解读,着重探讨了这一思想本身所特有的内在品质,特别对构成此一思想的重要两翼"知人论世"和"以意逆志"的内涵进行了新的阐说,更从整体上对其严密的体系性特点进行了深入的分析。

一、孟子诠释思想与其道德哲学的深层联系

孟子的诠释思想与其道德哲学有着极为紧密的深层联系——如果没有其道德哲学所构筑的理论根基和逻辑前提,其诠释思想就会失去其应有的厚重分量和丰富内涵。具体说来,两者之间的深层联系主要体现于两个方面:一是其

---

　　* 孙兴义(1971—),云南大学文学院副教授;张国庆(1950—),云南大学文学院教授,著有《〈二十四诗品〉诗歌美学》等。本文发表于《文艺理论研究》2011年第2期。

道德哲学中由"尽心"以"知性"最终以"知天"的人格修养理论为其"养气"以"知言"最终以"逆志"的诠释思想提供了方法论的支持,二是其普遍人性的观点为其由"己意"而"逆"作者之"志"奠定了坚实的心理学基础和逻辑前提。第一个方面笔者尚未见有人论及,第二个方面张伯伟先生论之甚详。①

先说第一个方面。《孟子·尽心上》中说:"尽其心者,知其性也。知其性,则知天矣。存其心,养其性,所以事天也。"孟子此处说的是如何"知天"的逻辑进程。朱熹(1130—1200)解释说:

> 心者,人之神明,所以具众理而应万事者也。性则心之所具之理,而天又理之所从以出者也。人有是心,莫非全体,然不穷理,则有所蔽而无以尽乎此心之量。故能极其心之全体而无不尽者,必其能穷夫理而无不知者也。既知其理,则其所从出,亦不外是矣。②

朱子明确地指出了"天"所具有的本体论意义——"尽心"的目的,就是为了"知性","知性"其实就是知"心之所具之理",而"理"是出自"天"的。如果我们把"天"视为某种道德本体的话,那么对此本体的"知",其入手处还在于主体的人格修养——"尽心"、"知性"。

孟子"知天"的思想在方法论的意义上深刻地影响了其在读解《诗》时对诗人之"志"进行探求的思路:如果我们把"志"看成是作品的某种"本体"的话,那么对此本体进行探求,也必须首先从探求者的主体人格修养入手,即培养孟子所谓的"浩然之气"(详见后文论说)。这给了我们一个启示:孟子的诠释思想不是某种凭空而来的东西,而是与其道德哲学紧密联系在一起的。或者说,其诠释思想正是其道德哲学在其解读实践中的另一种体现。

再看第二个方面。通常说,孟子思想中有一个突出的特点,就是所谓的推己及人。推己及人的逻辑前提,即是先验地把"善"作为普遍人性的根本规定。

---

① 参见张伯伟:《孟子"以意逆志"说的现代意义》,《中国诗学研究》,辽海出版社 2000 年版。
② 朱熹:《四书章句集注》,中华书局 1983 年版,第 349 页。

这实际上是孟子创造性地将孔子以"仁"释"礼"这一用内在的自觉意识来解释外在的社会规范之思想原则发扬至极端的结果。孟子对孔子这一思想原则的发挥,李泽厚先生有着非常精到的分析:

> 孔子用"仁"释"礼",本来是为了"复礼",然而其结果却使手段高于目的,被孔子所发掘所强调的"仁"——人性心理原则,反而成了更本质的东西,外的血缘("礼")服从于内的心理("仁")……后来孟子把这个潜在命题极大地发展了。①

发展的结果,是使得孟子更加强调所谓的"人性心理原则",且进而把这个原则先验地规定为"善"(即他所谓的"人皆有不忍人之心"),再进一步以"推"、"扩"、"充"等充实之②,从而得出"心之所同然者,何也? 谓理也,义也。圣人先得我心之所同然耳"这样的结论③,并由此而建立其坚实的"知人论世"及"以意逆志"的心理学基础。

孟子建立的这个心理学基础,在后世不断得到了回应,如东汉王充(27—96?)在《论衡·齐世》篇中就说:"夫上世治者圣人也,下世治者亦圣人也。圣人之德,前后不殊,则其治世,古今不异。"南宋陆九渊(1139—1193)把这个意思表述得就更为清楚了:"东海有圣人出焉,此心同也,此理同也;西海有圣人出焉,此心同也,此理同也;南海北海有圣人出焉,此心同也,此理同也;千百世之上有圣人出焉,此心同也,此理同也;千百世之下,有圣人出焉,此心同也,此理同也。"王、陆两人此处虽然谈论的是圣人,但由于"人皆可以为尧舜",所以其中

---

① 李泽厚:《中国古代思想史论·孔子再评价》,《李泽厚十年集》第3卷上,安徽文艺出版社1994年版,第26页。

② 《孟子·梁惠王上》谓:"推恩足以保四海,不推恩无以保妻子。"《孟子·公孙丑上》谓:"凡有四端于我者,知皆扩而充之矣。"

③ 对孟子的论证方式,有学者表示了极大的不满。陈汉生就批评说:"他的好辩风格充斥着令人为难的松散类比、无前提的推论,以及显然是故意的混淆与曲解……中国哲学一成不变地依赖直觉而非推理,完全是源自孟子。"(Hansen Chad: *A Daoist Theory of Chinese Thought*, Oxford: Oxford University Press, 1992, p.153)尽管陈氏把中国哲学重直觉的所谓"罪过"完全归于孟子是不公平的,但他却从现代逻辑学的角度准确地指出了孟子推理中存在的不足之处。

"普遍人性"的意思还是极为清楚的。

孟子这种"普遍人性"的观念是如何影响了其诠释思想呢？这就是所谓的心理解释原则。

> 心理解释要求审美理解的主体走进作品作者个人的精神世界之中，其根本目的是复制作者的原意，即复制作者通过语言文字表达出来的创作意图……心理解释实际上是一种心理转换，即理解者在想象中把自己变为作者，变为处在作者创作艺术本文时的精神状态中，从而获取艺术本文的原意，最终完成理解和解释。[①]

心理转换之所以是可行的，就在于审美理解主体的精神世界与审美创造主体的精神世界具有某种通约性，正是这种通约性保证了理解和解释活动的最终完成。

中国的理论家们从自己理解和解释的切身经历论及了这种"心理解释"的原则。南宋罗大经(1196—1252)《鹤林玉露》卷十五中说："……夫着一能读书之心，横于胸中，则锢滞有我，其心已与古人天渊悬隔矣，何自而得其活法妙用哉！吕东莱解《尚书》云：'《书》者，尧、舜、禹、汤、文、武、周公之精神心术尽寓其中，观《书》者不求心之所在，夫何益！然欲求古人之心，必先求吾心，乃可见古人之心。'此论最好，真读书之法也。"清代浦起龙(1679—1762)《读杜心解》中也有类似的表述："吾读杜十年，索杜于杜，弗得；索杜于百氏诠释之杜，愈益弗得。既乃摄吾之心，印杜之心，吾之心闷闷然而往，杜之心活活然而来，邂逅于无何有之乡，而吾之解出矣。"罗大经引吕东莱所说的"欲求古人之心，必先求吾心，乃可见古人之心"、浦起龙所说的"摄吾之心，印杜之心"就是典型的以"普遍人性"作为前提而以"推"作为方法的解读思想。

中国古代文论中的很多命题，都与中国经学思想有着紧密的联系，孟子道德哲学对其诠释思想的影响就是一个显著的例证。从方法论的层面上说，孟子

---

① 朱立元主编：《现代西方美学史》，上海文艺出版社1997年版，第1025页。

道德哲学中"知天"的逻辑进程和发生顺序内在地影响了其解读《诗》时"逆志"的逻辑路向。从其诠释思想得以展开的根基来看,由于人性之先验的"善"的规定被视为一种普遍人性,与古人"交友"才得以成为可能;又由于古人已往,其作为历史流传物的诗书就成为了"交友"时可以考索的"证据",由此而引申出"颂其诗,读其书"等与诠释相关的理论问题。

二、"知人论世"、"以意逆志"再解读

对孟子诠释思想的探讨,主要集中在"知人论世"和"以意逆志"两个命题的探讨上。这两个命题是孟子诠释思想最为集中的体现和表述。

"知人论世"这一命题原本说的并不是诠释作品的方法,而是"尚友"的方法。《孟子·万章下》中载孟子的话说:

> 一乡之善士斯友一乡之善士,一国之善士斯友一国之善士,天下之善士斯友天下之善士。以友天下之善士为未足,又尚论古之人,颂其诗,读其书,不知其人,可乎? 是以论其世也,是尚友也。

这段话的意思是说,今人欲与古人"交友",途径不外乎是研读其作品、了解其为人、把握其生活之时代的风貌。

孟子"知人论世"思想的独特之处在于,他第一次对孔门教义中极为重视的与"友"共享经验和精神世界所必须进行的"尚友"活动中的诸多因素做出了全面、明确的概括,特别是注意到了"论世"因素在此一过程中的重要性。此前的孔子(前551—前479)早已表述过其"识人"(亦可视为"尚友")的方法,如"听其言而观其行"(《论语·公冶长》)、"视其所以,观其所由,察其所安"(《论语·为政》)等,但孔子所注重的多是识其人个体之行止,尚未把"世"的因素纳入其视野。孟子在这一点上确实比较高明,他注意到了"世"对生活于其中之个体的"塑造"作用——这种"塑造"作用,依笔者看来,主要体现于其对个体之精神世界的"构筑"方面(需提请注意的是,语言是精神世界中一个极为重要的部分),

特别是"世"之普遍的语言风尚(语言共时态的所指意义)对个体使用语词之具体"规则"的制约方面。关于此点,后文有详细论说。

其实,"知人论世"之所以在中国传统诠释思想中占有如此重要的地位,更是后人发挥的结果——把孟子的伦理学转化为诗学,把一种"交友"方法发挥为诠释作品的方法。再加之孟子在中国文化思想史的杰出地位,这一诠释方法也就成为了中国诠释思想中的权威。

这一诠释方法的内涵,在以往的论述中往往是这样被理解的:"知人"就是理解作者的生平遭际、思想状况与文化素养;"论世"就是理解作品得以产生的社会历史背景。合而言之,"知人论世"遂被认定为解释者把握作品"原意"的重要原则和方法。邓新华的看法较有代表性:"(解释者)必须将作品与其产生的社会历史背景以及作者的生平、生活遭际联系起来,从而对作品的思想蕴涵作出正确的理解和解释。"①这样的说法完全没问题,但总感觉过于笼统,未能彰显孟子诠释思想的深刻精微之处。

那么,孟子"知人论世"思想的深刻精微之处在哪里呢? 结合孟子的整个思想系统来看,笔者以为,其深刻性主要体现于两个方面:

第一,"知人论世"的提出,说明孟子已经意识到了诠释活动的"历史性存在"特点,并初步给出了解决由此特点所造成的诠释问题的办法。所谓"历史性存在",指的是任何一个诠释活动总是发生于特定的历史时空中,总是属于传统之长链上的某一特定的环节。对"今天"的诠释者而言,历史流传物及其创造者最初"生活"于其中的那个历史时空已不复存在,由此,"今人"的"在"与"古人"的"不在"之间,不可避免地产生了某种紧张关系。这种紧张关系,用西方诠释学的术语来说,是由"时间距离"(temporal distance)所造成的。那么,该如何把"时间距离"所带来的诠释之"蔽"去除呢?

孟子给出的答案,就是"知人论世"。诚如黄俊杰先生所言:"孟子论述问题

---

① 邓新华:《中国古代诗学解释学研究》,中国社会科学出版社 2008 年版,第 163 页。

时,很注意人的'历史性',他认识到人是一个历史的存在,人的一切思想与行动,都深深地浸润在历史传统之中,而为历史经验所陶冶、所塑造、所积淀,所以孟子讲'知人论世'。"①说到底,诠释活动中的"知人"乃是对历史流传文本之创造主体的理解,"论世"则是为了"重建"文本及其创造者曾经生活于其中的那个时代的"背景"。"知人"和"论世"都是某种为了克服诠释活动中由于"时间距离"所造成的障碍而做出的努力。它们之间构成了这样的逻辑关系:"论世"的目的是为了"知人",而"知人"和"论世"的最终目的,则是为了"知言"。"知人"和"论世"的成功,就在一定程度上保证了"知言"的成功,也就是保证了诠释活动的成功。

哲学诠释学大师伽达默尔(Hans-Georg Gadamer,1900—2002)从更为普遍的意义上论述了人存在的"历史性"问题。他指出:"历史性正是人类存在的基本事实,无论是理解者还是文本,都内在地嵌于历史性之中。真正的理解不是去克服历史的局限,而是承认并正确地对待这一历史性。"在承认人存在的"历史性"特点方面,孟子与伽达默尔的观点是一致的;相异之处在于,孟子把人的"历史性"(以及由此而造成的"时间距离")视为理解的障碍而积极想办法克服之,伽达默尔则视之为理解活动的某种积极因素而否定了试图克服的努力。"时间距离除了能遏制我们对对象的兴趣这一意义外,显然还有另一种意义。它可以使存在于事情里的真正意义充分地显露出来。"②这种差别,正是传统诠释学与哲学诠释学最为根本的一个差别。

第二,孟子"知人论世"思想中更为深刻的地方,要结合其"知言"思想来看,方能见其精微。上文已经提及,孟子注意到了"世"因素对生活于其中之个体的精神世界的"构筑"作用,这个作用的"效果",最终是落实在"语言"上面的。在回答公孙丑"何谓知言"的问题时,孟子这样说:"诐辞知其所蔽,淫辞知其所陷,

---

① 黄俊杰:《孟学诠释史中的一般方法论问题》,《经学今诠初编》,辽宁教育出版社2000年版,第48—49页。

② [德]伽达默尔:《真理与方法》上卷,洪汉鼎译,上海译文出版社1999年版,第383页。

邪辞知其所离,遁辞知其所穷。"(《孟子·公孙丑上》)从不同的言辞中,他能够分辨出其背后所隐而未彰的东西,这隐而未彰的东西所体现的,也正是使用此言之人的某种隐秘的心理。隐秘的东西不可见,可见的就只有"言辞"——言辞成了通向隐秘的一座桥梁。

由此,孟子的"知人"便有了更为深刻的内涵:他所谓的"知人",不仅仅是如过去论者们所普遍理解的那样是对作者的身世、成长环境、思想取向、学识修养等的把握,还有更为重要的一个方面,那就是对作者的用词习惯的把握;其所谓的"论世",也不仅仅是通常所谓的对社会历史背景的把握,更主要的是对当时整个社会语言使用的某种特定风尚的把握。只有落实到"语言"层面上,才能明了《孟子》一书中多个地方对语言使用的强调,也才能揭示出孟子诠释思想的独到之处。

接下来我们再看孟子诠释思想的另一个重要原则——"以意逆志"。对孟子诠释思想的众多讨论,主要就是集中于"以意逆志"上。此一原则在《孟子·万章上》中提出:

> 咸丘蒙曰:"舜之不臣尧,则吾既得闻命矣。《诗》云:'普天之下,莫非王土;率土之滨,莫非王臣。'而舜既为天子矣,敢问瞽瞍之非臣,如何?"
>
> 曰:"是诗也,非是之谓也;劳于王事而不得养父母也。曰:'此莫非王事,我独贤劳也。'故说《诗》者,不以文害辞,不以辞害志。以意逆志,是为得之。"

咸丘蒙据《诗经·小雅·北山》中的诗句提出了舜与其父瞽瞍的君臣关系和父子关系在道义上的矛盾。孟子批评咸丘蒙的理解不正确,进而提出了读《诗》的一般原则和方法:"不以文害辞,不以辞害志。以意逆志,是为得之。"正是此寥寥数语,引发了后世的众多争论。

争论的焦点,主要集中于"文"、"意"、"志"三个关键概念的理解上。先说对"文"之内涵理解的分歧。有的学者(如朱熹)把"文"理解为"文字",而把"辞"理解为"语句",相应地,"不以文害辞"表达的意思是"不可以一字而害一句之义"(《四书章句集注·孟子集注》卷九);有的学者(如李泽厚、刘纲纪)则是把"文"

理解为"诗表达思想感情所使用的各种艺术手段"。"所谓'不以文害辞'的'文'……用我们今天的说法,也就是指诗表达思想感情所使用的各种艺术手段,包括比拟、夸张、隐喻、象征、暗示……等等手法在内。"①这两种意见的侧重点各不相同:前者所关注的,是诠释活动中部分与整体的关系问题——成功的诠释活动是不能以部分妨害整体的("志"就是那个最后的、最高的整体);后者则着眼于作为艺术创造物的"诗"所使用的特殊的表现方法与其所欲传达的真实含义("志")之间的关系问题——善读诗者,须能拨开绚丽的艺术表现手法的"面纱"以见其"真面目"。应该说这两种意见之间并没有对错与高下之分,它们分别正确地指出了成功的诠释活动所必须依持的两个原则,只不过论者从不同的方面加以强调罢了。

对"以意逆志"之"意"的理解也存在着分歧。传统上,"意"一直是被作为一个名词来加以理解的,其含义为"志意"。但20世纪90年代初有论者提出了新解,把"意"视为一个动词,表示"臆度"、"揣测"等意思。②在"意"的归属问题上也有不同意见:有的论者把"意"看作是读者之"意",而有的论者则视之为作者之"意"。③不过,如果联系孟子"普遍心理"的伦理学特色及"推己及人"的思想方法,本文作者倾向于把"意"作为一个名词来看待,其归属当为"读诗人之意"。

对"志"的理解则存在着三种不同的看法:第一种看法是把"志"视为作者的"创作意图",第二种则认为应该是作品所体现出的"思想怀抱",第三种看法则说"志"是文本所记载的"史实"。④尽管对"志"的理解有上述差异,但细思之后我

---

① 李泽厚、刘纲纪:《中国美学史》先秦两汉编,安徽文艺出版社1999年版,第183页。

② 参见赖力行《中国文学批评学》(华中师范大学出版社1991年版)、王先霈《圆形批评论》(华中师范大学出版社1994年版)等著作中的相关论述。

③ 汉人赵岐《孟子注疏》把"意"理解为读者之"意",所谓"意,学者之心意也"。清人吴淇《六朝选诗定论缘起》中则把"意"理解为作者之"意","以意逆志"即"以古人之意求古人之志"。

④ 赵岐《孟子注疏》将"志"理解为"诗人志所欲之事"。显然,"所欲之事"即含有"思想怀抱"之意。陈望衡《中国古典美学史》(湖南教育出版社1998年版)、郭英德《中国古典文学研究史》(中华书局1995年版)则在"志"之本义"记忆"、"记载"的基础上,将"志"理解为《诗经》所记载的史实"、"诗对历史或现实现象的说明"。

们会发现,这三种看法有一共同点:客观性。不管是"创作意图"、"思想怀抱",还是"史实",它们都是独立于读者之外的某种"客体",是某种需要阅读主体努力去找寻的"东西"。这实际上是说,三种看法都暗中认可了孟子的这一思想:"志"构成了作品客观不变之意义;用正确的方法(下文第三个部分将加以深入阐释),再通过努力,此一意义是可以探寻得到的;获得此意义,正是诠释活动的最终目的。

尽管在细部的理解上存在上述分歧,但对此一诠释原则总体的价值,论者几乎是一致高度赞扬的。如张伯伟就认为,"以意逆志"法与受学术传统影响的"推源溯流"法、受庄禅思想影响的"意象批评"法一起,构成了中国诗歌批评方法的"独特的内在体系"。①

三、孟子建构的完整的诠释体系

清代焦循(1763—1820)首先注意到了"知人论世"与"以意逆志"两个不同命题之间的内在联系:"夫不论其世,欲知其人,不得也。不知其人,欲知其志,亦不得也……故必论世知人,而后逆志之说可用之。"王国维(1877—1927)也有类似的看法:

> 善哉,孟子之言诗也!……顾意逆在我,志在古人,果何修而能使我之所意,不失古人之志乎? 此其术,孟子亦言之曰:"诵其诗,读其书,不知其人可乎? 是以论其世也。"是故由其世以知其人,由其人以逆其志,则古诗虽有不能解者寡矣。②

他们两人的看法有一共同之处:都把"论世"视为"知人"的基础,把"知人"又视为"逆志"的前提。

焦循和王国维的解读,把两个一向被视为独立的命题整合在了一起,从而

---

① 张伯伟:《我与中国诗学研究》,《中国诗学研究》,辽海出版社 2000 年版。
② 王国维:《玉溪生诗年谱会笺序》,郭绍虞主编《中国历代文论选》第 1 册,上海古籍出版社 2001 年版,第 38 页。

揭示出了孟子诠释思想的内在逻辑:"论世"→"知人"→"逆志"。"论世"所论的是"世界"因素,"知人"所知的"作者"因素,"逆志"则关涉"作者"和"作品"两个因素。这个观点对我们把握孟子诠释思想的系统性具有极大的启发意义。

不过,他们的论断尽管极具启发意义,但还是不完整的。依笔者看来,焦氏与王氏所做整合的未尽之处在于:他们都没有把孟子极为重视的"浩然之气"的主体人格条件纳入讨论。"浩然之气"的主体人格条件在孟子诠释思想中的重要作用,是通过以下路径发挥出来的:诠释主体只有具备"浩然之气"这一条件,才能更好地来"论世"、"知人"及"逆志"。由此,孟子诠释思想最终可整合为如下逻辑顺序:"养气"→"论世"→"知人"→"逆志"。

所以,孟子的诠释思想其实是有着严密的系统性的,他所提出的一整套诠释原则和方法,其最终目的都是为了来保证对作品"固有"之意义的正确获取。他的诠释思想又是极为深刻的,对建构具有中国特色的诠释学体系来说,极具启发意义。

首先,为了对作品之"原意"亦即隐藏语词背后的作者之深意("志")有深入的洞察和体悟,孟子从诠释者人格修养的角度提出了很高的要求,即要求诠释者具备所谓的"浩然之气"。《孟子·公孙丑上》有这样一段治孟学者耳熟能详的话:

> "敢问夫子恶乎长?"曰:"我知言,我善养吾浩然之气。""敢问何谓浩然之气?"曰:"难言也! 其为气也,至大至刚,以直养而无害,则塞于天地之间。其为气也,配义以道;无是,馁也。是集义所生者,非义袭而取之也。行有不慊于心,则馁也。"

显然,"浩然之气"是一个伦理学的概念,但此处又可视之为诠释者主体人格修养之重要一极,这正是孟子道德哲学与其诗学(诠释思想)紧密相联的体现。

"养气"是孟子诠释思想体系中最为基础的一个部分,我们只要仔细考察一下作品的创作过程和接受过程,就会意识到这一点:从诗人的创作过程来看,其逻辑进程是:"养气"→"炼志"→(语言能力)→"发言成诗"→"寄作诗之志"。从读者的接受过程来看,其逻辑进程则为:"养气"→"炼意"→(语言能力)→"知诗之言"→"得诗(人)之志"。可见,无论从作者的角度还是读者的角度来看,"养气"都是其中最为基础的一个部分。不过,"养气"说在孟子诠释思想体系中的地位,长期是被忽略的,即使偶有论及,其重要性也未得到足够的重视。

"养气"说在诠释活动中的重要性,也要从诗人和读者两方面来看。对诗人而言,"气"之品质的高下(连同其"发言"技巧的高下),决定了其寄寓在诗作中"志"之品质的高下。"盖文章之与事业,大抵皆气之所为。气得其养,则发而为言,言而成文为声者,皆充然而有余。"①对接受者而言,"气"之品质的高下(连同其"知言"能力的高下),决定了其阅读质量的优劣——也就是说,诠释者的道德修养和人格境界越高,其对文本背后所蕴藏的作者之"志"的领会也就会越深,也就更能避免对作者之"志"的误解。这又是孟子道德哲学对其诠释思想产生重要影响的一个例证。

其次,孟子充分注意到了语言文字在获取作品"原意"过程中的作用,这就是他提出的"不以文害辞,不以辞害志"。语言文字作为构成作品这一"意义大厦"的根本要素,它的被误读将导致整个"意义大厦"的坍塌,遑论对所谓"原意"的获取!

孟子以否定方式提出的此一观点,在后于其七八百年的大理论家刘勰(465—522)那里以肯定的方式得到了呼应:"夫子文章,可得而闻,则圣人之情,见乎文辞矣。"(《文心雕龙·征圣》)刘勰的意思是说,圣人虽已往矣("百龄影徂"),但其"文章"却作为历史流传物遗留了下来,后人通过"文辞"是能获得"圣人之情"的,"文辞"成为了通向"圣人之情"的重要通道。金人王若虚(1174—1243)又对刘勰的思想进一步做了补充:

> 圣人之意,或不尽于言,亦不外乎言也。不尽于言,而执其言以求之,宜其失之不及也。不外乎言,而离其言以求之,宜其伤于太过也。②

在王氏看来,不管"言"能否曲尽"圣人之意",它作为获取"圣人之意"桥梁的地

---

① 李东阳:《黎文僖公集序》,《怀麓堂集》卷六十四。
② 王若虚:《论语辨惑自序》,《滹南集》卷三。

位都不会改变,诠释者所需注意的,只是对"言"进行诠释时所要把握的"度"——既不能"执"("执"则有忽略"言外之意"的危险),也不能"离"("离"则容易犯"过度诠释"的毛病),不"执"不"离",所求之"意"也就无处逃遁了。

其实,此一观点在我们上文用过的逻辑进程图中已有明确的提示。在诗人创作逻辑进程["养气"→"炼志"→(语言能力)→"发言成诗"→"寄作诗之志"]中,"语言能力"处于由无形的"志"通向有形的"文"的关键环节;在读者接受逻辑进程["养气"→"炼意"→(语言能力)→"知诗之言"→"得诗(人)之志"]中,"语言能力"也是作为解读作品的前提而出现的。

根据阅读经验,我们对此都有着深切的体会:要想正确把握作品所谓的"原意"(假设这个"原意"是存在的),如果不具备必要的语言知识和一定的文学素养,那就根本无法阅读作品,更不要说理解作品以获取"原意"了。在这个问题上,张伯伟先生的观点似可稍作商榷。在《孟子"以意逆志"说的现代意义》一文中张伯伟先生表达了这样的看法:"孟子提出'不以文害辞,不以辞害志。以意逆志,是为得之'(《孟子·万章上》)。他重视的是'志',而不是'辞';是'心'而不是'言'。"果真是这样吗?只要我们把孟子的话作为一个整体来综合地加以体会,我们是不难发现孟子对诠释活动中的"辞"和"言"所起作用的高度重视的。

表面看来,孟子确实是把论述的落脚点放在了"志"上,但我们却不能因此而得出孟子不重视"辞"和"言"的结论。在孟子的诠释思想系统中,"辞"和"言"是作品的基础和躯壳(没有"辞"和"言"的文本是无法想象的),是"志"得以表达的中介和手段(相似于《文心雕龙·原道》中所谓"圣因文而明道"之"文")。美国当代著名文学理论家 E.D. 赫施在其《解释的有效性》中说:"一切本文所传导的含义在某种程度上都是与语言相关的,而且没有一件本文的含义会超出可能具有的含义和离开对语言的支配。本文的含义正是在语言中得到表达的。"[①]孟

---

① 转引自张胜冰:《诗性与理性——中西文学批评理论的本体精神透视》,云南教育出版社 1998 年版,第 140 页。

子对"辞"和"言"的重要性显然有着深入的认识,所以他才会首先对"文"、"辞"的理解特别加以强调和要求,以保证对"志"的正确获取。正如清人戴震(1724—1777)所言:"经之至者道也,所以明道者其词也,所以成词者字也,由字以通其词,由词以通其道,必有渐。"①

在"文"、"辞"、"志"三者的关系问题上,我们不能说谁比谁更重要,谁比谁更应该受到重视,因为三者确乎是浑然一体不可分割的。之所以会有"志"高于"文"、"辞"的印象,大概是我们阅读实践中"得意忘言"的心理定势所造成的吧。

此处要对"诠释的循环"这一诠释学中的重要命题稍加讨论。所谓"诠释的循环",通常指的是被诠释对象的整体与部分在诠释活动中的互动关系——要想理解整体,必须理解其组成部分;而对组成部分的理解又要与对整体的把握联系起来进行。在孟子的诠释思想体系中,尽管他对此一互动关系并没有做出明确的表达,但依朱熹对其"不以文害辞,不以辞害志"内涵的理解("不可以一字而害一句之义,不可以一句而害设辞之志"),那孟子至少是注意到了诠释活动中整体与部分之间的关系问题的,只不过他走的是"单向路线",仅论及了由部分到整体的诠释路向("文"→"辞"→"志"),而未再由整体返回部分("志"→"辞"→"文"),更没有整体与部分之间的互动("文"↔"辞"↔"志")。不过,我们又怎能苛责生活于两千多年前的孟老夫子呢?

孟子留下的这一"缺憾",钱锺书先生(1910—1998)为其做了"弥补"。钱先生在论及清代朴学的学术特点时,较早从中华文化本位的立场明确指出了这一所谓"阐释的循环"问题:

> 乾嘉"朴学"教人,必知字之诂,而后识句之义,识句之义,而后通全篇之义,进而窥全书之指。虽然,是特一边耳,亦只初桄耳。复须解全篇之义乃至全书之指("志"),庶得以定某句之意("词"),解全句之意,庶得以定某字之诂("字");或并须晓会作者立言之崇尚、当时流行之文风,以及修词异

---

① 戴震:《与是仲明论学书》,《戴震文集》卷九,赵玉新点校,中华书局1980年版,第139页。

> 宜之著述体裁，方概知全篇或全书之指归。积小以明大，而又举大以贯小；推末以至本，而又探本以穷末；交互往复，庶几乎义解圆足而免于偏枯，所谓"阐释之循环"（Der Hermeneutische Zirkel）者是矣。①

在这样的循环中，诠释活动最终获得了成功，循环也随之消失。处于这一过程中的"文"、"辞"、"志"三者之间，确乎是你中有我、我中有你，是很难按重要程度把它们排一个座次表的。

最后，除对诠释主体之"浩然之气"和语言文字能力的高度重视外，孟子还从"知人论世"的角度对其诠释体系做了进一步的补充。如上文所言，如果我们把"知人论世"不仅仅理解为对诠释对象的生平遭际及其生活于其中的社会历史背景的了解，而同时也把它看作是对人们语言使用的某种特定限制的分析而提出的观点的话，那么对孟子为保证"原意"的获得而做的努力，我们将获得一个全新的观照角度。

语言作为一种特殊的符号，其能指和所指的关系十分复杂（诗歌语言中体现得极为充分）。这种复杂性给试图获取作品"原意"的活动设置了障碍，增添了难度。不过，当语言初次履行其事物的命名功能时，其能指和所指是统一的，也就是说，在某一特定的阶段上，语言总有其恒定的意义，不管它在历史过程中发生了什么样的流变和转移，那个最初的、恒定的意义我们总是可以找到的（通过科学的训诂方法），因为语言也是先行地被规定了的。

针对使用语言的个体来说，差不多每个人都有其极具个性化的用词方式，此方式往往是在语词恒定意义基础上所做的扩充或收缩。所以，要想正确地理解某作者某一作品的"原意"，必须把"知人"和"论世"结合起来进行考察。"知人"是通过"知言"的手段来实现的，亦即了解此一作者个性化的用词方式，以体察其特定语词的特定含义；而"论世"则是为了穿越历史的迷雾去把握作者语词运用时其共时态的所指意义。这样一来，作品的"原意"亦即作者之"志"也就无

---

① 钱锺书：《管锥编》第1册，中华书局1996年版，第171页。

处藏身了。孟子对此确实是充满了信心的。

综而言之,只有具备上述三个条件——具备"浩然之气"的诠释者、诠释者对作者个人语言习惯的准确把握及对作品产生之时代的语言风尚的把握——"逆志"才能够成功进行。

通过全文的分析可看出,孟子以其道德哲学为根基,提出了一整套保证准确获取作品"原意"的原则和方法,这些原则和方法形成了一个严密的体系,容涵了诠释活动中最为关键的环节:既注意到了理解活动、诠释活动得以进行的内在根据(建立在"普遍人性"基础之上的"心理诠释原则"),又注意到了展开此一活动的逻辑进程(从"尽心"、"知性"以"知天"的儒学修养到"养气"、"知言"以"逆志"的诠释路向);既有对诠释主体之人格修养("浩然之气")和知识能力("知言")的要求,又有对诠释客体(文本)之形成要素(作为创作主体的"人"与文本产生的时代环境"世")及组成要素("文"、"辞"、"志")的深入分析……这些环节所构成的严密的诠释体系,使得孟子的诠释思想在中国传统经史诠释实践中发挥着重要的作用。正因此,孟子的诠释思想凸显出了其特殊的意义和价值,并最终形成了中国传统诠释思想中的经典方法论模式,孟子本人也因此而被尊为"千古说诗之宗"。

《二十四诗品》与道教

杨　园[*]

今人探讨《二十四诗品》的思想渊源，多论及道家和佛禅，但笔者认为，这部重要的中国古代文论著作除受道家的影响外，与道教有非常密切的关系，惜学界对此关注甚少。以笔者所见，仅张松辉教授《道家道教与司空图》[①]一篇专文对道教有所涉及，然而许多问题尚待深入研究。因此本文试从《二十四诗品》的个别品目入手，分析其与道教有关的文句，进而对《二十四诗品》的思想渊源和产生年代问题提出新的见解。

下面根据《二十四诗品》的数品考论其与道教之关系。

一、《高古》的道教语词

《高古》云：

畸人乘真，手把芙蓉。泛彼浩劫，窅然空纵。月出东斗，好风相从。太华夜碧，人闻清钟。虚伫神素，脱然畦封。黄唐在独，落落玄宗。[②]

---

*　杨园（1978—　），云南大学文学院副教授。本文发表于《古代文学理论研究》2011 年第 1 期。

①　张松辉：《道家道教与司空图》，《中国文学研究》1997 年第 3 期。

②　本文所引《二十四诗品》原文若无特殊说明，均依据郭绍虞《诗品集解·续诗品注》（人民文学出版社 1963 年版），后不一一注明。

　　此品开头"畸人"一词出自《庄子》，清代孙联奎《诗品臆说》注云："畸人，指神仙而言。"①"畸人乘真"依郭绍虞《诗品集解》所说就是："畸人乘其真气上升也。"②"畸人乘真，手把芙蓉"其实是一个典型的道教飞仙形象。李白常借"手把芙蓉"的形象描写仙人飞天，如其《古风》第十九"西岳莲花山，迢迢见明星。素手把芙蓉，虚步蹑太清"③，又如《庐山谣寄卢侍御虚舟》"遥见仙人彩云里，手把芙蓉朝玉京"④。所以该品一开始，就是写一位得道的神仙。

　　接下"泛彼浩劫"的"浩劫"一词，郭绍虞《诗品集解》解释说："佛家言天地由成住至坏空为一劫，历时甚长，故云浩劫。"⑤也许是受此注的影响，今人都把这看作是《二十四诗品》在用词上受佛教影响的明证。但是，"劫"、"浩劫"之说最初虽是来源于佛教，却并非佛家专有，道教受佛教的影响，同样也讲"劫"。《隋书·经籍志》解释佛家之"劫"云："天地之外，四维上下，更有天地，亦无终极，然皆有成败。一成一败，谓之一劫。自此天地已前，则有无量劫矣。"⑥而《隋志》对道教的"劫"也有解释："所以说天地沦坏，劫数终尽，略与佛经同。以为天尊之体，常存不灭。每至天地初开，或在玉京之上，或在穷桑之野，授以秘道，谓之开劫度人。"⑦唐代华严宗、禅宗大师宗密的《原人论》分辨佛教之劫与道教之劫的区别说："道教只知今此世界未成时一度空劫，云虚无、混沌一气等，名为元始，不知空界已前，早经千千万万遍成住坏空，终而复始。故知佛教法中，小乘浅浅之教，已超外典深深之说。"⑧道教之劫与佛教之劫的内涵有所不同，所以《高古》提到"浩劫"，并不能证明就是受佛教的影响，应该结合上下文意做具体分析。

　　在清代杨廷芝的《廿四诗品浅解》中，对"泛彼浩劫"的解释就是根据道经，

---

① 孙联奎、杨廷芝：《司空图〈诗品〉解说二种》，山东人民出版社1962年版，第17页。
② 郭绍虞：《诗品集解·续诗品注》，人民文学出版社1963年版，第11页。
③ 王琦注：《李太白全集》，中华书局1977年版，第113页。
④ 王琦注：《李太白全集》，中华书局1977年版，第677页。
⑤ 郭绍虞：《诗品集解·续诗品注》，人民文学出版社1963年版，第11页。
⑥ 魏徵等：《隋书》卷三十五《经籍志》，中华书局1973年版，第1095页。
⑦ 魏徵等：《隋书》卷三十五《经籍志》，中华书局1973年版，第1091页。
⑧ 董群：《原人论全译》，巴蜀书社2008年版，第112—113页。

其云:"浩劫,《度人经》云:'元始浩劫,部制我界。'泛,犹游历,言其超出三界,万劫而不磨也。"①这里所引的《度人经》是约成书于东晋时期的一部重要的道教灵宝派经典,原名《元始无量度人上品妙经》。明代修纂的《道藏》中,以《度人经》为道教首经,并奉为万法之宗,在道教中具有很重要的地位。杨廷芝所引《度人经》的原文是:"三界之上,眇眇大罗。上无色根,云层峨峨。唯有元始,浩劫之家。部制我界,统承玄都。"北宋陈景元集齐代严东,唐代李少微、成玄英、薛幽栖之《元始无量度人上品妙经四注》是现存《度人经》的最早注本,该注本解释"唯有元始,浩劫之家"略云:"(严)东曰:'元始者,天尊也。浩劫者,浩浩无数也。元始之道,经无数之劫常居大罗之天也。'(李)少微曰:'元始天尊,家住其境,浩浩荡荡,劫数难知。'"②《度人经》讲天界的三界之上最高层是"大罗天",这里是"唯有元始,浩劫之家"。从注文来看,"浩劫"在此主要就是指代三界之上浩浩荡荡、混沌一气的景象。据此来看《高古》所云,前面说"畸人乘真,手把芙蓉",讲的是仙人飞天,那么接下来"泛彼浩劫,窅然空纵"无疑就是写此仙人游历,飞升到元始天尊所在的极高的浩劫之境。《高古》讲"浩劫",就是依据道教《度人经》中对仙界的想象,这与佛家"成住坏空"的"劫"其实没有关系。

《高古》"浩劫"一词的用法可以和很多唐代的道教诗文相印证。唐代著名的道士文人吴筠在其诗文中就经常提到"浩劫",如其《登真赋》云:"动不因心,飞不假翼,与浩劫而灵长,视万椿为一息。"③《神仙可学论》云:"欢齐浩劫而无疆,寿同太虚而不可量。"④《心目论》云:"同浩劫之罔极,以万椿为一朝。"⑤《游

① 孙联奎、杨廷芝:《司空图〈诗品〉解说二种》,山东人民出版社1962年版,第93页。
② 《元始无量度人上品妙经四注》,《道藏》第2册,文物出版社、上海书店、天津古籍出版社1988年版,第235页。
③ 吴筠:《宗玄先生文集》,《道藏》第23册,文物出版社、上海书店、天津古籍出版社1988年版,第658页。
④ 吴筠:《宗玄先生文集》,《道藏》第23册,文物出版社、上海书店、天津古籍出版社1988年版,第661页。
⑤ 吴筠:《宗玄先生文集》,《道藏》第23册,文物出版社、上海书店、天津古籍出版社1988年版,第662页。

仙诗》云:"使我齐浩劫,萧萧宴玉清。"①《高古》讲"泛彼浩劫",大概是受到吴筠这类道教诗文的影响,而《高古》所述与唐代的游仙诗也颇为相似。前引李白游仙诗句"手把芙蓉朝玉京","玉京"是传说中元始天尊所居的玉京山。六朝以来道教《上清经》所述的仙界体系里面,玉京山就处于大罗天中。②据北宋张君房编撰的道教类书《云笈七签》说:"最上一天名曰大罗,在玄都玉京之上……三世天尊,治在其内。三界二十八天。其次四天,其次三境,最上大罗,合三十六天,总是三尊所统。故《经》云:'三界之上,眇眇大罗。上无色根,云层峨峨。唯有元始,浩劫之家。'"③不难看出,《高古》所云"畸人乘真,手把芙蓉。泛彼浩劫,窅然空纵",正是李白笔下这一飞仙形象的类似表现,都是根据《度人经》等道经之说描绘仙人升天至元始天尊所在。这是游仙诗文中常见的题材和形象,所以不能因"浩劫"的原始出处来自佛教而遽然断定《高古》品有佛教的影响,杨廷芝解释"浩劫"不引佛经而引道经是有道理的。

《高古》接下来的"月出东斗"之"东斗"一词,更是道教专称。按宋代叶大庆《考古质疑》"斗星"条云:"道书:'东西南北各有斗星,又有所谓中斗。'是其所谓斗者凡五也。大庆按之儒书,止有三尔。《汉志》:中宫北斗七星,所谓'运于中央,临制四海'者是也。《晋志》:北方南斗六星,所谓'斗星盛明,王道和平'者是也。《隋志》:'天市宫垣斗五星,仰则天下斛升不平,覆则岁穰。'此亦所谓斗也,止是三者,而道书(原注:道书谓《度人经》也)凡五,与此不同,岂其各有所据欤?是固难以比而论之也。"④据叶大庆言,历代天文中所说的"斗"共有三种指称,并无"东斗"一说,只有道教才讲"东斗",而它最早的出处也是《度人经》。《度人经》云:"东斗主算,西斗记名。"《云笈七签》释"东斗"云:"今依《度人经》说:'东斗主算,西斗记名,北斗落死,南斗上生,中斗大魁,总监众灵。'此名一天五斗魁主……"⑤

① 吴筠:《宗玄先生文集》,《道藏》第 23 册,文物出版社、上海书店、天津古籍出版社 1988 年版,第665 页。

② 任继愈主编:《中国道教史》上册,中国社会科学出版社 2001 年版,第 197 页。

③ 张君房:《云笈七签》卷三《道教本始部》,中华书局 2003 年版,第 36 页。

④ 叶大庆:《考古质疑》卷三,中华书局 2007 年版,第 207 页。

⑤ 张君房:《云笈七签》卷二十一《天文部》,中华书局 2003 年版,第 487 页。

可见"东斗"之说就是出自《度人经》。按《元始无量度人上品妙经四注》注"东斗"云："(严)东曰：'东华天中有散华之台，四斗真人治在其中，主录算、生死、功德，有功者西斗记其名也。'(薛)幽栖曰：'东斗者，即斗之第一星，主增算寿。'"①据此，"东斗"为北斗中的第一星，是道教主管人之算寿的尊神。唐宋以来，东、西、南、北、中五斗定型为道教著名的五斗星君，如道教还有常诵的《太上说东斗主算护命妙经》，《道藏提要》谓"是经乃劝人以科仪朝拜东斗星君，盖出自唐宋间"②。《高古》所说"东斗"，明显是出自道教。全品开头写仙人飞天遨游，接下"月出东斗，好风相从"，自然就是描写此仙道世界中夜空的景象，用道教"东斗"这一术语，并不让人奇怪。《高古》品前后两处用语都取自《度人经》，可知《二十四诗品》作者熟稔道教经典，与道教关系密切，否则绝不能道此。陈尚君教授提出《二十四诗品》非唐代司空图所作，认为"月出东斗，好风相从"两句是改写自苏轼《赤壁赋》"月出于东山之上，徘徊于斗牛之间"，而且"东斗"一词也不见后人沿为故实。③但实际上，若体会到《高古》一品的游仙意味，可明白作者在此是有意用道教的"东斗"来渲染这神仙境界的，这和《赤壁赋》所云完全没有关系。

　　《高古》用道经词汇，以一位从容升天、遨游高空的神仙形象喻说"高古"，这种用语现象和中晚唐受道教影响的诗文风气很类似。葛兆光教授在《青铜鼎与错金壶：道教语词在中晚唐诗歌中的使用》一文中谈到，"根据我的研究，中晚唐文人中极流行的道教典籍是《黄庭经》、《真诰》、《度人经》、《列仙传》、《汉武内传》、《五岳真形图》等，这些典籍中的故事和词汇是他们必备的材料，特别是在需要'点缀'和'铺张'的时候，没有这些材料是无法完成的"④。《高古》一品两处采用《度人经》的词汇，不免使人推想，《二十四诗品》有可能产生于中晚唐这样

---

① 《元始无量度人上品妙经四注》，《道藏》第 2 册，文物出版社、上海书店、天津古籍出版社 1988 年版，第 219 页。

② 任继愈主编：《道藏提要》，中国社会科学出版社 1991 年版，第 272 页。

③ 陈尚君：《陈尚君自选集》，广西师范大学出版社 2000 年版，第 84 页。

④ 葛兆光：《青铜鼎与错金壶：道教语词在中晚唐诗歌中的使用》，吴光正等主编《想象力的世界——二十世纪"道教与古代文学"论丛》，黑龙江人民出版社 2006 年版，第 567 页。

的思想环境中。

葛兆光该文还谈道："中晚唐有一些古奥艰涩的诗歌多少受了一些道教的影响,中晚唐诗人对古文奇字有着异常的兴趣,对那些来头很早的词汇有着特殊的偏爱,对这一类词汇中所包含的神奇意味有着极大的好奇,当他们握笔作诗时,就常常把这些词汇镶嵌在诗里,尽可能地使诗显示出与日常语言不同的古奥和神气。"[1]据此看来,《高古》在具体的诗论上不着痕迹,颇富神仙道教的神秘色彩,"月出东斗"这种奇怪的说法完全可以从中晚唐的诗风中得到解释。而且,这一行文用词方式在《二十四诗品》中还有更多体现。

二、《洗炼》与道教修炼

《洗炼》云:

> 如矿出金,如铅出银。超心炼冶,绝爱缁磷。空潭泻春,古镜照神。体素储洁,乘月返真。载瞻星气,载歌幽人。流水今日,明月前身。

在《洗炼》品中,"返真"一说是理解全品的关键。《诗品集解》注云:"返真,有二解:《庄子·大宗师》篇:'嗟来桑户乎?嗟来桑户乎!而已反其真,而我犹为人猗。'此反真指还其本来,可看作仙人化形以登天,则还其本来者,即体素储洁之精也。二句一义,合讲洗炼。《庄子·秋水》篇:'北海若曰,无以人灭天,无以故灭命,无以得殉名,谨守而勿失,是谓反其真。'则反真云者,又有道家炼气炼性还其本始之意。"[2]郭绍虞虽引《庄子》,但二解都联系到道教修炼。孙联奎《诗品臆说》对"乘月返真"的解释则更是仙家之谈:"炼气归神。仙家炼气,出神游行,已而再返于身,谓'返真'。"[3]前人对"返真"的解释,都和道教联系起来,那

---

① 葛兆光:《青铜鼎与错金壶:道教语词在中晚唐诗歌中的使用》,吴光正等主编:《想象力的世界——二十世纪"道教与古代文学"论丛》,黑龙江人民出版社 2006 年版,第 567 页。

② 郭绍虞:《诗品集解·续诗品注》,人民文学出版社 1963 年版,第 15 页。

③ 孙联奎、杨廷芝:《司空图〈诗品〉解说二种》,山东人民出版社 1962 年版,第 20 页。

么不妨再深入考察一下"返真"的含义。

按"返"与"反"二字相通,"返真"亦即"反真","反真"本是道家对死亡的一种认识。《诗品集解》所引《庄子·大宗师》语,就是子桑户死,其友为他所唱的歌文。①汉代刘向《说苑·反质》载汉武帝时杨王孙事也说:"且夫死者,终生之化而物之归者。归者得至,而化者得变。是物各反其真。其真冥冥,视之无形,听之无声,乃合道之情。"②"反真"谓人死而复归本真,这体现出道家思想的影响。后之道教吸收了这一说法,也用"反真"一说解释成仙,如《云笈七签》所载《太上九丹上化胎精记》云:"凡修学之家,仰希神仙,当知炼身于九丹,解结于五神,引气于本生,灭根于三关。九炼十变,百节开明,断绝胞结,乃知本真。既知本真,便成上仙。……既得为人,便应返其本真,通理五藏,解散胞根,断灭死气,自然成仙也。"③此说认为人既生之后,从胞胎中带来结节,使人病痛夭死,故修道者须通过修炼解开胞结,方能成仙。这里"返其本真"即谓断绝结节而成仙。又如唐代权德舆《宗玄先生文集序》云:"大历十三岁,岁在鹑首,(吴筠)止于宣城道观,焚香返真于虚室之中。"④吴筠是唐代著名的上清派道士,他的死别人看作是成仙,所以用"返真"代称;而吴筠《形神可固论》讲到服食金丹而成仙,也说是"归虚反真"⑤。由此来看《洗炼》所说"乘月返真","返真"在此无疑就是炼化成仙、返其本真的意思,上述《诗品集解》的两种解释都与此相合。

秉此"返真"之意,从道教的修炼思想出发,就可清楚理解《洗炼》全品。"体素储洁,乘月返真。载瞻星气,载歌幽人",这是用渲染意境的方式说理,描述修道的

① 郭庆藩:《庄子集释》卷三《大宗师》,中华书局 1961 年版,第 266 页。

② 向宗鲁:《说苑校证》,中华书局 1987 年版,第 528 页。此事另见《汉书》卷六十七《杨王孙传》。

③ 张君房:《云笈七签》卷二十九《太上九丹上化胎精记》,中华书局 2003 年版,第 659 页。此文在《道藏》中又名《上清九丹上化胎精中记经》,据《道藏提要》考证乃早期上清诸经之一,参见《道藏提要》第 670 页。

④ 权德舆:《宗玄先生文集序》,《道藏》第 23 册,文物出版社、上海书店、天津古籍出版社 1988 年版,第 653 页。

⑤ 吴筠:《宗玄先生文集》,《道藏》第 23 册,文物出版社、上海书店、天津古籍出版社 1988 年版,第 665 页。

"幽人"经过修炼成仙后,那种无忧无虑的自在状态。随后"流水今日,明月前身"一句,若以佛家"前生"说解释,则殊难理会;若根据上文的分析,从道教"返真"之说理解,意思就很清楚明白。"明月"正与"乘月返真"之"月"相照应,所以顺其文意,"明月前身"当从"乘月返真"来理解。"前身"可看作"返真"所达到的本始、本真之身。流水变动不居而水中明月相对静止,"流水今日"即谓今日正如流水,虽云当下,转瞬逝去而成过往;而"明月前身"是说明月恰似前身,既返其真,本真不变故月明如故。"洗炼"所追求的,正是这种经过淘洗、修炼而"返其本真"的境界。

"返真"以下所云既与道教修炼有关,那么从道教思想背景来反观《洗炼》前文的比喻,也会有新的发现。如开头"如铅出银"之喻,谓从铅中冶炼出银。我国古代银矿多为铅银共生矿,所以古代炼银一般是从铅银共生矿中提炼出银,这种冶炼步骤在明代宋应星的《天工开物》中有详细记载。若追溯这一说法的渊源,其与道教外丹术有着密切的关系。

清代杨廷芝《廿四诗品浅解》解释"如铅出银",即引道教的炼丹名著《周易参同契》说:"白者银也,黑者铅也。知白守黑谓炼银于铅也。"[1]按《周易参同契》中并没有这段话,疑是出自某部注本的注文,但这里却提示出"如铅出银"一说与道教的关系。唐代是道教外丹术发展的鼎盛时期,不仅道教徒,很多文人士大夫都相信服食炼制的丹药可以长生成仙。如李白、白居易、李商隐等,都有关于炼丹的诗作,而传为《二十四诗品》作者的司空图也有好几首诗讲到炼丹。在唐代这样的思想氛围中,道教外丹修炼就发展出了一套关于铅中出银的炼丹理论。任继愈主编之《中国道教史》论述唐代道教外丹修炼说:"在中国地质矿藏中,铅银共生矿是十分常见的。铅银本来是伴生关系,但炼丹术士以为是相生关系,是铅生银。"随后引唐代金竹坡《大丹铅汞论》云:"抱太一之气为五金之首者,铅也。铅中有银,银乃铅之子也。"[2]唐代道教炼丹不仅相信铅能生银,而且

---

① 孙联奎、杨廷芝:《司空图〈诗品〉解说二种》,山东人民出版社1962年版,第96页。
② 任继愈主编:《中国道教史》上册,中国社会科学出版社2001年版,第490页。

多认为银是铅的精华,故称为真铅。《中国道教史》还谈道:"唐代外丹经诀经常引用一首歌诀:'炼银于铅,神功自然,灰池炎烁,铅沉银浮。'此即用灰吹法从铅银共生矿石炼银的形象描写。"①这里记录了炼丹过程中炼银于铅的方法,这也是古代炼银的基本方式。唐代炼丹就是用这种方法从铅银共生矿中提炼出银,并认为银是铅所生。《洗炼》品讲"如铅出银",以此喻说诗作经过"洗炼"而提炼出精华。结合下文来看,这里以冶银为喻,很可能是基于道教炼丹的认识。

又如"空潭泻春,古镜照神","古镜照神"与"洗炼"有何关系颇为费解。古代关于镜子的喻说甚多,儒释道各家都有,镜子本照形之器,但"古镜"而曰"照神",此类说法却非佛教所有,而是透露出道教修炼的思想特征。在道教中,镜子不仅是映照物象的器具,而且是具有神仙术的灵器。日本学者福永光司《道教的镜与剑》一文对道教中的镜子做了专门研究,该文指出:"现存汉代的古镜,乃至三国六朝时期的古镜,其铭文和图刻中都有神仙信仰,这就明显地显示出此时期镜的神秘的、宗教的性格。"②该文据葛洪《抱朴子内篇》、唐代著名上清派道士司马承祯的《含象鉴序》等典籍论及道教中"修道者藉明镜'见神'的思想",如《含象鉴序》引《抱朴子内篇》云:"用明镜九寸以上自照,有所思存,七日七夕则见神。"③这种藉明镜存想见神的修道方式,很可说明"古镜照神"这一比喻。"古镜照神"本谓通过古镜而照见神灵,"照神"就是表明修道者的存思修炼达到了很高程度。照此理解,"古镜照神"应该就是用道教的修炼比喻"洗炼"之"炼",而"空潭泻春",其水之澄澈可想而知,如此则正切合"洗"字,所以这两个比喻就是形容"幽人"经过"洗"和"炼"而达到的高妙境界,这一境界也是诗作所追求的。

综观《洗炼》,"返真"既谓成仙,那么"如铅出银"、"古镜照神"诸说从道教修

---

① 任继愈主编:《中国道教史》上册,中国社会科学出版社 2001 年版,第 492 页。
② 〔日〕福永光司:《道教的镜与剑——其思想的源流》,《日本学者研究中国史论著选译》第 7 卷,中华书局 1993 年版,第 402 页。
③ 〔日〕福永光司:《道教的镜与剑——其思想的源流》,《日本学者研究中国史论著选译》第 7 卷,中华书局 1993 年版,第 407 页。

炼来理解，也就完全符合上下文意。可以想见，全品举出与道教有关的数个比喻，渲染出幽人修炼的神秘化意境，正是为了喻说"洗炼"的脱洗、更新之意。可见《洗炼》一品具有深厚的道教思想背景。"如铅出银"与道教外丹术有关，外丹术主要盛行于唐代，而藉古镜见神的存思修炼也主要是道教上清派流传的道法，上清派在唐代影响颇大，所以这些说法也体现出了唐代道教的思想特征。

三、《飘逸》与天台山的道教信仰

《飘逸》云：

> 落落欲往，矫矫不群。缑山之鹤，华顶之云。高人画中，令色𬘡𬘬。御风蓬叶，泛彼无垠。如不可执，如将有闻。识者期之，欲得愈分。

"缑山之鹤"是用《列仙传》的典故。《列仙传》略云："王子乔者，周灵王太子晋也。好吹笙，作凤凰鸣，游伊洛之间。后告其家曰，七月七日待我于缑氏山头。至时，果乘白鹤驻山头，望之不得到，举手谢时人，数日而去。"①所以"缑山之鹤"是借指仙人王子乔，"落落欲往，矫矫不群"就是写王子乔这一类仙人驾鹤云游的高蹈之姿。"华顶之云"的"华顶"前人疑谓华山之顶，其实它是一个专称，向来指浙江天台山的主峰"华顶"。天台山的"华顶"唐诗中多有道及，如孟浩然《寄天台道士》："焚香宿华顶，裛露采灵芝。"②又《寻天台山》："欲寻华顶去，不惮恶溪名。"③李白《送王屋山人魏万还王屋》："天台连四明，日入向国清。……灵溪恣沿越，华顶殊超忽。"④又《天台晓望》："天台邻四明，华顶高百越。"⑤唐代以后，"华顶"之称一直都属天台，所以"华顶之云"无疑就是说天台山。"缑山之鹤"指代神仙王子乔，而王子乔与天台山素有关联。在东晋孙绰的

①　刘向：《列仙传》卷上，上海古籍出版社 1990 年版，第 9 页。
②　佟培基：《孟浩然诗集笺注》，上海古籍出版社 2000 年版，第 155 页。
③　佟培基：《孟浩然诗集笺注》，上海古籍出版社 2000 年版，第 47 页。
④　王琦注：《李太白全集》，中华书局 1977 年版，第 752 页。
⑤　王琦注：《李太白全集》，中华书局 1977 年版，第 971 页。

《游天台山赋》中,天台山便已成为人间仙山:"天台山者,山岳之神秀者也。涉海则有方丈蓬莱,登陆则有四明天台,皆玄圣之所游化,灵仙之所窟宅。"《游天台山赋》想象天台山中诸般景象,则写有"王乔控鹤以冲天",由此可推想东晋时可能即有王子乔与天台山的传说。①而在梁代陶弘景的《真诰》、《真灵位业图》中,王子乔即成为天台山的仙官。如《真诰·运象》篇录有真人"桐柏真人右弼王领五岳司侍帝晨王子乔"②,"桐柏"即指天台山。《道藏》所收元代《天台山志》云:"今言天台者,盖山之都号,如桐柏、赤城、瀑布、佛垅、香炉、华顶、东苍皆山之别名。"③《天台山志》载唐代崔尚《桐柏观碑》云:"桐柏山高万八千丈,周回八百里。其山八重,四面如一,中有洞天,号金庭宫,即中右弼王乔子晋之所处也。是之谓不死之福乡,养真之灵境。"④可见从六朝至隋唐,在道教的神仙信仰体系中,王子乔已经成为治所在天台山的真人仙官。

而且在唐代,天台山的道教非常兴盛,王子乔在天台山的神仙传说和信仰也十分有名。唐代上清派道士司马承祯曾隐居天台山,他有《上清侍帝晨桐柏真人真图赞》一文,专述王子乔的神仙行迹,其云:"天台山一名桐柏……王君处焉以理幽显。"⑤而唐代另一位天台山道士王松年在其所编仙传《仙苑编珠》里,讲到王子乔也说:"《仙经》云:'(王子乔)仙位为侍帝晨领五岳司桐柏真人,治天台金庭。'"⑥据《天台山志》记载,唐宋时天台山宫观甚多,几经修建,道教信仰一直很盛,当时都将王子乔看作居于天台山的神仙。

据此看来,《飘逸》品将"缑山之鹤"和"华顶之云"联系在一起是有一定现实依据的,并非凭空想象。"缑山之鹤"借指仙人王子乔,"华顶之云"就是以天台山作为背景,描绘有仙人如王子乔者在山巅云雾中驾鹤游历的景象。连上《飘

---

① 萧统编,李善注:《文选》卷十一《游天台山赋》,中华书局 1977 年版,第 165 页。
② [日]吉川忠夫、[日]麦谷邦夫编:《真诰校注》,朱越利译,中国社会科学出版社 2006 年版,第 7 页。
③ 《道藏》第 11 册,文物出版社、上海书店、天津古籍出版社 1988 年版,第 90 页。
④ 《道藏》第 11 册,文物出版社、上海书店、天津古籍出版社 1988 年版,第 93 页。
⑤ 《道藏》第 11 册,文物出版社、上海书店、天津古籍出版社 1988 年版,第 157 页。
⑥ 《道藏》第 11 册,文物出版社、上海书店、天津古籍出版社 1988 年版,第 29 页。

逸》随后所云,可以看出这是根据当时道教王子乔的传说构想出的一首意象完整的游仙诗。"高人画中,令色细缊。御风蓬叶,泛彼无垠"是写仙人的云游,常人见仙人在天上,如王子乔"望之不得到",若隐若现,若即若离,所以说"如不可执,如将有闻。识者期之,欲得愈分",以此缥缈难寻的状态喻说诗歌的"飘逸"之风,十分高妙。《飘逸》同时讲到王子乔和天台山,与天台山的道教神仙信仰正相符,这说明《飘逸》品是根据实际的道教传说和神仙信仰来构思的,作者当深受同时代道教的影响。今人有疑《二十四诗品》为明末人的伪作,但据卿希泰主编之《中国道教》所述,明代以来,天台山的道教已日趋衰落,所有宫观至明末则几乎全废。① 何况明代的游仙诗作远不及唐代一般盛行,"缑山之鹤,华顶之云"这样深具道教背景的诗句明末人如何会想到?《二十四诗品》多用道家、道教的题材及术语典故,以作者对道教的熟悉和亲近,这部作品应该是产生于天台山的道教信仰尚未衰落之前,而唐宋正是其鼎盛时期。

四、《二十四诗品》的气论与道教之关系

根据以上对《高古》、《洗炼》、《飘逸》三品的分析,可以断定《二十四诗品》和道教有着密切的关系,这在用语、寓意和题材各方面都有充分体现。除此之外,《二十四诗品》中还有《冲淡》、《劲健》、《精神》、《豪放》等多品都涉及"气",而这一思想特征同样与道教有关。

《冲淡》云:

> 素处以默,妙机其微。饮之太和,独鹤与飞。犹之惠风,荏苒在衣。阅音修篁,美曰载归。遇之匪深,即之愈希。脱有形似,握手已违。

《劲健》云:

> 行神如空,行气如虹。巫峡千寻,走云连风,饮真茹强,蓄素守中,喻彼

---

① 卿希泰主编:《中国道教》第4卷,知识出版社1994年版,第177页。

行健,是谓存雄。天地与立,神化攸同。期之以实,御之以终。

《冲淡》和《劲健》两品都讲到"饮"。郭绍虞《诗品集解》解释《冲淡》的"饮之太和"说"太和,阴阳会合冲和之气也",解释《劲健》的"饮真茹强"说"真,真力也,亦真气也;强,强力也,亦劲气也"①,都是将所饮所食之物理解为"气"。以"饮"来形容人身修炼,其实是道教服气思想的体现。古代的服气思想起源甚早,《楚辞》中就有很多记载,如《远游》"餐六气而饮沆瀣兮,漱正阳而含朝霞"②,又如王逸《九思·守志》"随真人兮翱翔,食元气兮长存"③。这种服气长生成仙思想后来完全为道教所继承,主要盛行于魏晋至隋唐的道教中,唐代以后逐渐转衰。服气说认为吸取天地间的元气,能使自身充实强健,由此取代五谷之食,经常修炼即能长生成仙。因此道教讲服气,常用"食"、"饮"这类说法,如陶弘景《养性延命录》云:"俗人但知贪于五味,不知有元气可饮。"④《冲淡》"饮之太和"的"太和"在道教中向来即视为一种天地间的元气,如《黄庭内景经》就说:"何不食气太和精?故能不死入黄宁。"⑤见诸文学作品,如嵇康《代秋胡歌诗》讲到游仙,也说自己"呼吸太和,炼形易色"⑥。可见"饮之太和"就是讲服气成仙,《劲健》讲"饮真茹强"也是这个意思。开篇云"行神如空,行气如虹","神"和"气"都是个人所具有的,这应该是就一位修道成仙者而言。修道达到"行神如空,行气如虹"的境界,与随后所说"饮真茹强,蓄素守中"的修炼有关。"饮真"即饮食真气,所以"劲健"之风正由服气修炼所致。《二十四诗品》涉及"饮"的词句,都体现出道教服气说的思想特征。

《精神》云:

欲返不尽,相期与来。明漪绝底,奇花初胎。青春鹦鹉,杨柳楼台。碧

① 郭绍虞:《诗品集解·续诗品注》,人民文学出版社 1963 年版,第 6、16 页。
② 洪兴祖:《楚辞补注》,中华书局 1983 年版,第 166 页。
③ 洪兴祖:《楚辞补注》,中华书局 1983 年版,第 327 页。
④ 张君房:《云笈七签》卷三十二《养性延命录》,中华书局 2003 年版,第 721 页。
⑤ 张君房:《云笈七签》卷十二《黄庭内景经》,中华书局 2003 年版,第 265 页。
⑥ 逯钦立:《先秦汉魏晋南北朝诗》上册,中华书局 1983 年版,第 480 页。

山人来，清酒深杯。生气远出，不著死灰。妙造自然，伊谁与裁。

《精神》说"生气远出，不著死灰"，精、气、神三者向来为道教个人修炼所恒言，讲"精神"而与"生气"相联系，这仍可从服气说上得到解释。唐代司马承祯《服气精义论》是道教服气说的代表作，其云："夫气者，胎之元也，形之本也。胎既诞矣，而元精已散。形既动矣，而本质渐弊。是故须纳气以凝精，保气以炼形。精满而神全，形休而命延。"①道教服气说认为人的精神会逐渐流散，所以要服气修炼，使气充足，才能"精满神全"。《精神》论"精神"而讲求"生气远出，不著死灰"，正体现出这种服气修炼思想。从这一点出发，《精神》开头所说"欲返不尽，相期与来"这一难解之句就有了着落。"欲返不尽"应该是指"精神"，"精神"而言"返"，这一古怪的说法其实是道教修炼学说常常涉及的。如吴筠《形神可固论·守神》云："奈何人得神而不能守之，人得炁（气）而不能采之，人得精而不能反之，已自投逝，何得怨天地而不祐？"②吴筠和司马承祯都认为人的精和神会流散，这使人日渐衰弱死亡，所以要重视精、气、神的固守，讲求服气等修炼。此二人都是唐代道教上清派的著名道士，他们的学说在唐代道教中很有代表性。据此，"欲返不尽，相期与来"就是说精和神经过修炼复归返本，源源不断而来，这就是"精满神全"的表现。《精神》随后说"生气远出，不著死灰"，便进一步揭示出精神充足与服气炼气的关系。《精神》全品将道教的修炼话语融入意境的描写中，既有说理的意味，也使思致富于形象化，这一行文方式在《二十四诗品》中已有多处体现。

《豪放》云：

观花匪禁，吞吐大荒。由道返气，处得以狂。天风浪浪，海山苍苍。真力弥满，万象在旁。前招三辰，后引凤凰。晓策六鳌，濯足扶桑。

该品开头"观花匪禁"应作"观化匪禁"，笔者导师张国庆教授《〈二十四诗

---

① 张君房：《云笈七签》卷五十七《服气精义论》，中华书局2003年版，第1248页。
② 吴筠：《宗玄先生文集》，《道藏》第23册，文物出版社、上海书店、天津古籍出版社1988年版，第664页。

品〉诗歌美学》一书辨之甚明,兹不具论。①从"观化匪禁"可以看出全品都是在写神奇狂放的游历,而这样的神游,应该是出自一位得道的神仙。"由道返气"这一说法单据道家学说并不容易理解,《老子》虽有"反者道之动"、"复归其根"这类思想,但并不与"气"合说,佛家更不讲"气","返气"一说须结合道教思想来解释。道教有所谓"顺成人,逆成仙"的理论,这是道教的一种基本修炼学说。人之由生到死是自然的顺序,而道教修炼讲求成仙,跟常人由生到死的过程相反。如吴筠《神仙可学论》说:"积虚而生神,神用而孕气,气凝而渐著,累著而成形,形立神居,乃为人矣。故任其流遁则死,反其宗源则仙。所以招真以炼形,形清则合于气,含道以炼气,气清则合于神,体与道冥,谓之得道。"②吴筠认为修仙的步骤与自然生成人的步骤相反,"含道以炼气"是反其宗源而成仙的一个环节,"炼气"即通过服气等修炼,使形化为气,这样才能与道同。根据这一学说,《豪放》讲"由道返气",就是说形体经修炼而返归于气,遂而身体轻举,得道成仙。另外,前文解释"欲返不尽",谈到服气保精是反人之精神流散而为之,"由道返气"似也与此有关。如陶弘景《养性延命录》所说:"《服气经》曰:'道者气也,保气则得道,得道则长存。'"③如此则"由道返气"的意思近于"保气得道"。总之,无论怎样理解,这一说法都可以在道教上得到解释。从《豪放》全品来看,"由道返气"是说修炼得道,所以才能"处得以狂",以至"前招三辰,后引凤凰。晓策六鳌,濯足扶桑",这样理解与前后文语意完全相符。

综合以上分析,将《二十四诗品》言气的各品联系起来看,不难发现它们都与道教炼气修仙思想有着密切的渊源关系。常用服气成仙说喻说诗风,不仅使说理形象化,也使人由此修道体验领会到诗风的妙处。这一行文特征也提示我们,应该以道家、道教思想为本,重新思考整部《二十四诗品》。

① 张国庆:《〈二十四诗品〉诗歌美学》,中央编译出版社 2008 年版,第 52 页。

② 吴筠:《宗玄先生文集》,《道藏》第 23 册,文物出版社、上海书店、天津古籍出版社 1988 年版,第660 页。

③ 张君房:《云笈七签》卷三十二《养性延命录》,中华书局 2003 年版,第 726 页。

五、结论

以上分析了《二十四诗品》中与道教有关的数品,除此之外,《二十四诗品》中还有很多道教思想的反映。如在用词用典上广泛取自《老子》、《庄子》、《列子》等道家著作,而在唐代以来的道教中,《老子》就是《道德真经》,《庄子》就是《南华真经》,《列子》就是《冲虚至德真经》。上面所论为了突出说明《诗品》所受道教的影响,有意避开道家,但在历史上它们也都成为道经,和道教相互融合。结合所有这些因素看,《二十四诗品》与道教有颇为深厚的思想渊源关系,应该是无可怀疑的了。今人对《二十四诗品》与佛禅的关系多有论及,但与道家、道教的影响相较,佛教实在其次。试举三点论之:

其一,就思想特征看,前文论及《二十四诗品》多言"气",道教的思想特征之一就是以气言道①,但佛教甚少讲"气",甚至反对道家、道教的元气论,如唐代宗密之《原人论》即是代表。

其二,就用语用典看,前文论证《二十四诗品》的取喻和用语多有来自道教者,但《二十四诗品》甚少有取喻和用语来自佛典,如前人举为佛教用语的"浩劫"一词,上文已经否定。

其三,就人物形象看,《二十四诗品》所言者多为高士及神仙,然而却无一品涉及僧佛。

据此三点,可见道家、道教对《二十四诗品》有着深刻的影响,而它与佛教的关系并不密切。如果忽略《二十四诗品》的这一基本特征,受时下学风熏染,研究其诗学,好与佛教和禅学相联系,只恐用力越多而越难解释。《二十四诗品》有借仙道喻诗的思想特征,这与宋代以来以禅喻诗一路很不相同,所以根据佛

---

① 关于道教以气言道的思想特征,可参见龚鹏程著《道教新论》(北京大学出版社 2009 年版)中《道教概说》、《内丹学的兴起》等篇。

禅思想进行解读,很多说法就显得奇怪。其实从道教思想看,这些文句都是有理可循的,但今人辨伪,大多未及于此,不能看清其真面目,难免斥为伪作。

根据上文的分析,也可推测《二十四诗品》作者的思想和时代背景。从"泛彼浩劫"、"月出东斗"、"乘月返真"、"缑山之鹤,华顶之云"、"饮之太和"、"由道返气"等文句观之,非深谙道教之人,恐不能道此。而且这些说法都具有唐代道教的思想特征,所以作者有可能是一位类似李白的道教徒文士,将自己修道求仙的经验和想象写入其中,藉以论诗。题为《二十四诗品》作者的晚唐司空图就是这样的诗人,所以他仍有可能是其真实作者。只是这已不属本文讨论的范围了。

现代新儒家"二圣"公案

——熊十力与马一浮的复性书院之争

刘　炜[*]

　　1938 年 9 月,复性书院创立前一年,马一浮弟子寿毅成等人已在重庆筹备书院事。马随浙江大学,时在广西桂林,对创办书院尚有疑虑,态度并不积极。熊十力则在重庆璧山,寿毅成等人便请熊为书院第一创议人。熊欣然应允,并于 9 月底先发一电,再寄一书,劝马接受教育部邀请,主持书院,勿坚卧。马立即复电回信,详细申谈了自己的想法。在 1939 年 8 月上旬,熊赴马之约至乐山复性书院之前,二人已就书院事宜做了推心置腹的商讨与论争。但熊马二人有关书院的论争,并未随熊的乐山之行而磨合平息,相反却因熊在书院的公开讲学而变得白热化。论争最终以 1939 年 10 月下旬熊的负气出走和熊马交恶而结束。现代新儒家的"二圣"——熊十力与马一浮,共事复性书院的这一段不愉快经历,已成为现代儒学史上的著名公案。

一

　　从现存马一浮致熊十力的十数通书札来看(此一时期熊致马的书信无一留

　　[*]　刘炜(1978—　),云南大学文学院教授,著有《六艺与诗——马一浮思想论衡》等。本文发表于(加拿大)《文化中国》2012 年第 4 期。

存），1939 年 8 月上旬熊至乐山复性书院之前，二人论争的焦点主要在学生出路和教师延聘两个问题上。

在学生出路问题上，熊坚决不同意马采用佛教丛林制，不为学生规定资格出路，而主张采用现行学校制，授予学生研究院同等资格，并要求政府为学生安排出路，其目的则在使一般人不以入书院学习为畏途，使天下大小之才皆可为书院网罗。①但马认为，书院独立于现行学制之外，不同于学校，不应也无权规定资格出路；学生若为资格出路而来，则其来时志趣已卑陋，又怎能期望他入德闻道、有所成就？并非定要采用佛教丛林制，教学生参禅入定作枯槁高士。

在教师延聘问题上，熊希望马能像蔡元培一样兼容并包，建议聘贺麟、张熙讲西洋哲学，聘周淦卿讲英文，聘牟宗三等人为都讲，但都遭到马的拒绝。马说，之所以不延聘众人：一是书院经费不足，无力聘请；二是"书院讲习重在经术义理，又非西洋哲学"②。

很明显，熊马二人关于学生出路和教师延聘问题的论争，其实正是关于书院体制和宗旨的论争。在两个问题上，马始终坚持自己的主张，不肯退让。熊因此批评马"自始即以狭隘为心"③，而书院只有扩大，自己才能接受马的聘请，赴书院讲学，否则将舍书院而就西南联大。马既然不能接受熊的建议，"扩大"书院，又真切地希望熊能来院讲学，就只有动之以朋友之情。熊亦不能不为之所动，且熊向有大悲愿，"始终愿教学，名义崇卑非所计"④，最终还是接受了马的邀请，于 1939 年 8 月上旬抵乐山。

熊十力在复性书院正式讲学，始于 1939 年 9 月 17 日，但大概在 10 月上旬就已停罢；10 月下旬熊离开复性书院，回重庆依附梁漱溟。熊在书院前后不足

① 熊十力：《与贺昌群》，《十力语要》，中华书局 1996 年版，第 197 页。
② 《马一浮集》第 2 册，浙江古籍出版社、浙江教育出版社 1996 年版，第 535 页。
③ 《马一浮集》第 2 册，浙江古籍出版社、浙江教育出版社 1996 年版，第 543 页。
④ 《熊十力全集》第 8 卷，湖北教育出版社 2001 年版，第 387 页。

三个月,而讲学不足一个月。在这短短两三个月内,熊马二人的论争逐渐变得公开而激烈。书院监院贺昌群站到熊一边,"逸翁、藏云以浮言为腐谈,锐意更张,必使书院为现代化"①,"熊逸翁以主张不同,形神躁扰;贺藏云以义理非要,意趣参差,先后决然言去,留之不可"②。熊十力认为书院必须改革,变"复性书院"为"国立文哲学院",自己去就之道决于改革与否;而马说"今只能维持现状,弟亦无词留兄"③,熊于是决然而去。

熊十力离开复性书院时,熊马二人的关系尚未完全恶化,但在 1939 年 12 月上旬二人通过最后一次书信之后,熊马交恶已成为不可挽回之局。马 12 月 7 日回熊信说:

> 十二月一日来书,乃知获罪于兄者甚大。……至兄误听流言,以为弟于兄妄有所訾议,使兄不能不亟去,此则弟所万万梦想不到者(上堂教学生善听兄言,初不知此语亦成罪戾。真是转喉触讳矣)。上九日:"见豕负途,载鬼一车,先张之弧,后脱之弧。"兄之多疑,无乃有似于此。今亦不须申辩,久之兄当有自悟之时。然念兄杂毒入心,弟之诚不足以格之,亦深引以为戚。今兄虽见恶绝,弟却未改其初心也。④

马到底是如何"上堂教学生善听兄言",以致使熊"以为弟于兄妄有所訾议",我们已不得而知。但有一点可以肯定的是,熊一定在课堂上对学生说过什么,而马又在课堂上针对熊所说对学生说过什么。也就是说,熊马二人在书院的讲学过程中,有过以学生为中介的学术论争。但这一学术论争经过学生的辗转误传,竟变成了针对个人的流言蜚语。熊在书院的讲学文稿仅存《复性书院开讲日示诸生》,但仅此一篇也就足以推断二人在讲学过程中的论争内容,并揭开二人交恶的历史谜团。

---

① 《马一浮集》第 2 册,浙江古籍出版社、浙江教育出版社 1996 年版,第 590 页。
② 《马一浮集》第 2 册,浙江古籍出版社、浙江教育出版社 1996 年版,第 679 页。
③ 《马一浮集》第 2 册,浙江古籍出版社、浙江教育出版社 1996 年版,第 549 页。
④ 《马一浮集》第 2 册,浙江古籍出版社、浙江教育出版社 1996 年版,第 551 页。

二

1939年9月17日，复性书院开讲。马一浮对学生做了一个简短的开示，熊十力也做了开示，即《复性书院开讲日示诸生》①，篇幅相当长，充分表达了熊对书院体制和宗旨的看法。可以说，熊在书院所做的开示，几乎是对马所拟订的书院体制和宗旨的全盘颠覆。一开讲，熊便表明了自己对书院体制和宗旨的简要看法：

> 书院名称虽仍往昔。然今之为此，既不隶属现行学制系统之内，亦决不沿袭前世遗规。论其性质，自是研究高深学术的团体。易言之，即扼重在哲学思想与文史等方面之研究。

关于书院宗旨，熊认为，主要在研究哲学与文史诸学。此外，熊又主张吸收西方学术，以改造和发展本国学术：

> 今兹书院之设，本为研究哲学与文史诸学之机关。但研究的旨趣，自当以本国学术思想为基本，而尤贵吸收西洋学术思想，以为自己改造与发挥之资。

熊又大力提倡致用之学，以拯救国家民族于危难之中：

> 昔吾夫子之学，内圣外王。老氏崇无，亦修南面之术。……佛家原主出世，使世而果可出也，吾亦何所留系？其如不可出何，如欲逃出虚空，宁有逃所。……是故智者哀隐人伦，要在随顺世间，弥缝其缺，匡救其恶。……故由宋学演变观之，浸浸上追孔氏，而求其内圣外王之全体大用，不复孤穷性道矣。今世变愈亟，社会政治问题日益复杂，日益迫切，人类之忧方大，而吾国家民族亦膺巨难而濒于危。承学之士，本实既不可拨（本实，谓内圣之学），作用尤不可无（作用，谓外王或致用之学，与俗以机智名

---

① 后编入《十力语要》卷二，中华书局1996年版。

作用者异旨)。实事求是,勿以空疏为可安。深知人生责任所在,必以独善自私为可耻。置身群众之外而不与合作,乃过去之恶习;因任事势所趋而不尽己责,尤致败之原因。

熊还主张学习科学知识,接受科学方法的训练:

> 初学若未受科学知识的训练,而欲侈谈哲理与群化治术等等高深的学问,便如筑室不曾拓基从何建立?……务望于科学方法及各科常识,尤其于生物学、心理学、名学及西洋哲学与社会政治诸学,必博采译述册子,详加研索。

总之,熊在书院宗旨上,主张吸收科学、哲学等西方学术思想,研究哲学与文史诸学,学以致用,对学术文化有所发展,对国家民族有所作用。而马在《书院之名称旨趣及简要办法》、《复性书院缘起叙》、《复性书院简章》中拟定的书院宗旨是"综贯经术、讲明义理",也就是专讲经术义理之学,不但排斥科学和哲学等西方学术思想,还要排斥传统的致用、考据、词章之学。稍做对比,就会发现二者差距有多大。而在具体的教学方法上,熊也公然批评马一再强调的"体认"方法,而主张逻辑思维:

> 吾国学术,凤尚体认而轻辩智,其所长在是而短亦伏焉。诸生处今之世,为学务求慎思明辨,毋愧宏通,其于逻辑宜备根基,不可忽而不究也。

凡此种种,均可见熊在书院宗旨上的一整套看法,都是对马的一个"反动"。

关于书院体制,熊虽然附和马说"不隶属现行学制系统之内",但又认为"亦决不沿袭前世遗规",不能取佛教丛林制。他明确主张采用现代大学研究院制度:

> 至书院地位,则相当于各大学研究院。

熊还鼓励教师、学生,随时建议,变革书院现今制度,建设理想的新制度:

> 书院开创伊始,在主讲与吾等意思,亦不必欲专凭理想以制定一切规章,唯欲随时酌度事宜,以为之制。……今后教者(通指主讲与诸教职员)学者(肄业生及参学人)俱各留心于学业,及事务各方面之得失利弊等等情

形，随时建议，毋或疏虞，庶几吾人理想之新制度将有善美可期矣。

马在书院体制上的一切规定，都面临被动摇的危险。

试想 1939 年 9 月 17 日复性书院内，主讲马一浮先生端坐讲席之上，身旁熊十力先生却长篇大论，慷慨激昂，每一句话都像是在和自己唱对台戏，学理不论，单从人情上讲，只怕也很难接受吧。熊类似的讲学，应该不会仅此一次。或许它们已在学生中发生了影响，马要正本清源；或许尚未发生影响，马要防微杜渐，于是他走上讲堂，告诫学生要"善"听熊先生之言。或许他会说，熊先生讲哲学讲科学、讲致用讲事功等等，都是"一时权说，非笃论也"①，书院之根本还是在经术义理，诸生要善于分辨领取；或许他会说，熊先生以书院等同于大学研究院，只是一时戏论而已，书院"不能援大学文科研究院为例"②，诸生要善于分辨领取；等等。马在课堂上与熊的学术论争，经过学生无意或有意地歪曲之后，传到熊的耳朵里就成了针对个人的讥评非议。熊或许会认为，自己之来书院全为朋友之情，而今马却对自己流言中伤，毫无友朋之谊，从人情上讲，只怕也很难接受吧。熊马二人既在学理上不合，人情上又已疏离，十年的交情也就只能到此结束。

值得注意的是，熊十力离开复性书院，以及他和马一浮的绝交，另有一非常隐晦的原因，这就是熊的神秘主义思想发生了作用。据王元化先生回忆，熊"身上有些神秘的东西"，比如"他认为梦是预兆休咎的，不能尽以变态心理去说明"；又比如，王先生去探访他，他竟很认真地给王先生看相。③在一次闲谈中，我向王先生提起此事，说熊有点"迷信"；王先生纠正我说，不能说是"迷信"，而是"神秘主义"。熊的这种神秘主义思想，在复性书院一事上，起了一定的作用。从 1939 年 7 月 12 日马致熊的书札可以看出，熊当时之所以不愿意赴乐山，除了与马在书院宗旨和体制上有分歧外，另外就是因为他认为自己命中主木，不

---

① 《马一浮集》第 2 册，浙江古籍出版社、浙江教育出版社 1996 年版，第 539 页。

② 《马一浮集》第 2 册，浙江古籍出版社、浙江教育出版社 1996 年版，第 535 页。

③ 王元化：《熊十力二三事》，《清园文存》第 2 卷，江西教育出版社 2001 年版。

宜往西方,因西方主金,金克木,而乐山在重庆以西,乐山之行恐有危险。马亦通阴阳方位之术,他为熊解释说,木就金,正可以"成栋梁之用,非不吉也",打消了熊的顾虑。①熊终于在 1939 年 8 月上旬抵乐山。但非常巧合的是,就在熊到乐山后不足半月,也就是 8 月 19 日,日寇飞机轰炸乐山,马和书院同仁均未受伤,唯独熊的住处被炸毁,并伤到左膝。这一事件,在一般人看来,纯属巧合;但在熊看来,则是自己预感的应验。这一"神秘"的事件让熊感到不安,对马也更为不满,以至愤而出走,乃至和马断绝交情。从 1939 年 12 月 7 日马致熊的最后一封信可以看出,熊在 12 月 1 日致马的绝交书中,除了责怪马对自己妄有訾议外,另一点就是责怪马在自己被灾之后未能尽调护之力。可以说,熊最初之不愿意来乐山,最后愤而离开复性书院,其神秘主义思想都在一定程度上发生了作用。这一点似乎还没有人明确论及。

三

综观熊马二人前前后后的争论,其焦点还是落在书院体制和宗旨之上。在体制上,熊主国立,马主社会性;熊主现代学校制,马主佛教丛林制;熊认为应该为学生规定资格出路,以广聚天下之才,马认为不能为学生规定资格出路,以坚定其向学之心。在宗旨上,熊主哲学和文史诸学之研究,马主经术义理之学之讲习;熊主学以致用,发展学术,作用国家,马主学以受用,入德闻道,成就自己。一言以蔽之,熊主张建"国立文哲学院",使传统儒学教育向现代学校教育作转化;马主张建"复性书院",以传统儒学教育补现代学校教育之不足。

熊十力和马一浮在书院体制和宗旨上的论争,其实根源于二人学术思想上的巨大差异。熊十力学术思想的一个突出特征,就是具有近代中国学术普遍具有的科学主义或知识主义的倾向。这表现为熊积极引入知性分析和逻辑思辨,

---

① 《马一浮集》第 2 册,浙江古籍出版社、浙江教育出版社 1996 年版,第 541 页。

以构造本体论和宇宙论,变儒家的心性义理之学为可以讲说的哲学知识。对于熊的这一学术路向,马一浮和梁漱溟都做出过严肃的批评。梁说,熊"口口声声以'内证离言''体神化不测于人伦日用之间'为哲学旨归,而实则自己不事修证实践,而癖好着思想把戏"①;马说,"熊著之失正坐二执二取,骛于辩说而忽于躬行,遂致堕增上慢而不知"②。熊曾致信梁漱溟,说明了自己的苦衷:

> 我喜用西洋旧学宇宙论、本体论等论调来谈东方古人身心性命切实受用之学,你自声明不赞成。这不止你不赞成,欧阳师、一浮向来也不赞成。我所以独喜用者,你们都不了解我的深心。……我的作书,确是要以哲学的方式建立一套宇宙论。这个建立起来,然后好谈身心性命切实工夫。我这个意思,我想你一定认为不必要,一浮从前也认为不必要,但也不反对我之所为。你有好多主观太重之病,不察一切事情。我一向感觉中国学校占势力者,都不承认国学是学问。身心性命这些名词他讨厌,再无可引他作此工夫。我确是病心在此,所以专心闭户,想建立一套理论,这里的苦况无可求旁人了解。③

熊说,自己以哲学的方式构造本体论和宇宙论,就是为了适应现代学校教育,先把儒家的心性义理之学转化为可以讲说的知识和理论,再以此引导学生做心性义理的切实的功夫。熊在书院宗旨上大力宣讲哲学、知识、逻辑等等,其原由正在于此。与熊不同,马的学术路向,是反科学主义或反知识主义的。马曾致信熊十力说:

> 科学家可以语小,难与入微。哲学家可与析名,难与见性。④

> 兄尝揭穷神知化、尽性至命二语为宗旨,今所言何其与前者不类也。

> 且兄固言人而不仁其于科学何,弟于此言曾深致赞叹。今欲对治时人病

① 梁漱溟:《读熊著各书书后》,《勉仁斋读书录》,人民日报出版社 1988 年版,第 118 页。
② 《马一浮集》第 2 册,浙江古籍出版社、浙江教育出版社 1996 年版,第 704 页。
③ 《熊十力全集》第 8 卷,湖北教育出版社 2001 年版,第 758—759 页。
④ 《马一浮集》第 2 册,浙江古籍出版社、浙江教育出版社 1996 年版,第 525 页。

痛,亦在教其识仁、求仁、体仁而已。任何哲学、科学,任何事功,若不至于仁,只是无物,只是习气。兄固日日言以见性为极,其所以诏来学者,固当提持向上,不可更令增上习气,埋没其本具之性也。[1]

马认为,学问的终极追求是仁,是心性义理,是道德价值。科学家、哲学家所采用的分析和思辨的方法,只能获取科学知识、哲学知识,而不能体认隐微的心性义理,即不能识仁、求仁、体仁。任何科学、哲学如果不以道德价值为引导,不以仁为终极诉求,则毫无意义,甚至还可能成为习气,遮蔽人之本心。因而马极力反对熊十力以现代学校教育的方式宣讲哲学、知识、逻辑等等,始终强调学者身体力行地道德修养和价值体认。

熊十力学术思想的另一个突出特征,就是具有近代中国普遍具有的民族主义或国家主义的倾向。熊早年曾参加辛亥革命,后虽远离政治,但并未放弃民族独立、国家富强的革命理想,始终为民族国家的兴衰存亡而忧患不已。这使熊重事功,重致用,不主张学生与世绝缘,独善其身,而马的学术路向却是非民族主义或非国家主义的。马曾致信熊十力说:

吾侪今日讲学,志事亦与古人稍别,不仅是为遗民图恢复而止。其欲明明德于天下,百世以俟圣人则同;不以一国家、一民族、一时代为限则别。此义非时人所骤能了解,将谓无救于危亡。其效不可得而睹,其不可合也明矣。[2]

马所担忧的不是民族国家之危亡,而是天下人心之遮蔽;其讲学志向不在救亡图存,而在明明德于天下。可以说,马的学术路向既是个人主义的,又是世界主义的。马强调的是个人对自心义理的体取,强调的是从个人的人格修养做起。而如果人人都能识仁、求仁、体仁,那么各民族各国家之间的争端隔阂,也必将归于平息,全世界全人类也必将归于大同。因而马反对熊的以民族国家为号

---

[1]《马一浮集》第2册,浙江古籍出版社、浙江教育出版社1996年版,第540页。

[2]《马一浮集》第2册,浙江古籍出版社、浙江教育出版社1996年版,第534页。

召，提倡经世致用之学，以拯救民族国家于危亡；而是以世界人类为号召，提倡心性义理之学，以明明德于天下。①

马曾说："天下之为学者亦多术矣，约之不出二途。一则资多闻以求时用，一则重体究而贵自得。二者不可强同。"②总括地说，熊的学术路向，正在"资多闻以求时用"，马的学术路向则在"重体究而贵自得"。马1930年回绝陈大齐的往教北大之请时，曾说"方今学子务求多闻，则义理非所尚；急于世用，则心性非所先"③，这也可看作是对熊的学术路向的批评。熊马学术路向的巨大差异，导致了二人办学思路的不同，成为二人激烈论争的根源所在。

从熊十力和马一浮的论争来看，不论是在学术路向，还是在办学思路，马都始终坚守传统儒学和传统儒学教育的古老精神，而熊则努力适应时代潮流，促成传统儒学和传统儒学教育的现代转化。熊马之争正代表着传统儒学和传统儒学教育在现代社会生存和发展的两种不同形态之间的冲突。两种形态孰优孰劣，以及是否还有第三种或更多形态存在的可能等问题，只能等待时间的检验与历史的回答。而不论如何，熊马之争对于我们思考传统儒学和传统儒学教育的现代转型问题都将具有重要的启发意义。

---

① 关于马一浮的世界主义思想，可以参见拙文《世界大同中外一家——论马一浮的世界主义》，(加拿大)《文化中国》2011年第2期。

② 《马一浮集》第2册，浙江古籍出版社、浙江教育出版社1996年版，第985页。

③ 《马一浮集》第2册，浙江古籍出版社、浙江教育出版社1996年版，第516页。

禅艺合一的心灵至境

——石涛"远尘"、"脱俗"论的佛学疏解

苏荟敏[*]

石涛不仅是清初的伟大画家,还是一位杰出的美学家。在晚年精心结撰的《画语录》一书中,石涛以"一画"为核心建构起严密的美学体系。在他看来,"一画"构成了宇宙与艺术的本根:"一画者,众有之本,万象之根。"(《一画章》)不过,作为宇宙与艺术本根的"一画"并非外在于人的。[①]"夫画者,从于心者也。"(《一画章》)可以认为,从"心灵"或者说"艺术心灵论"的角度来思考"一画"以及艺术问题,正是石涛美学思想的基本维度。具体而言,石涛的艺术心灵论包含两个层面,其一是"心灵转化"论,由"尊受"、"蒙养"与"生活"这三个重要的概念及学说构成,主要讨论日常经验的"非艺术的心灵"如何转化为"艺术心灵"的问题;其二是"心灵至境"论,由"远尘"、"脱俗"两个命题构成,侧重对艺术心灵本身存在状态的探究。本文将主要讨论石涛美学思想中的"心灵至境"论,即"远尘"、"脱俗"之说。此外,石涛对心灵问题的探究受佛教与禅宗的影响颇深,不仅作为心灵转化基本原则的"尊受"说源自佛学有关"受"与"识"的理论,石涛在此提出的"远尘"、"脱俗"论也各有其佛学渊源。因此,本文也可视为对石涛"远

* 苏荟敏(1979—),云南大学文学院副教授,著有《石涛〈画语录〉美学思想研究》等。本文发表于《美育学刊》2012年第4期。

① 参见苏荟敏:《石涛〈画语录〉美学思想研究》,中国社会科学出版社2011年版,第45—57页。

尘"、"脱俗"论的佛学疏解。

一、"远尘离垢"

石涛的"远尘"之说,源自佛教"远尘离垢"的论述。"远尘离垢"语,于诸佛经中屡见不鲜,如《中阿含经》卷四:"远尘离垢,诸法净眼生。"①《杂阿含经》卷十五:"尔时,世尊说是法时,尊者憍陈如及八万诸天远尘离垢,得法眼净。"②《维摩经》:"三万二千天及人,知有为法皆悉无常,远尘离垢,得法眼净。"③等等。究其义理,"远尘离垢"即远离"尘垢"之义。"尘垢",在佛学中乃是"烦恼"的总名。《入阿毗达磨论》卷上云:"烦乱逼恼身心相续,故名烦恼,此即随眠。"④佛学又谓潜在的烦恼种子为"随眠",显在表面的烦恼之现行为"缠"。所以,《阿毗达磨大毗婆沙论》卷一八二云:"远尘者,谓远随眠;离垢者,谓离缠垢。"⑤"远尘离垢",即远离诸烦恼种子及其现行之谓也。从这里我们也可以看到,石涛的"远尘"是就心灵问题而言的。

在《远尘》章中,"尘"与"劳"难舍难分。"劳"者,"尘劳",尘垢劳恼之意,指凡夫为"尘"所垢染而身心劳乱。"尘劳"也是烦恼之异名。可以看到,"尘垢"、"尘劳"皆为烦恼义,而且都与"尘"有关。何谓"尘"?"尘"在佛教中有两种含义。其一,指微细的一种显色,为色法之一。其二,指"根"所相接相应的"对境",即一般所说的心意感觉的对象。"尘垢"、"尘劳"之"尘"是从"尘"的第二种含义来说的,佛教有"六根六尘"之说。"六根",即"眼"、"耳"、"鼻"、"舌"、"身"、"意"。"根"为"能生"之义,"六根"能生"六识",故名"六根"。"六尘",也称"六境",指的是"色"、"声"、"香"、"味"、"触"、"法"。"六尘"与"六根"相对应,

---

① 《大正藏》第1卷,(台北)佛陀教育基金会出版社1990年版,第448页中。
② 《大正藏》第2卷,(台北)佛陀教育基金会出版社1990年版,第104页上。
③ 《大正藏》第14卷,(台北)佛陀教育基金会出版社1990年版,第539页上。
④ 《大正藏》第28卷,(台北)佛陀教育基金会出版社1990年版,第984页上。
⑤ 《大正藏》第27卷,(台北)佛陀教育基金会出版社1990年版,第913页中。

"根"与"尘"（"境"）相接即生"识"，是为"六识"。但是，此"六识"实为"妄识"。这里的"妄"，既指"虚妄分别"，也指"虚妄执着"。所谓"虚妄执着"，即是对"六尘"的执着妄念。执着于"六尘"，则本来自性清净之心即被染污。心被染污，则生无穷颠倒梦想、无穷烦恼。《法界次第初门》云："尘以染污为义，以能染污情识，故通名为尘也。"①"尘"，在此意义上即是染污。因此，众生欲远离烦恼，远离"尘垢"和"尘劳"，就必须"远尘"。

进而言之，"远尘"或者说"远尘离垢"的结果，就是"净法眼生"、"得法眼净"。"法眼"，即了知差别诸法、洞观如幻缘起、彻见佛法正理的"智慧之眼"。佛教有"五眼"之说，即"肉眼"、"天眼"、"慧眼"、"法眼"、"佛眼"。这里关键的是"慧眼"与"法眼"的区别。《大智度论》卷三十三云："为实相故求慧眼，得慧眼，不见众生，尽灭一异相，舍离诸着，不受一切法。智慧自内灭，是名慧眼。"②"不见众生，尽灭一切相"、"舍离执着，不受一切法"，就是"空"。这表明"慧眼"即是彻悟世间万法"空"理的智慧。那么，"慧眼"与"法眼"的区别何在？ 如果说"慧眼"是"从假入空"的话，"法眼"则是"从空入假"。《神会和尚禅话录》云："见清净体，无见无无见，名为法眼。"③"无见"，即了悟万法皆"空"；"无无见"，则又不执于"空"，于"空"中见其"妙有"。正如《宗镜录》云："慧眼明空，法眼辨有。"④从大乘中观的角度来看，体证"真空妙有"的"法眼"无疑是更高的层次。这里也就进一步涉及"净法眼"、"法眼净"中"净"的问题。"净"，清净无垢义。关于"清净"，佛家有"自性清净"、"离垢清净"之说。"自性清净"，即万法皆空，自性本来清净。"离垢清净"，离烦恼而成清净。这两者在根本上是统一的，因为自性本来清净，所以才可远离尘垢烦恼；只有远离尘垢烦恼，方得回复自性清净。正如"法眼"悟"空"却又不执于"空"，把握到"真空妙有"的妙谛一样，心净也不可执

---

① 《大正藏》第 46 卷，（台北）佛陀教育基金会出版社 1990 年版，第 666 页上。
② 《大正藏》第 25 卷，（台北）佛陀教育基金会出版社 1990 年版，第 305 页下。
③ 杨曾文编校：《神会和尚禅话录》，中华书局 1996 年版，第 94 页。
④ 《大正藏》第 48 卷，（台北）佛陀教育基金会出版社 1990 年版，第 861 页上。

着于"净"。若执着于"净",则又堕入名相分别的妄念之中。所以,"法眼"之"净",乃是"垢净不二"之"净"。《心经》云:"诸法空相,不生不灭,不垢不净,不增不减。"①来无所着,过无踪迹,不粘不滞,本自清净,何来染着之有?这样的"究竟清净",方为"远尘离垢"的最高境界。

在对"远尘"的佛学渊源加以疏解的基础上,我们回到石涛本人的"远尘"之说。虽然石涛并非把佛教的"远尘离垢"照搬到《画语录》中,但其论述却处处洋溢着佛禅的意趣。从其佛学的渊源出发,《远尘》章篇幅简短,其丰厚的意蕴却不容忽视。

> 人为物蔽,则与尘交;人为物使,则心受劳。(《远尘》章)

"物",即外物。这里石涛无疑是受到中国传统美学中的"物感"说的影响。《乐记》云:"人心之动,物使之然也。感于物而动,故形于声。"一切艺术皆源于心物的交感。但这同时也就埋下了心妄执于物,乃至为物所蒙蔽、驱使的隐患,即石涛所说的"蔽"与"使"。心为物所蒙蔽,从佛学上讲,就是被染污,是为"尘交"。心为物所驱使,则陷于颠倒错乱的烦恼之中,是为"受劳"。合而言之,就是心为"尘劳"所占据,堕于种种迷梦烦乱之中不能自拔。这还是就普遍的"尘劳"情况而言。接下来,石涛进一步联系到具体的艺术创作:

> 劳心于刻画则自毁,尘蔽于笔墨而自拘,此局隘人也。(《远尘》章)

"尘劳"在艺术创作中的表现有二:其一是"劳心于刻画",即斤斤于外物形象的描摹刻画,被"形似"的观念所拘。在石涛看来,这实际上就是心为物所驱使的表现。在艺术创作中心为物使,导致的后果是艺术品质的低劣,是为"自毁"。其二是"尘蔽于笔墨",即执迷于笔墨工具和技法形式本身,为工具而工具,为技法而技法。这也是心为物蔽的一种表现。在这种情况下,心灵为工具所束缚,真正的艺术潜力得不到发挥,是为"自缚"。石涛认为,"自毁"、"自缚"

---

① 《大正藏》第8卷,(台北)佛陀教育基金会出版社1990年版,第848页下。

之人,就其心灵状态来说,是"局隘人"。葛洪《抱朴子·明本》:"然而喽喽守于局隘,聪不经旷,明不彻离。"①"局隘",即心灵的局促狭隘。在这里,"局隘人"与"解脱人"相对,指的就是心灵陷于"尘劳"、"尘垢"中不能自拔的人们。

在石涛看来,真正的艺术家必须解脱于"尘劳"、出离于"局隘"。他说:

我则物随物蔽,尘随尘交。(《远尘》章)

"我",在此指的是"本真之我"②。真正的艺术家的心灵是彻悟了"我"的"本来面目"的"真我"、"大我"。在这样一种状态下,"物随物蔽,尘随尘交"。此语最得佛家"得法眼净"之精髓。就如"法眼"之"真空妙有"、"净"之不垢不净一样,艺术家的"真我"之心灵,解脱于"尘劳",离染得净,但又不执着于"染"、"净"之分,而是任物尘自来自去,不粘不滞,心无挂碍。石涛认为,只有达到这一自由高超的境界,才是真正做到了"远尘":"则心不劳。"(《远尘》章)"心不劳",即心摆脱尘垢烦劳,清净自由之谓。当然,这里的"心"更多是在艺术心灵的意义上说的。石涛说:"心不劳则有画焉。"(《远尘》章)"不劳"之心,是一颗充满了艺术灵感与活力的心,也就是"一画之心"。"画乃人之所有,一画人所未有。"(《远尘》章)绘画的技艺等是一般人都可以掌握、运用的,而作为本根的"一画"则常常为"尘劳"所遮蔽,以致"人所未有"。事实上,只要在澄澈的心灵状态中,"一画"的精神与活力便会自然而然显现出来。"夫画贵乎思,思其一则心有所著而快。"(《远尘》章)"思"者,心之官能也。《孟子·告子上》:"心之官则思,思则得之,不思则不得。"这里的"思","不是指对象思维,而是指对人的存在本体的自我反思,或自我实现。'思'也就是'立',即'先立乎大者'"③。对艺术家来说,这里所"贵"之"思",就是"一画"之"思"。"一画"就是"思"所"立乎大者",是心灵向本源的切近。"所以画则精微之入不可测矣。"(《远尘》章)"入不可测",就是艺术达到出神入化的至境的表现。

---

① 葛洪:《抱朴子》,岳麓书社 1996 年版,第 48 页。
② 参见苏荟敏:《石涛〈画语录〉美学思想研究》,中国社会科学出版社 2011 年版,第 71—84 页。
③ 蒙培元:《心灵超越与境界》,人民出版社 1998 年版,第 51 页。

二、"转识成智"

在中国古代画论中,"脱俗"并不是一个新鲜的话题,如宋罗大经《论绘事》云:"虽画家一艺,然眸子无鉴裁之精,心胸有尘俗之气,纵极工妙,而鄙野村陋不逃明眼。"①宋韩拙《山水纯全集》云:"作画之病者众矣!惟俗病最大。"②黄公望《写山水决》云:"作画大要,去邪、甜、俗、赖四字。"③石涛的"脱俗"之说,在一定程度上可以视为这一画论传统的继承。不过,把"俗"和"愚"、"识"联系起来,进而把"脱俗"与"智"联系起来,则是石涛的理论创见。

《脱俗》章云:"愚者与俗同识。愚不蒙则智,俗不溅则清。"又云:"愚去智生,俗除清至也。""脱俗"就是"愚去智生",而"愚者与俗同识","愚"与"俗"的关联是在"识"上,因此,"愚去智生"的关键就是"识去智生"。笔者以为,石涛"识去智生"的思想,源自佛教唯识宗的"转识成智"说。

"转识成智"是唯识宗最重要的学说之一。这里"识"与"智"对应,都是就广义的"识"④而言。"转识成智"之"识",指执着名相分别、主客区分的有漏之"识";"转识成智"之"智",指超越名相、主客分别的无漏之"识",因其了悟世间法真如实相,为究极觉悟的佛法智慧,故名"智"。在唯识宗看来,"转识成智"的根源就在"识"本身之中。"八识"之"阿赖耶识"为种子识,生起一切诸识与世间万法。"阿赖耶识"本身又有"有漏位"、"无漏位"之分。"有漏"恒起诸现行,生起种种妄识;"无漏"是为净种,净种现起,解脱一切障。因此,"阿赖耶"之"无漏位"即为"转识成智"的根本依据。"阿赖耶"先天本有"无漏",再加上后天的听闻熏习,就可以"转识成智"。

关于"转识成智"的内容,唯识宗有"八识"转"四智"之说。"八识"指的就是

---

① 傅抱石:《中国绘画理论》,江苏教育出版社 2005 年版,第 53 页。
② 傅抱石:《中国绘画理论》,江苏教育出版社 2005 年版,第 53 页。
③ 傅抱石:《中国绘画理论》,江苏教育出版社 2005 年版,第 53 页。
④ 参见熊十力:《佛家名相通释》,东方出版中心 1985 年版,第 60 页。

"眼识"、"耳识"、"鼻识"、"舌识"、"身识"、"意识"这"六识",加上"末那识"与"阿赖耶识"。"四智",指的是"大圆镜智"、"平等性智"、"妙观察智"与"成所作智"。唯识宗认为,此"四智"与"八识"随转相应,即转第八识"阿赖耶识"为"大圆镜智",转第七识"末那识"为"平等性智",转第六识"意识"为"妙观察智",转前五识为"成所作智"。"大圆镜智",亦名"镜智","此智寂静圆明,故喻如大圆镜。具无边功德,故喻如圆镜能现众像,即从喻立名"。"平等性智","第七因位,有我执故,自他差别。今由智起故,已断我执,自他平等,名平等性智"。"妙观察智","神用无方,称之为妙。善观诸法自相、共相,无碍而转,名为观察"。"成所作智","成就本愿力所应作事,名成所作智"①。可以看到,"八识"所转"四智",一方面其侧重各有不同,另一方面则相互呼应,皆广大精深佛法智慧。"成所作智是处理种种具体世俗事物的智慧,妙观察智是圆融地认识世界个性与共性的智慧,平等性智是超克自我意识优先性的智慧,大圆镜智则统摄三智,是圆满、绝对、永恒地把握万有的智慧。拥有四智,便能在任何时间地点、任何条件下,对任何对象都拥有的真理性把握,达到这种境界即已成佛。"②

需要强调的是,"转识成智"中的"识"与"智",是境界的区别,不是实体的区别。也就是说,这里的"识"和"智"是"心识"的不同境界,即"有漏界"与"无漏界"。唯识宗也把"转识成智"称为"转依"。"转依",与"识性"说有关。唯识宗有"三识性"之说。"三识性",即"依他起性"、"遍计所执性"、"圆成实性"。"依他起性","他者,缘义。一切心、心所法,即是无量见分、相分。此无量相见,要皆依托众缘而得起故,名依他起"③。诸识与一切法皆依缘而起,故名"依他起"。"遍计所执性",以"意识"为"能遍计",以一切心、心所及各相见分为"所遍计","能遍计"执着于"所遍计","随自妄情,而生误解"④。"识"有执着之性,对一切

---

① 熊十力:《佛家名相通释》,东方出版中心 1985 年版,第 212 页。
② 魏德东:《论佛教唯识学的转识成智》,《世界宗教研究》1998 年第 4 期。
③ 熊十力:《佛家名相通释》,东方出版中心 1985 年版,第 201 页。
④ 熊十力:《佛家名相通释》,东方出版中心 1985 年版,第 198—199 页。

法加以计度、衡量,故名"遍计执"。"圆成实性","二空所显,圆满成就,诸法实性,名圆成实,即是真如"①。彻悟真如实相,成就圆满正觉,证得究极智慧,故名"圆成实"。唯识宗认为,"遍计所执"最为猛烈,执法执我,故应离弃。"依他起"有染净分。染者,为"遍计执"所染。若离弃"遍计执",则显"依他起"之净分。依他净分显,则见"圆成实",洞观圆满真如实相。在唯识宗看来,这就是"转依"。"依",乃染净诸识与万法之所依,即指"依他起性";"转",乃转舍"依他起性"上之"遍计所执性",而转得"依他起性"中之"圆成实性"。这实际上是从"识性"的角度对"转识成智"的解释。这也进一步表明,"识"和"智"是境界的不同,"转识成智"是心灵在"识"之维度上的境界提升。

石涛在《脱俗》章中,正是以"转识成智"这一佛学思想为基础来讨论"脱俗"这一画论的传统问题的。他说:"愚者与俗同识。"(《脱俗》章)佛经中多有"愚者"、"愚夫"、"愚人"等说法,指不了无明、迷惑妄起的不明佛法之人。《仁王护国般若波罗蜜多经》云:"是故应知,愚夫垢识,染着虚妄,为相所缚。"愚者因"垢识"不去。良贲疏曰:"言垢识者,无始尘垢。妄分别故,名为垢识。"②"垢识"即是执着于虚妄分别之识。在石涛看来,"俗"和"愚"的心灵在"识"的维度上是一致的,都是执着于虚妄分别者。"俗因愚受,愚因蒙昧。"(《脱俗》章)"俗"缘于"愚","愚"则缘于心识为虚妄分别所染着蒙蔽。因此,"脱俗"、"去愚",就是"转识成智"。"愚不蒙则智,俗不溅则清。"(《脱俗》章)"蒙"者,蒙蔽。"溅","指液体受冲击而迸射,此处有溅染、沾染之意"③。"清",清净无垢。"愚不蒙则智,俗不溅则清"指的就是去掉心识的蒙蔽和沾染,转成清净无垢的智慧之境,或言从有漏识转为无漏智,正所谓"转识成智"。

能够"转识成智",达于智慧之境的人,石涛称之为"至人"。一般认为,这里的"至人"一语源自道家,如《庄子·逍遥游》:"至人无己。"《知北游》:"至人无

---

① 熊十力:《佛家名相通释》,东方出版中心1985年版,第202页。
② 《大正藏》第33卷,(台北)佛陀教育基金会出版社1990年版,第482页上。
③ 孙世昌:《石涛艺术世界》,辽宁美术出版社2002年版,第288页。

为。"《天下》:"不离于真,谓之至人。"笔者认为,从石涛"脱俗"说的佛学渊源来看,这里的"至人"也可能是源自佛学的"至人"之说。《四分律行事钞资持记》上:"释迦如来道成积劫,德道三圣,化于人道,示相同之,是以且就人中美为尊极,故曰至人。"①佛陀也称作"至人"。他说:"故至人不能不达,不能不明。"(《脱俗》章)"达"与"明",皆是智慧圆通、周流遍行之谓。从佛学的角度来说,智慧清净圆通,彻悟真空妙有,就能做到"事事无碍",如智通禅师《法界观》云:"物我元无异,森罗镜像同。明明超主伴,了了彻真空。一体含多法,交参帝网中。重重无尽处,动静悉圆通。"②法界无尽,动静自如。从美学的角度来说,则是艺术心灵的任运自由、空灵动荡。所以石涛说:"达则变,明则化。"(《脱俗》章)在空灵动荡的艺术心灵的观照与指引之下,万象腾踔,生气盎然,同时心手相应,运化自如,艺术臻于神妙不测之境。

　　受事则无形,治形则无迹。运墨如已成,操笔如无为。(《脱俗》章)

　　"无形"、"无迹"之语源自道家。《淮南子·原道训》:"道者,一立而万物生矣。……其动无形,变化若神;其行无迹,常后而先。"③这是道家对"道一"之神妙莫测状态的形容。石涛在此则指艺术心灵及其创造的自由。"受事则无形",心灵领纳事象却不为形貌所拘;"治形则无迹",笔墨塑造形象却能不拘成迹成法。"已成"、"无为"之语源自佛学。"已成",即"现成",不假造作安排,当体即是。"无为",即"无为法",与"有为法"对应,即非由因缘所造作,离生灭变化而绝对常住之法。"运笔如已成,操笔如无为",笔墨运腕随心自由,皆不假造作,自然呈现,当体即是,如石涛画跋所云:"丘壑自然之理,笔墨遇景逢缘。以意藏锋转折,收来解趣无边。"④在石涛看来,这就是艺术心灵的"智"的境界:"尺幅管天地山川万物而心淡若无者,愚去智生,俗除清至也。"(《脱俗》章)

①　《大正藏》第40卷,(台北)佛陀教育基金会出版社1990年版,第165页上。
②　普济:《五灯会元》,苏渊雷点校,中华书局1984年版,第1180页。
③　刘安:《淮南子》,岳麓书社1996年版,第13页。
④　汪绎辰辑:《大涤子题画诗跋》,上海人民美术出版社1987年版,第26页。

三、"无念无住"

石涛的"远尘"、"脱俗"之说还受到禅宗的"无念"、"无住"说的影响。一定程度上可以说,石涛在《画语录》中所展现的艺术心灵至境就是禅艺合一的境界。

"无念"之说,并非禅宗首创。早在三国时支谦所译《佛说慧印三昧经》中,已有"无念、不动、不摇动"为佛之"慧印三昧"。不过在六祖慧能之前,未见有以"无念"本身开出修行法门并以之为宗要者。慧能《坛经》云:"我此法门,从上已来,顿渐皆立无念为宗,无相为体,无住为本。"①"无念"乃成南宗禅法门之宗要,其地位由此也空前突出。

何谓"无念"?"念",为心所之名,亦称"心念",指能令心记忆不忘所缘之事的心所。《俱舍论》卷四:"念谓于缘明记不忘。"②那么"无念"是否就意味着心念全无、心如死灰呢?《坛经》云:"无念者,于念而不念。"又云:"于一切境上不染,名为无念;于自念上离境,不于法上生念。"③这里有两点值得注意。首先,"无念",是"于一切境上不染"。"境"即是"尘","无念"就是心灵不为"尘"所染污。其次,"无念"不是心如死灰,而是"于念而不念"。慧能认为,心如死灰也是未得解脱的表现。"若百物不思,当令念绝,即是法缚,即名边见。"④"无念"之"无",不是死灭,而是"离二相诸尘劳",即在如生灭、有无、空有、人我、染净等"二相"之间取一中道,也就是不即不离、不粘不滞的立场,进而生起真如正念。慧能说:"真如是念之体,念是真如之用。自性起念,虽即见闻觉知,不染万境,而常自在。"⑤"真如",在此指的是"心性真如",即原本清净的自性本心。从此心性真

---

① 慧能著,郭朋校释:《坛经校释》,中华书局 1983 年版,第 31—32 页。
② 《大正藏》第 29 卷,(台北)佛陀教育基金会出版社 1990 年版,第 19 页上。
③ 慧能著,郭朋校释:《坛经校释》,中华书局 1983 年版,第 32 页。
④ 慧能著,郭朋校释:《坛经校释》,中华书局 1983 年版,第 60 页。
⑤ 慧能著,郭朋校释:《坛经校释》,中华书局 1983 年版,第 32 页。

如起念,虽有种种见闻觉知,但却不会执着于见闻觉知,不即不离,"不染万境",而真如常在。由此可见,"无念"实际上是无妄念,同时又生起真如之念,或者说,起正念而不起妄念。

"无念"和"无住"常常是联系在一起的。郭朋先生认为,慧能所言"无住"之"住"有两义,一为"静止",一为"执着"①。《坛经》云:"无住者,为人本性,念念不住,前念、今念、后念,念念相续,无有断绝;若一念断绝,法身即离色身。"这里的"住",即静止义。人之心念、本性即念念不绝、迁流不息。又云:"念念时中,于一切法上无住,一念若住,念念即住,名系缚;于一切上,念念不住,即无缚也。"②这里的"住",为执着义。在此意义上的"无住",指的就是心念不执着于万法妄相、名相分别,而是随缘任运,得自由解脱。如《坛经》所说:"见一切法,不着一切法;遍一切处,不着一切处,常净自性,使六贼从六门中走出,于六尘中不离不染,来去自由,即是般若三昧,自在解脱,名无念行。"③"六贼",即是色、声、香、味、触、法"六尘"。佛教认为,此"六尘"以眼、耳、鼻、舌、身、意"六根"为媒,染污清净本心,熏习有漏识种,劫夺一切善法,故名之为"六贼"。"六门",即"六根"。禅者的心灵在"无念"、"无住"之状态中,虽见一切法,遍一切处,但又不执着于一切法、一切处;保持自性清净,六尘不染,却又不离六尘,于六尘中不即不离、不染不净,来去自由,正是"般若三昧,自在解脱"之境。

联系石涛的"远尘"、"脱俗"说,"无念"与"远尘"相应,"无住"与"脱俗"相应。"远尘"者,远离尘垢,得清净无垢法眼。远离尘垢,则心不染;得清净法眼,则现心性真如。因此,"远尘"就是"无念"。石涛说,"远尘"则"心有所著而快"(《远尘》章)。此心之所著,即是真如正念,在石涛这里也就是"一画"。"快",不即不离,不粘不滞,故得畅快自由,自在解脱。"脱俗"者,转识成智,从执着虚妄分别之识转依为超越分别的实相之智。"无住",指的就是心念不执着于万法妄

① 慧能著,郭朋校释:《坛经校释》,中华书局1983年版,第33页,注6。
② 慧能著,郭朋校释:《坛经校释》,中华书局1983年版,第32页。
③ 慧能著,郭朋校释:《坛经校释》,中华书局1983年版,第60页。

相、名相分别,而是随缘任运,得自由解脱。因此,"脱俗"与"无住"在心灵境界上是一致的。石涛说,"脱俗"则"尺幅管天地山川万物而心淡若无"(《脱俗》章)。"心淡",便是慧能所说的"心如虚空",亦即"心不住于物"。《坛经》云:"何名'摩诃'?'摩诃'者是'大'。心量广大,犹如虚空……虚空能含日月星辰、大地山河、一切草木、恶人善人、恶法善法、天堂地狱,尽在空中;世人性空,亦复如是。"①心不住于物,则如光明镜,万法随缘起,尽在自性中。这与艺术心灵之"尺幅管天地山川万物",实有异曲同工之妙。由此可见,"远尘"、"脱俗"的境界,也就是"无念无住"之境。

石涛有题画诗云:

我坐松斋,求理胜最。遗其爱憎,出乎内外。去来作止,夫岂有碍。依榻或宿,御风亦迈。云行水流,游戏自在。乃处岩居,现于地上。照胸中事,往往不昧。如波底月,光烛盼睐。是镜中灯,是火非绐。根尘未净,自得瞖晦。了目所移,有若盲聩。心想之微,扁舟岂坏。辗然一笑,朝朝世界。②

这正是艺者的心胸、禅者的气象,亦是"远尘脱俗"与"无念无住"之心灵境界的写照。

---

① 慧能著,郭朋校释:《坛经校释》,中华书局 1983 年版,第 49 页。
② 汪绎辰辑:《大涤子题画诗跋》,上海人民美术出版社 1987 年版,第 24 页。

李贽"童心"说对王阳明"知行合一"
思想的吸收发展及运用

李云涛*

一、王阳明的"知行合一"思想及"致良知"之教

知与行是中国古代一对重要的哲学观念,有知先行后、知行合一、知易行难等说法。其中知主要有两种意思,一种指知识、经验,一种指先验的良知(王阳明知行合一之知即为此意),行则主要指道德实践。①韦政通先生认为,知行合一的思想"蕴涵在于孟子的哲学里,直到王阳明才发展成一套学说"②。

关于知行的思想,其实在《论语》中即有论述,如《论语·学而》载:"子曰:弟子入则孝,出则悌,谨而信,泛爱众,而亲仁。行有余力,则以学文。"③在此,孔子似乎比较看重行,即重在道德实践。但在对待个体的知识学问和德性修养,以及与实践的关系等问题上,孔子又主张:"兴于诗,立于礼,成于乐。"④(《论语·泰

---

* 李云涛(1979—),云南大学文学院讲师。本文载于《第二十一届中国古代文学理论学术研讨会论文集》(2018 年 10 月),部分内容曾发表于《学术探索》2014 年第 9 期,题为《李贽"童心"说之"知行合一"观在小说评点中的运用和体现》。

① 参见韦政通:《中国哲学辞典》"知与行"条,吉林出版集团有限责任公司 2009 年版,第 412 页。

② 韦政通:《中国哲学辞典》,吉林出版集团有限责任公司 2009 年版,第 414 页。

③ 杨伯峻:《论语译注》,中华书局 2009 年版,第 4 页。

④ 杨伯峻:《论语译注》,中华书局 2009 年版,第 80 页。

伯》》认为"不学《诗》,无以言"、"不学礼,无以立"①(《论语·季氏》),强调诗书礼乐对个体修养和立身处世的重要性,由此看来,孔子其实是提倡知行合一的。此外《论语·学而》又载:"子夏曰:事父母,能竭其力,事君能致其身,与朋友交,言而有信,虽曰未学,吾必谓之学矣。"②子夏之言,则更看重行,以为"行"中已含有"知"意在内。

孔子之后,孟子有云:"人之所不学而能者,其良能也;所不虑而知者,其良知也。孩提之童,无不知爱其亲也,及其长也,无不知敬其兄。亲亲,仁也;敬长,义也。无他,达之天下也。"③(《孟子·尽心章句上》)孟子倡导个体只要依照先验的良知良能行事,扩充发扬个体内心之"仁义礼智"四端,即可修养德性,成就圣贤品质,这里面知行合一的意思已经很明显了。

至明代,王阳明发展了"知行合一"的观点,并对其理论内涵进行了深入阐述与分析,《传习录》中详细地记载了徐爱等弟子曾就"知行合一"问题问教于阳明:

> 爱因未会先生知行合一之训,与宗贤、惟贤往复辩论,未能决,以问于先生。先生曰:试举看。爱曰:如今人尽有知得父当孝兄当弟者,却不能孝不能弟,便是知与行分明是两件。先生曰:此已被私欲隔断。不是知行的本体。未有知而不行者,知而不行只是未知。圣人教人知行,正是要复那本体。④

王阳明在此发明出"知行的本体"这样一个概念,认为"未有知而不行者,知而不行只是未知",指出行与知乃高度内在于一种哲学层面之"本体"意义内。此外,阳明还指出"知之真切笃实处,即是行;行之明觉精察处,即是知,知行功夫本不可离"⑤,可以说阳明是从先验良知与道德实践的关系方面,对儒学传统

① 杨伯峻:《论语译注》,中华书局 2009 年版,第 176 页。
② 杨伯峻:《论语译注》,中华书局 2009 年版,第 5 页。
③ 杨伯峻:《孟子译注》,中华书局 2005 年版,第 307 页。
④ 王守仁撰,吴光等编校:《王阳明全集》卷一《语录一·传习录上》,上海古籍出版社 1992 年版,第 3—4 页。后文引用《王阳明全集》,均同此注,不再注明作者和编校人员。
⑤ 《王阳明全集》卷二《语录二·传习录中》,上海古籍出版社 1992 年版,第 42 页。

中的知行合一思想在理论上给予了新的深层次的阐述。

阳明的知行合一学说,是以其"良知"思想为基础的,知行合一的"知",以及所谓"知行的本体",可以说正是指"良知"而言,知行合一即是依照良知而行,不是以外在的闻见道理为践行的准则。阳明认为这正是知行合一的理论依据与根源之所在,对此,阳明还曾借圣人的名义来加以论证与阐述,指出"知行合一"学说其实原本是圣人之意:"外心以求理,此知行之所以二也。求理于吾心,此圣门知行合一之教"①、"知者行之始,行者知之成:圣学只一个功夫,知行不可分做两事"②。

和知行合一说密切关联的是王阳明的"致良知"学说,阳明曾说:"孟子云:'是非之心,知也。''是非之心,人皆有之。'即所谓良知也。孰无是良知乎?但不能致之耳。"③在此,阳明指出,犹如孟子所言"良知"原本人皆有之,人所需要做的就是去认识、持护并发扬它,所以阳明又说:"良知良能,愚夫愚妇与圣人同。但唯圣人能致其良知,而愚夫愚妇不能致此圣愚之所由分也。"④认为圣人与常人之区别,即在于能否挖掘和发扬个体之良知。从知行合一这一理论角度来论,可以说,阳明的"致良知"学说,其实也就是孟子所谓"学问之道无他,求其放心而已矣"⑤之意。

孟子曾指出,每个人都必须扩充发扬隐藏在内心的恻隐、羞恶等仁义礼智诸要素,只有如此,对个体而言方能完善德性修养,对家庭乃至社会而言方能"事父母"、"保四海":

> 恻隐之心,仁之端也;羞恶之心,义之端也;辞让之心,礼之端也;是非之心,智之端也。人之有四端也,犹其有四体也。……凡有四端于我者,知皆扩而充之矣,若火之始然,泉之始达。苟能充之,足以保四海;苟不充之,

---

① 《王阳明全集》卷二《语录二·传习录中》,上海古籍出版社 1992 年版,第 43 页。
② 《王阳明全集》卷一《语录一·传习录上》,上海古籍出版社 1992 年版,第 13 页。
③ 《王阳明全集》卷五《文录二·与陆原静》,上海古籍出版社 1992 年版,第 189 页。
④ 《答顾东桥书》,《王阳明全集》卷二《语录二·传习录中》,上海古籍出版社 1992 年版,第 49 页。
⑤ 杨伯峻:《孟子译注》,中华书局 2005 年版,第 267 页。

不足以事父母。①

和孟子的仁义礼智四端需"扩而充之"一样，阳明的"致良知"要求的也是对个体良知"扩而充之"，此即是"致"的基本含义：

> 知是心之本体，心自然会知：见父母自然知孝，见兄弟自然知弟，见孺子入井自然知恻隐，此便是良知不讲外求。若良知之发，更无私意障碍，即所谓"充其恻隐之心，而仁不可胜用矣"。……即心之良知更无障碍，得以充塞流行，便是致其知。②

在《答顾东桥书》一文中，阳明又曾明确指出致知就是"致吾心之良知"：

> 吾心之良知，即所谓天理也。致吾心良知之天理于事事物物，则事事物物皆得理矣。致吾心之良知者，致知也。③

在此基础上，阳明进一步把"知行合一"思想和"致良知"思想联系起来，提出"致良知"的"致"即是"知行合一"的功夫的观点："易谓'知至，至之'。知至者，知也；至之者，致知也。此知行之所以一也。"④

"知至至之"出自《周易·乾卦》："君子进德修业……知至至之。""知至至之"指的是进德之事，意为君子修养德性，应首先明白提高品性应达到的程度（即"知至"），并去实现它（至之）。⑤

阳明用这个理论来阐述其"致良知"学说，他把修养德性所应达到的程度（"知至"）解释为个体之"知（良知）"，并用"致良知"的"致"来解释"至"，如此，"至之"（达到修养德性所应达到的程度）即为"致知（即致良知，恢复、完善个体之良知）"，把圣人所说的"知至至之"的思想阐述为其"致良知"思想的理论来源。

阳明在《大学问》一文中又曾明确说明此意：

---

① 杨伯峻：《孟子译注》，中华书局 2005 年版，第 80 页。
② 《王阳明全集》卷一《语录一·传习录上》，上海古籍出版社 1992 年版，第 7 页。
③ 《答顾东桥书》，《王阳明全集》卷二《语录二·传习录中》，上海古籍出版社 1992 年版，第 45 页。
④ 《王阳明全集》卷五《文录二·与陆原静》，上海古籍出版社 1992 年版，第 189 页。
⑤ 参见周振甫：《周易译注》，中华书局 1991 年版，第 5—7 页。

易言:"知至至之。""知至"者,知也;"至之"者,致知也。"致知"者,非若后儒所谓充其知识之谓也,致吾心之良知耳。①

在此,阳明一方面指出了"致良知"就是恢复个体"良知"的本然面目,这和上述"扩而充之"之意是一样的;另一方面,值得注意的是,阳明在此进一步点出了"致良知"中的"致"即是知行合一的功夫的观点。阳明认为知行合一的思想已经包含在圣人所述"知至至之"的思想之内,因为"知至"的知(即良知)具有先天性,所以说虽然"至之"(致良知)的实践行为有对知(良知)"扩而充之"的一面,但是"至之"(致良知)的实践行为却亦必须以此"知"(良知)为准则和依据,实践功夫乃是依此先天本体而展开的,是对良知本体的一种践行,所以从此一角度出发,"致知"(致良知)是即本体即功夫的,是一个知行合一的过程,故阳明说"此知行之所以一也"。

阳明在《书朱守谐卷》一文中亦曾说到"致知"思想与"知行合一"功夫之间的此种关系:

如知其为善也,致其知为善之知而必为之,则知致矣;如知其为不善也,致其知为不善之知而必不为之,则知致矣。知犹水也,人心之无不知,犹水之无不就下也;决而行之,无有不就下者。决而行之者,致知之谓也。此吾所谓知行合一者也。②

对"致知"之此"知行合一"的意义,阳明还曾举例阐述,并提出了"致知之必在于行,而不行之不可以为致知"的观点:

吾子谓:"语孝于温清定省,孰不知之?"然而能致其知者鲜矣。若谓粗知温清定省仪节,而遂谓之能致其知,则凡知君之当仁者皆可谓之能致其仁之知,知臣之当忠者可谓之能致其忠之知,则天下孰非致知者邪?意识而言,可以知致知之必在于行,而不行之不可以为致知也明矣。③

---

① 《王阳明全集》卷二十六《续编一·大学问》,上海古籍出版社1992年版,第971页。

② 《王阳明全集》卷八《文录五·书朱守谐卷》,上海古籍出版社1992年版,第277页。

③ 《答顾东桥书》,《王阳明全集》卷二《语录二·传习录中》,上海古籍出版社1992年版,第50页。

阳明有时候甚至还把"良知"提升到"道"的地位与高度，他认为"道即是良知，良知原是完完全全，是的还他是，非的还他非，是非之依着他，更无有不是处"①。基于此一意义，阳明更加看重其"致良知"的思想与功夫，认为依良知而行，乃是"天下之达道"的途径与方式：

> 是良知也者，是所谓"天下之大本"，致是良知而行，则所谓"天下之达道也"。②

从"致良知"的此种知行合一的思想出发，王阳明曾批评程朱派等学界的"格物致知"说把知行分开的思想：

> 易谓"知至，至之。"知至者，知也；至之者，致知也。此知行之所以一也。近世格物致知之说，只一知字尚未有下落，若致字功夫，全不曾道着矣，此知行是所以为二也。③

"格物致知"之说，本于《大学》思想，程朱派把其中的"知"阐释为知识、经验，所以朱熹在《四书章句集注》中指出："所谓致知在格物者，言欲致吾之知，在即物而穷其理也。"④

阳明反对程朱学者的此种重在"格物"，于"格物"上求"致知"的思想，他认为"致知"即是"致"个体内在之"良知"，更无须于外物上来求一个"良知"："天下之物本无可格者。其格物之功，只在身心上做，决然以圣人为人人可到。"⑤并对"致知格物"进行了新的阐述："吾心之良知，即所谓天理也。致吾心良知之天理与事事物物，则事事物物皆得其理矣。致吾心之良知者，致知也。事事物物皆得其理者，格物也。是合心与理为一者也。"⑥

对于阳明这种新的"格物致知"说，阳明又曾举实例进行了详细的阐述：

---

① 《王阳明全集》卷三《语录三·传习录下》，上海古籍出版社1992年版，第105页。
② 《王阳明全集》卷八《文录五·书朱守乾卷》，上海古籍出版社1992年版，第279页。
③ 《王阳明全集》卷五《文录二·与陆原静》，上海古籍出版社1992年版，第189页。
④ 朱熹：《四书章句集注》，中华书局1983年版，第6页。
⑤ 《王阳明全集》卷三《语录三·传习录下》，上海古籍出版社1992年版，第120页。
⑥ 《王阳明全集》卷二《语录二·传习录中》，上海古籍出版社1992年版，第45页。

　　知如何而为温清之节,知如何而为奉养之谊者,所谓知也,而未可谓之致知。必致其知如何而为温清之知,而实以之温清,致其知如何而为奉养之知,而实以之奉养,然后谓之致知。①

　　温清之事,奉养之事,所谓物也,而未可谓之格物。必其于温清之事也,一如其良知之所知,当如何为温清之节者而为之,无一毫之不尽;于奉养之事也,一如其良知之所知,当如何为奉养之宜者而为之,无一毫之不尽,然后谓之格物。②

可见,阳明的"格物致知"说,也是和其"致良知"思想紧密相关的,是一种知行合一的功夫。

二、李贽"童心"说之知行合一观对阳明思想的吸收与发展

在李贽的"童心"说理论中,我们亦可见出王阳明知行合一的思想及其"致良知"的功夫,李贽认为"童心"乃成人、成圣实践之根柢,主张为人处世,应保持"童心",依据"最初一念之本心"来行事,方可成人、成圣,否则便是假言假行,属假道学行经。李贽所强调的正是个体对"童心"在现实生活中的体认与实践,要求个体的言行与最初一念之本心相一致,依此"童心"而行,此可视为李贽"童心"说之"知行合一"观。

在对李贽"童心"理论中的知行合一思想进行展开论述之前,我们不妨先来看一看牟宗三记载的熊十力与冯友兰两位大师对于阳明"良知"的一段争论,因为我们亦可以从中更好地来理解李贽"童心"之知行合一思想。

对于王阳明的良知及知行合一之思想,被称为现代新儒家中第二代代表人物之一的牟宗三曾在其《我与熊十力先生》一文中记载有熊十力与冯友兰的这样一段争论:

---

① 《答顾东桥书》,《王阳明全集》卷二《语录二·传习录中》,上海古籍出版社 1992 年版,第 49 页。
② 《答顾东桥书》,《王阳明全集》卷二《语录二·传习录中》,上海古籍出版社 1992 年版,第 49 页。

你说良知是个假定。这怎么可以说是假定。良知是真真实实的,而且是个呈现,这需要直下自觉,直下肯定。①

依熊十力的意思,"良知"只有在现实生活中去施行,在个体生命中去呈现,才是真知真行,才是阳明所说"良知"之本意。熊十力在此所说的正是王阳明的"知行合一"及"致良知"思想。

牟宗三对熊十力的"良知"是真实的存在,并应呈现在个人的生命与生活中的说法,有着很深的理解和感悟,并认为这是一种"关于生命的学问",他说:

……这些重要的关节,使我常常被拖到"存在的"现实上,亦使我常常正视这"存、在的"现实,而体会另一种义理。这便是从外在化提起来而向内转以正视生命。这另一义理就是关于生命的学问。不打落到"存在的"领域上,是不能接触这种学问的。②

牟宗三所谓的这"另一种义理"——"关于生命的学问"——须"打落到'存在的'领域上"来体认的说法,乃是就其所处之历史境遇和自身经历而言的,其意义在于强调个体应如何在其时混乱的世道与艰难的生活中,去体悟和证实"良知",探究生命与人生之价值意义。

这不禁让我们想起李贽之"童心"说理论,李贽所处的中晚明时代,程朱道学依然占据着思想界的主导地位,朝廷以朱熹所注解的四书五经等典籍为八股科举的主要教材。考试既已被限定了题材与内容,明代士子作文,丝毫不容有自己的思想和创作,只能依循程朱思想来写文章,即所谓"代圣贤立言"。程朱道学派的思想由此深刻并有力地影响、左右着有明一代士人的思想和命运,也成为了明代科场士人毕生之思想桎梏。

在此之下,明代士人对于六经、《论语》、《孟子》的学习,不是作为学术经典来加以研究与阐述,而是假此以登富贵仕途。为了博求功名利禄,为了应对八

---

① 牟宗三:《生命的学问》,广西师范大学出版社 2005 年版,第 108 页。
② 牟宗三:《生命的学问》,广西师范大学出版社 2005 年版,第 108 页。

股考试,明代的士人学者们把毕生的精力都耗费在对程朱思想解释下的儒家典籍的钻研中,结果丧失了独立自由的学术思想能力。对于明代的此种学风、士风之弊病,李贽从根源上做了深刻的分析与揭露,指出正是由于对在程朱理学的阐释与科举制度规定下的六经等儒家经典的一味固守与盲目遵奉,使得读书人丧失了与生俱来的"绝假纯真,最初一念"之本心、真心、童心:

> 童心者,心之初也。夫心之初曷可失也! 然童心胡然而遽失也? 盖方其始,有闻见从耳目而入,而以为主于其内而童心失。其长也,有道理从闻见而入,而以为主于其内而童心失。……夫道理闻见,皆自多读书识义理而来也。古之圣人,何尝不读书哉! 然纵不读书,童心固自在也,纵多读书,亦以护此童心而使之务失焉耳,非若学者反以多读书识义理而反障之也。夫学者即多以读书识义理障其童心矣,圣人又何用多著书立言以障学人为焉?①

其结果是造成了士人虚假的人格精神,明代学术界亦由此形成了一种普遍的性伪的假道学之风气:

> 童心既障,于是发而为言语,则言语不由衷;见而为政事,则政事无根柢;著而为文章,则文辞不能达。非内含于章美也,非笃实生光辉也,欲求一句有德之言,卒不可德。②

在假道学的不良士风之下,自谓尊奉圣学者,"平居无事,只解打恭作揖,终日匡坐,同于泥塑,以为杂念不起,便是真实大圣大贤人矣。其稍学奸诈者,又搀入良知讲席,以阴博高官。一旦有警,则面面相觑,绝无人色,甚至相互推委,以为能明哲"③。李贽认为,这样的假道学者言不顾行,行不顾言,平时满口性命道德之谈,实则专为博求富贵,既缺乏真才实学,又没有成就圣人德性之根柢,"都会做大官,都会做大财主,只少会做大圣人"④。故李贽叹谓:"若失却童心,

---

① 张建业主编:《李贽文集》第3卷《焚书·童心说》,社会科学文献出版社2000年版,第92页。
② 张建业主编:《李贽文集》第3卷《焚书·童心说》,社会科学文献出版社2000年版,第92页。
③ 张建业主编:《李贽文集》第4卷《焚书·因记往事》,社会科学文献出版社2000年版,第146页。
④ 佘永宁辑:《永庆答问》,厦门大学历史系编:《李贽研究参考资料》第2辑,福建人民出版社1976年版,第4页。

便失却真心；失却真心，便失却真人！"①并痛心疾首地大声疾呼："呜呼！吾又安得真正大圣人童心未曾失者而与之一言文哉！"②

李贽的"童心"说理论，正是针对上述假道学风气而产生的，强调的是对个体自然真情的承认与肯定，对个体"童心"、"真心"之体认与发扬，这是一种生命的学问，其意义和牟宗三所说的"良知"应在"'存在的'现实上"之层面来体认的实存意义是一样的，需要在当下的生活之中来体验和印证。故李贽才指出"童心"乃为人、为"真人"之根本，此"童心"乃个体"绝假纯真"、"最初一念之本心"，个体在为学为事为人上，必须本着这"绝假纯真"、"最初一念之本心"，毫不掩饰，真真切切地体认和实践。如果口是心非、弄虚作假，则是"以假人言假言，而事假事文假文"。我们认为，正是在此一意义上，李贽之意和熊十力先生所说的"良知"是个体生命的真实"呈现"是一样的，李贽所强调的正是个体对"童心"之"直下自觉，直下肯定"的体验与实践，强调的正是"童心"的当下之真实"呈现"。

可以说，这正是李贽对关于何为圣人，以及个体如何成圣问题之思考与解答，也是其"童心"说所含之哲学思想的实践意义之所在。个体应时刻保持自我"童心"、"直下自觉，直下肯定"此"绝假纯真"之"童心"之"最初一念"，并在此基础上展开个体的德性修养与生命的实践活动，如此方不失为"真人"，方可臻于圣人境界，这正是李贽"童心"说思想的哲学意义之所在，是李贽成圣、圣人意识之具体体现。保持自我"童心"，即可成就圣人品质，这其中也体现出李贽对个体生命价值的积极肯定与关怀。

结合前面所述阳明的"未有知而不行者，知而不行只是未知"和"致良知"之依良知而行之意，以及所谓"决而行之者，致知之谓也，此吾所谓知行合一者"的思想，我们认为，这极有可能会对李贽"童心"说所强调的每个人都应保持其"童心"并以此来展开为人、成圣之实践功夫的思想有很大的影响。因为在对于依

---

① 张建业主编：《李贽文集》第3卷《焚书·童心说》，社会科学文献出版社2000年版，第92页。
② 张建业主编：《李贽文集》第3卷《焚书·童心说》，社会科学文献出版社2000年版，第92页。

何"行"和如何"行"的方面,李贽"童心"说注重和强调的正是依自我之"童心"行事,依此童心之"最初一念"行事。这和阳明"致良知"的实践行为必须以"知(良知)"为准则和依据,实践功夫乃是依此"良知"本体展开的,是对良知的一种践行一样。从此一角度出发,李贽的"童心"说理论似有阳明依个体良知而行的此种"知"、"行"合一之要求与思想,这或许可以看作是李贽"童心"说的"知行合一"观。

不过,由于"童心"与"良知"的内涵毕竟不同,李贽"童心"说之知行合一观与阳明"致良知"的知行合一说之间又有差别,在李贽的"童心"理论中,我们并未看到像王阳明"致良知"中那种需对"良知""扩而充之"的基本含义(犹如孟子所谓仁义礼智四端应"扩而充之"一样),也未看到阳明"圣人教人知行,正是要复那本体"①的意思。

这是因为阳明认为:"良知良能,愚夫愚妇与圣人同。但唯圣人能致其良知,而愚夫愚妇不能致,此圣愚之所由分也。"②故其四句教云:"无善无恶心之体,有善有恶意之动,知善知恶是良知,为善去恶是格物。"③讲究的是"知善知恶、为善去恶"功夫,要回复的是那"无善无恶"的心体,是故王阳明又提倡知行合一和"致良知"的学说。故而阳明论学,终其一生都非常看重知行合一及"致"的功夫,这和宋明儒历来所讲的居敬穷理,主静、主诚、主敬的心性、道德修养功夫是同样的道理。

正是因为李贽的"童心"说理论中,没有王阳明"致良知"中那种需对"良知""扩而充之"的含义,也没有阳明"圣人教人知行,正是要复那本体"的意思,在李贽那里,个体之"童心"、"真心"已是圆满的,其中纵然含着本能的私欲、私利,但却是自然真实的,所以每个人只要依着自己的"童心"、"绝假纯真之本心"来行事,即可展开成人、成圣之实践功夫,可以说这正是李贽在肯定自我、体悟自我方面比前人更有超越性的地方,也是其知行合一思想的特色之所在。

---

① 《王阳明全集》卷一《语录一·传习录上》,上海古籍出版社1992年版,第3—4页。
② 《答顾东桥书》,《王阳明全集》卷二《语录二·传习录中》,上海古籍出版社1992年版,第49页。
③ 《王阳明全集》卷三《语录三·传习录下》,上海古籍出版社1992年版,第117页。

三、李贽"童心"说之知行合一观在其小说评点中的运用与发挥

和前人相比,李贽的"童心"已非程朱道学派的形而上的"理"、"气"之类的概念,亦非孟子、阳明之先验的"仁义礼智之性"和"良知良能",而是人的"绝假纯真"之自然"本性",强调的是人的"自然真情",其本质就是"纯"与"真"。所以李贽强调用"童心"导引"实践"行为,也即是把此种"纯"、"真"扩而充之于一切实践。这种思想在李贽的小说评点中也得到了具体的阐述、运用与发挥,如对《水浒传》中李逵、鲁智深等小说人物性格形象的评点与分析,即依"童心"之"自然真情"理论和此种"知行合一"的思想来展开。

张少康先生曾这样评价李贽的《水浒》评点:

> 从批点的总体内容看,容本主要借批评《水浒》来进行社会批评,抨击朝廷腐朽黑暗,痛骂贪官污吏,揭露假道学的虚伪性,赞扬"率性而为"的言行。①

对于张少康先生所说的李贽"揭露假道学的虚伪性,赞扬'率性而为'的言行"的小说批点,我们认为其深层的理论根源和思想依据正是"童心"说理论,尤其是其中重视个体自然真情的思想及个体实践须依"童心"而展开的知行合一观。

在对《水浒传》评点中,李贽一方面通过对鲁智深、武松、李逵等小说人物的纯真性格,以及率性而为的言语行径的赞扬,指出李逵等人的一切言行,都是根据"绝假纯真"、"最初一念"之"本心"而发生和展开的,在他们的身上,知与行得到了高度的合一,他们都是"童心未曾失者",是"真正大圣人"。一方面又以"童心"、"真心"理论为参照,来展开对当时社会上那种争名夺利,一心想着高官厚禄,但却沽名钓誉、高谈性命道德,装出圣人模样的假道学风气的批评。可以说

---

① 张少康、刘富三:《中国文学理论批评发展史》下,北京大学出版社1995年版,第238页。

在对小说中的这些人物性格形象的深刻挖掘与评点之中,李贽"童心"说的知行合一理论也因之获得了更为宽广的阐述与运用的空间和更为具体、丰富细腻的理论内涵。

在《水浒传》当中,李贽最为挚爱的是鲁智深、武松、李逵、石秀、燕青、三阮一类的英雄人物形象,对于这些英雄人物路见不平、拔刀相助的仗义行径,忠义正直、光明磊落的思想行为,以及率性而为、毫不虚假的纯真性格,自然天真的语言,李贽都给予了高度的赞赏和评价。其中,尤以鲁智深和李逵的性格最为直爽、率真,最具真性情,也是最能集中体现李贽"童心"说理论的两个性格形象,李贽最爱这两个人物,故而也特别着意于对这两个人物之性格形象的评点。

在李贽看来,鲁智深就是一个"童心未失"之人,其所做所为,一言一行,都是佛性的表现,非常人所及,在他的身上具有真正的成佛成圣的思想根基。如在《水浒传》第三回"鲁提辖拳打镇关西"这一故事情节中,对鲁智深痛惩市井泼皮恶霸,为世间弱小受欺压者争取天理、公道之正义行径,极为赞赏,并连连评价鲁智深为:"直人"、"佛"、"真忠义"、"大丈夫,真男子!""活佛"、"仁人,智人,勇人,圣人,神人,菩萨,罗汉,佛"①。

李贽之所以对鲁智深给予如此之高的赞誉,可以说正是因为在鲁智深这个小说人物的身上,能够很好地体现出李贽一生所追求和提倡的理论思想。鲁智深的一切言行,都是以其纯真的思想性格为依据的。他不懂礼教,说话做事只依照自己的想法,率性而为,完全不懂得去遵守世俗的礼仪规范。在常人看来那是非常荒谬可笑的,但在李贽看来,鲁智深的性格和言行,却是非常地真实、自然和可爱可贵,鲁智深其实就是演绎李贽"童心"说理论的一个活生生的人物形象。李贽提倡的"童心"乃成人、成圣实践之根柢,主张为人处世,应保持"童心",依据"最初一念之本心"来行事,方可成人、成圣,否则便是假言假行,属假

①　厦门大学历史系编:《李贽研究参考资料》第3辑《李贽与〈水浒传〉资料专辑》,福建人民出版社1976年版,第7页。

道学行径,强调个体的实践须依"童心"而行,与"童心"相一致的知行合一的思想,都在鲁智深的身上得到了很好的印证和体现。李贽之称赞鲁智深有佛性,正是因为鲁智深的自然真实的性情,这即是李贽之所以如此热爱和赞美鲁智深的真实原因。

鲁智深之外,李逵是李贽小说评点中的另一重点人物。李贽认为李逵乃是情真意实,生死可托的忠义之士,并对李逵心直口快、卤莽率真的性格十分喜爱,在小说第三十八回"及时雨会神行太保,黑旋风斗浪里白条"的回末总评里,李贽给予了李逵高度的评价:

> 凡言词修饰、礼教闲熟之心肝,倒是强盗。如李大哥,虽是卤莽,不知礼教,却是情真意实,生死可托。所以孔夫子曰:巧言令色鲜于仁,君子不可小知而大受也。上大人、丘乙己,真是个人精,真是个人极。①

当然,李贽之所以酷爱李逵这个人物性格形象,除了李逵身上具有的忠义之气和对敌人、对朋友都容不下半点奸邪的性格之外,主要还是因为李逵性格中之自然、纯真的因素。在李贽看来,那就是"童心"的表现,李逵的一言一行,均可以说是发自其"最初一念之本心",是"绝假纯真"的自然真情。

署名怀林作的《李卓吾批评〈水浒传〉述语》中曾说:

> 和尚读《水浒传》,第一当意黑旋风李逵,谓为"梁山泊第一尊活佛",特为手订《寿张县令黑旋风集》。②

之所以被李贽称为梁山泊第一尊活佛,就是因为李逵拥有一颗"童心"、"真心"、"赤子之心",具有自然天真的性情,故其一切举动都是纯朴天真、无拘无束、游戏自在,完全超越了世俗的功利目的,这即是李逵性格可爱之原因。

从上述评点语言中,我们也可以看出,像"仁人"、"智人"、"圣人"、"神人"、

---

① 厦门大学历史系编:《李贽研究参考资料》第3辑《李贽与〈水浒传〉资料专辑》,福建人民出版社1976年版,第66页。

② 怀林:《李卓吾批评〈水浒传〉述语》,厦门大学历学系编:《李贽研究参考资料》第3辑《李贽与〈水浒转〉资料专辑》,福建人民出版社1976年版,第161页。

"勇人"、"大丈夫"、"真男子"、"佛"、"活佛"、"菩萨"、"罗汉"等称谓,虽说是属于儒、道、释三家的不同的称谓,但都被李贽用来称赞鲁智深、李逵等人。这一方面体现出了李贽对《水浒传》英雄人物的高度赞扬和评价;另一方面,从中也可看出圣人、真人和佛等称谓的含义在李贽那里是一致的,就是保持"童心",拥有一颗"绝假纯真,最初一念之本心"的人。其最大的特征就是一言一行均发自真心,知行合一,率性而为、自然而然,这可以说是李贽对儒道释三家圣人概念的独特理解与阐释。李贽将此种圣人观运用到小说评点中,来对鲁智深、李逵等人物的性格予以肯定和赞美,其实是对其知行合一观的一种巧妙阐述。

综上所述,可以见出,李贽的"童心"说理论,继承了王阳明的"良知"学说中究知行合一的思想,提出了"童心"乃成人、成圣实践之根柢,个体的实践须依"童心"而行,与"童心"相一致的"知行合一"观。同时,和前人相比,李贽的"童心"已非形而上的"理"、"气"之类的概念,亦非先验的"良知良能",而是人的自然"本性"。李贽强调的是人的"自然真情",其本质就是"童心"之"纯"与"真"。强调用"童心"导引"实践"行为,也即是把"真"、"纯"扩而充之于一切实践。李贽的此种知行合一理论,已经没有王阳明"致良知"中的那种需对"良知""扩而充之"的基本含义(犹如孟子所谓仁义礼智四端应"扩而充之"一样),也未看到阳明"圣人教人知行,正是要复那本体(良知)"①的意思。在李贽那里,个体之"童心"、"真心"已是圆满真实、自然现成的,每个人只要依着自己的"绝假纯真之本心"来行事,即可展开成人、成圣之实践功夫,可以说这是李贽知行合一思想的特色之所在。这种知行合一理论,也被李贽充分运用到了小说评点中,尤其是在对《水浒传》中李逵、鲁智深等人物性格形象的评点与分析时,进行了具体的运用、阐述与发挥。

---

① 《王阳明全集》卷一《语录一·传习录上》,上海古籍出版社1992年版,第3—4页。

文体选择与文化心理距离的关联性考察

——以王维山水田园诗为中心

张之为*

文体选择是文学创作的关键问题,本文引入文化心理学原理,以王维山水田园诗为考察样本,探索文体选择与文化心理距离的关联性,尝试为王维山水田园诗研究提供新的思考进路。

一、作为宫廷文化流裔的盛唐山水田园诗

山水田园诗在唐代蔚为大宗,一般认为这与当时的隐逸风气盛行有关。胡适与苏雪林是最早探究此问题的人。胡适《白话文学史》指出了两大原因:一是5世纪以下老庄的自然主义的思想和外来的佛教思想的混合;二是当时社会重视隐逸,隐逸之士遂成了社会上的高贵阶级。①苏雪林《唐诗概论》补充了一点:"道教之升为皇家正教。"②这是从社会精神风貌的角度来认识问题,也有一些学者试图落实到物质层面去探讨山水田园诗的兴盛因由:葛晓音《盛唐田园诗和

　　＊　张之为(1982—　　),云南大学文学院副教授,著有《唐诗与音乐》等。本文发表于《唐都学刊》2015 年第 3 期,有改动。
　　①　胡适:《白话文学史》,东方出版社 1996 年版,第 211—220 页。
　　②　苏雪林:《唐诗概论》,上海书店出版社 1992 年版,第 59 页。

文人的隐居方式》曾经从文人隐居方式的角度考察唐代田园诗的兴盛原因,揭示出盛唐别业的普及与田园诗的繁荣密切相关。①李浩《唐代园林别业考论》按照性质把唐代园林分为皇家园林、寺观园林、私家园林三类,认为相比于魏晋南北朝,建造园林的阶层已经由上层贵族延伸到整个社会。②

值得注意的是,现存文献记载的园林绝大多数是皇家贵族园林和士大夫园林。白居易《题洛中第宅》:"试问池台主,多为将相官。"③宋代张舜民《画墁录》:"唐京省入伏假,三日一开印,公卿近郭皆有园池。以致樊杜十数里间,泉石占胜,布满川陆。"④李格非《洛阳名园记》载:"唐贞观、开元间,公卿贵戚开馆列第于东都者,号有千余邸。"⑤相比之下,庶民百工园林的文献记载极少,也缺乏特色,因为其文化素养和经济条件限制了这一阶层园林文化的发展。从起源看,园林文化的源头是宫廷,是宫廷文化的组成部分。从文化地理的视角看,文化传播有两大类型:扩散传播和迁移传播。园林文化传播的方式属于扩散传播。由于资料缺乏,我们暂时无法建构出园林文化在唐代扩散的模型,但所谓"京邑翼翼,四方是则",可推断园林文化的传播实则是宫廷文化向外扩散:首先是在都城内进行阶级传播,再通过人的机械迁移进行地域扩散,逐渐变成一种流布全国、遍及社会各阶层的流行风尚。这也可以从李浩《唐代园林别业考》中各道园林别业的数量对比中得到印证。因此,建立在广泛分布的园林别业这一物质基础上的唐代山水田园诗,实质上是宫廷文化在文学上的延伸和体现。

二、宫廷文化的代表诗人王维

王维是唐代山水田园诗派的最重要代表之一。今人论唐诗,每称李杜,然

---

① 葛晓音:《诗国高潮与盛唐文化》,北京大学出版社 1998 年版,第 93 页。
② 李浩:《唐代园林别业考论》,西北大学出版社 1996 年版,第 13—15 页。
③ 彭定求:《全唐诗》(增订本),中华书局 1999 年版,第 5069 页。
④ 张舜民:《画墁录》,中华书局 1991 年版,第 17 页。
⑤ 李格非:《洛阳名园记》,中华书局 1985 年版,第 18 页。

而在唐人心中,王维才是"当代诗匠"、"天下文宗"。一般而言,隆盛的文望是与崇高的政治声望联系在一起的,所谓"盖古未有以穷而在下者操文柄也"。王维半世仕途坎坷,安史之乱后才渐至高位,政治上几无作为。试将同时代人对王维诗文的评论依次罗列如下:

时　间	篇　目	内　容
天宝五年到七年 (746—748)	苑咸《酬王维》 诗序	王员外兄以予尝学天竺书,有戏题见赠,然王兄当代诗匠,又精禅理,枉采知音,形于雅作,辄走笔以酬焉。①
约开元末到天宝 十二年(753)	《河岳英灵集》	粤若王维、昌龄、储光羲等二十四人,皆河岳英灵也。维诗词秀调雅,意新理惬,在泉为珠,着壁成绘。一字一句,皆出常景。②
乾元元年(758)	王维《题辋川 图》	老来懒赋诗,惟有老相随。当世谬词客,前身应画师。不能舍余习,偶被时人知。名字本习离,此心还不知。③
	杜甫《奉赠王 中允维》	中允声名久,如今契阔深。共传收庾信,不得比陈琳。一病缘明主,三年独此心。穷愁应有作,试诵《白头吟》。④
宝应二年(763)	王缙《进王维 集表》	臣兄文词立身,行之余力,当官坚正,秉操孤直。纵居要剧,不忘清净。实见时辈,许以高流,至于晚年,弥加进道。端坐虚室,念兹无生,乘兴为文,未尝废业,或散朋友之上,或留箧笥之中,臣近搜求,尚虑零落。诗笔共成十卷,今且随表奉进。……宝应二年正月七日。⑤

---

① 彭定求:《全唐诗》,中华书局 1960 年版,第 1317 页。

② 按:《河岳英灵集》初选与定稿时间在开元末到天宝十二年(753)。此说取自戴伟华先生《论〈河岳英灵集〉初选及其诗史意义》(《文学评论》2011 年第 2 期)、元结等《唐人选唐诗十种》(上海古籍出版社 1978 年版,第 40、58 页)。

③ 陈铁民《王维集校注》认为此诗作于晚年,在施辋川庄为寺后,而非归于《偶然作》第六首,又陈谱系施庄为寺在乾元元年(758),今皆从之。陈铁民:《王维集校注》,中华书局 2005 年版,第 477 页。陈铁民:《王维年谱》,《王维论稿》,人民文学出版社 2006 年版,第 32 页。

④ 按:陈谱,王维乾元元年(758)授太子中允,加集贤殿学士,旋迁太子中庶子、中书舍人。陈铁民:《王维年谱》,《王维论稿》,人民文学出版社 2006 年版,第 32 页。

⑤ 赵殿成:《王右丞集笺注》,上海古籍出版社 1998 年版,第 494 页。

续表

时　间	篇　目	内　容
宝应二年(763)	《代宗皇帝批答手敕》	卿之伯氏,天下文宗。位历先朝,名高希代。抗行周雅,长揖楚辞。调六气于终编,正五音于逸韵。泉飞藻思,云散襟情,诗家者流,时论归美。诵于人口,久郁文房;歌以国风,宜登乐府。视朝之后,乙夜将观,石室所藏,殁而不朽。柏梁之会,今也则亡,乃眷棣华,克成编录。声猷益茂,叹惜良深。①
大历七年(772)	独孤及《唐故左补阙安定皇甫公集序》	沈宋既殁,而崔司寇颢、王右丞维复崛起于开元、天宝之间,得其门而入者,当代不过数人。②
大历十四年(779)	高仲武《中兴间气集》	钱起"文宗右丞,许以高格","右丞没后,员外称雄";郎士元"右丞以往,(郎)与钱(起)更长"。③
约天宝至大历间	窦臮《述书赋》之窦蒙注	二公(王维、王缙)名望,首冠一时。时议论诗,则曰王维、崔颢;论笔,则曰王缙、李邕。④
约元和后	佚名《大唐传》	王河南维,或有人报云:"公除右辖。"王曰:"吾罟此官,虑被人呼为不解作诗王右丞。"⑤
约长庆后	李肇《国史补》	开元日通不以姓而可称者:燕公曲江,太尉鲁公。不以名而可称者:宋开府,陆兖公,王右丞,房太尉,郭令公,崔太傅,杨司徒,刘忠州,杨崖州,段太尉,颜鲁公。⑥
约会昌年间	朱景玄《唐朝名画录》	王维字摩诘,官尚书右丞,家于蓝田辋川。兄弟并以科名文学,冠绝当时,故时称"朝廷左相笔,天下右丞诗"。⑦
大中元年(847)	张彦远《历代名画记》	王维字摩诘,太原人。年十九,进士擢第,与弟缙并以词学知名。⑧
约大中年间	储嗣宗《过王右丞书堂二首》	澄潭昔卧龙,章句世为宗。独步声名在,千岩水石空。野禽悲灌木,落日吊清风。后学攀遗址,秋山闻草虫。万树影参差,石床藤半垂。萤光虽散草,鸟迹尚临池。风雅传今日,云山想昔时。感深苏属国,千载五言诗。⑨

①　赵殿成:《王右丞集笺注》,上海古籍出版社 1998 年版,第 494 页。
②　姚铉:《唐文粹》,四部丛刊本。
③　高仲武:《中兴间气集》,元结等:《唐人选唐诗十种》,上海古籍出版社 1978 年版,第 265、284 页。
④　董诰:《全唐文》,中华书局 1983 年版,第 45672 页。
⑤　赵殿成:《王右丞集笺注》,上海古籍出版社 1998 年版,第 501 页。
⑥　赵殿成:《王右丞集笺注》,上海古籍出版社 1998 年版,第 500 页。
⑦　赵殿成:《王右丞集笺注》,上海古籍出版社 1998 年版,第 501 页。
⑧　赵殿成:《王右丞集笺注》,上海古籍出版社 1998 年版,第 502 页。
⑨　彭定求:《全唐诗》,中华书局 1960 年版,第 6885 页。

由上表可见,至迟在天宝年间,王维已被同僚称为"当代诗匠",在同时代诗人中脱颖而出,逐步成为文坛主魁。

在文学史上王维向以山水田园诗著称,实际上,他受宫廷文化的浸润极深。《岁寒堂诗话》对王维有一段著名评价:"摩诘性淡泊,本学佛而善画。……'兴阑啼鸟换,坐久落花多'之句,虽不夸服食器用,而真是富贵人口中语,非仅'笙歌归院落,灯火下楼台'之比也。"按:"兴阑"句出《从岐王过杨氏别业应教》,作于开元八年(720),其时王维尚未擢进士第,陪侍诸王宴游正是寻找政治助力之意,行迹近于杜甫长安十年之"朝扣富儿门,暮随肥马尘"。张戒所谓"富贵人口中语",与其说是基于历史真实,不如说是宋人对王维的一种刻板印象。在宋人的集体印象中,王维是"富贵人"。在习惯语境下,这可以置换成"经济与政治特权阶级";而王诗的审美特征如闲适、静谧等等,是与其阶级身份相适应的。在宋人眼中,王维的诗歌与"上层文化"紧密联系。封建社会"上层文化"发源于皇室宫廷,并由这一核心向外传播,是主流文化和强势文化的代表。这才是王维诗歌在唐代备受推崇的根本原因。"富贵山林,两得其趣",今人常以之作为王维亦官亦隐的佐证。这句话更可以做一体两面的理解:一方面体现了盛唐上层社会对园林隐逸的热衷,另一方面也揭示了王维诗歌广受欢迎的原因:山水田园诗迎合了当时的流行文化风尚。如果在文化学视野下,从宫廷文化流裔这一角度去理解王维的山水田园诗,会发现这一概括性的文学史概念中,映射出复杂而多层次的文学现象。

三、作为文化载体的诗歌体式

如上所述,山水田园诗是宫廷文化在文学领域的延伸和体现。前辈学人已经揭示了盛唐山水田园诗与隐逸风气、园林文化之间的联系,从表现内容与情志抒发的层面上探索文化与诗歌的联系也是王维山水田园诗歌研究的一个主要方向。值得注意的是,诗歌的体裁除了具有文体学的意义外,同样有文化学方面的意义,诗体研究亦应成为文化与文学研究的关注点。

按照诗体划分,唐诗可以分为近体与古体两大类,各有五言和七言两式。律诗的起源与定形都发生在宫廷。武周、中宗时期,伴随着诗赋取士制度的实施,近体律诗在宫廷诗人手中定形,这种完备的诗体不但提供了声韵律调、对仗字句的固定范式,也在篇章结构方面做出了严格限定。宇文所安曾提出律诗的三部式结构:"首先是开头部分,通常用两句诗介绍事件。接着是可延伸的中间部分,由描写对偶句组成。最后部分是诗篇的'旨意'或是个人愿望、情感的插入,或是巧妙的主意,或是某种使前面的描写顿生光彩的结论。有时结尾两句仅描写事件的结束。"①虽然学界对"三段式"的归纳尚有保留②,但不可否认的是,散—骈—散的结构模式会使诗的写作与审美焦点聚集到诗歌中间的两个联句,导致诗歌的抒情功能受到削弱。此外,宫廷诗的写作受到很多客观因素的制约,如写作场合、社交功能、欣赏习惯,更进一步限制了主观情致的抒发。可以说,固定的写作程式和既有文化传统限制了表达的自由。因此,当诗歌的写作目的主要在记叙事件或者抒发个人情感的时候,为了摆脱束缚,诗人会自然而然地转向写作自由度更高的古体诗。后来杜甫创出律诗组诗的写作形式,也就是对此制约的一种超越。

张九龄政治地位崇高,是王维以前的文坛魁首。后人对张九龄的古体诗评价甚高,并把这种诗体与其提倡"复古"的政治思想或者时代风气联系起来,把它理解为从初唐到盛唐诗歌发展进程中的一个阶段。沈德潜《唐诗别裁集·凡例》评价道:"五言古体,发源于西京,流衍于魏、晋,颓靡于梁陈。至唐显庆、龙朔间,不振极矣。陈伯玉力扫俳优,直追曩哲,《感遇》等章,何啻在黄初间也。张曲江、李供奉继起,风裁各异,原本阮公。唐体中能复古者,以三家为最。"③实

---

① [美]宇文所安:《初唐诗》,贾晋华译,生活·读书·新知三联书店 2004 年版,第 184 页。

② 莫砺锋对"三段式"论有不同意见,认为其只存在于以五言律诗为载体的部分宫廷诗中,不应扩大到整个初盛唐诗坛,参见《评宇文所安的〈初唐诗〉、〈盛唐诗〉》,《唐宋诗歌论集》,广西人民出版社 1987 年版,第 125—127 页。

③ 沈德潜:《唐诗别裁集》,中华书局 1975 年版,第 3 页。

际上,张九龄作为宫廷唱和文会的实际主持人与参加者,对宫廷中流行的近体诗歌也是非常精通的,其集子中的诗体是古近兼备。最值得注意的是,他在创作时的诗歌体裁选择已经表现出一种规律性:奉和、应制的应酬之作,多为五律;而写景、抒怀的个人化情感创作,则多为五古。

王维在诗体选择亦表现出同样的倾向,他的应制、应教、奉和诗,除了《奉和圣制天长节赐宰臣歌应制》一首比较特殊,为骚体外,其余全部为近体律诗,朝堂同僚之间的酬赠之作亦同样以近体为主。

诗歌的体式并不仅是一种写作范式,文体本身就是一种历史产物,积淀着文化、审美的传统心理。比如乐府诗的"感于哀乐,缘事而发"、"观风俗,知厚薄",就是其历史传统的体现;又如楚辞带有强烈的楚地文化特征,乃其地域特色的体现。近体诗也是如此,它诞生于宫廷,本质上是一种宫廷文学。作为宫廷文化的文学载体,诗歌的体裁本身就承载着独特的文化与审美传统。

四、诗体选择与文化心理距离

文体选择是文学创作的重要问题。上述对张九龄、王维创作的概括性分析已经说明,文化是影响诗体选择的一个关键因素。下文展开更细化的考察分析。

一般认为,地理空间距离是左右文化影响力的最主要因素。宫廷文化作为封建社会的主流文化与强势文化,拥有巨大的影响力。开元九年(712),王维贬济州司仓参军,并在济州生活了四年。济州治所卢县,在今山东茌平县西南①,距长安直线距离约683公里。对比王维创作与长安、济州两地的诗歌,其主题、情致皆有明显差别②,这是由于与文化中心的空间地理距离差异而造成的。

---

① 魏嵩山:《中国历史地名大辞典》,广东教育出版社 1995 年版,第 852 页。
② 张之为:《从长安到济州——社交群落、区域文化转换与王维诗歌创作》,《唐都学刊》2013 年第 2 期。

　　根据陈铁民的年谱，王维天宝元年（742）复出为左补阙，到天宝十五年（756）安史之乱发生前，主要在长安为官，同时经营蓝田辋川别业，在这个时间段内，他的居住地在长安与蓝田两处。①值得注意的是，长安与蓝田相距仅数十公里，但王维的诗歌创作却同样呈现出明显的差异。

　　这种差异性明显反映在内容表述上，试看王维写于长安的《送丘为落第归江东》："怜君不得意，况复柳条春。为客黄金尽，还家白发新。五湖三亩宅，万里一归人。知祢不能荐，羞为献纳臣。"②作于辋川的《酌酒与裴迪》："酌酒与君君自宽，人情翻覆似波澜。白首相知犹按剑，朱门先达笑弹冠。草色全经细雨湿，花枝欲动春风寒。世事浮云何足问，不如高卧且加餐。"③对出仕为官的态度，"知祢不能荐，羞为献纳臣"与"白首相知犹按剑，朱门先达笑弹冠"，两联的情致完全相反，可谓相映成趣。蓝田位于长安郊区，两者地理距离相当接近，蓝田完全可被认为是宫廷文化的覆盖区，因此，这种差别很难用地理距离造成文化影响力减弱来解释。

　　现代社会文化学认为，居住在城市中心区域者要比居住在城市边缘区和郊区者拥有更强烈的融入意愿，与主流文化的心理距离更近，更倾向于融入而非疏离主流文化。宫廷文化的核心是朝堂，更具体而言，可定位于皇城。就居住区位而言，长安位于城市中心区，而蓝田辋川则位于城市边缘区或郊区。虽然长安、蓝田的地理位置接近，但身处蓝田，比起身在长安，对文化中心宫廷的心理距离，有着明显不同：更倾向于远离，而非融入主流而强势的宫廷文化。由此可见，在某种情况下，相比于地理空间距离，更应当着重考虑文化心理距离对文化影响力的作用。

　　律诗是宫廷文化的文学载体，把天宝元年（742）到十五年（756）这一时间段中王维所写的诗歌按照写作地点区分为写于长安和写于辋川两类，对其诗体选

---

①　陈铁民：《王维论稿》，人民文学出版社 2006 年版，第 20—30 页。
②　赵殿成：《王右丞集笺注》，上海古籍出版社 1998 年版，第 149—150 页。
③　赵殿成：《王右丞集笺注》，上海古籍出版社 1998 年版，第 185 页。

择进行分析,两者古体和近体的比例分别为 25 : 60 以及 33 : 22。如上文所述,律诗是宫廷文化的文学载体,律诗写作比例的高低反映了宫廷文化影响力的强弱差异。以上分析同样显示出,左右文化影响力的最主要因素,不是客观的空间地理距离,而是文化心理距离。

居住模式是影响文化心理距离的又一因素,如果从这一角度进行考察,文化心理距离的影响作用将呈现得更为明显、清晰。蓝田终南山一带是唐代隐居胜地,据李浩《唐代园林别业考论·关内道·京兆府》,附近的别业有十处:终南幽居(储光羲)、终南别业(刘长卿)、终南别业(钱起)、终南别业(田明府)、终南别业(卢纶)、南山下别业(薛据)、山中别业(李端)、蓝溪草堂(孟郊)、南田别业(郑侍御)、玉山别业(崔驸马)。[①]据《蓝田文史资料》所附《隋唐时期蓝田寓公简表》[②],汇列如下:

姓　名	寓所名	所在地	备　考
沈师耽	?	蓝田终南山	
宋之问	辋川别墅	辋川	
王　维	孟城坳、辋川别业	辋川	
王　缙	孟城坳、辋川别业	辋川	
裴　迪	小台	辋川?	
崔兴宗	东庄、东山草堂	辋川	
钱　起	玉山草堂	玉山附近	
崔惠童	玉山别业	玉山附近	一说在今小寨乡
员半千	员庄	焦岱西?	"员"读若"允"
柳公权	?	李后柳家村	
杜　观	?	?	

---

① 李浩:《唐代园林别业考论》,西北大学出版社 1996 年版,第 185—187 页。
② 曹永斌编注,中国人民政治协商会议陕西省蓝田县委员会学习文史资料委员会编:《蓝田文史资料》第 16 辑(2006 年内部发行),第 456—457 页。

续表

姓　名	寓所名	所在地	备　考
岑　参	两峰草堂	？	
储光羲	蓝上茅茨	辋川	
长孙绎	？	玉山	
毕　耀	？	县城附近	
郑　谷	？	玉山附近	当与钱起草堂不远
马　戴	？	白鹿原	参见《灞上秋居》诗
长孙绎	蓝上别业	？	
元　稹	蓝溪草堂	？	

从上表可确知，蓝田是长安附近文人的一处聚居区。再将长安地区皇室贵族园林的分布位置进行对比①：

姓　名	寓所名	所在地
杨慎交（尚中宗女长宁公主）	杨慎交山池	大业坊
岐阳公主	岐阳公主山池	崇仁坊
东阳公主	东阳公主亭子	崇仁坊
尉迟胜（于阗国王珪之长子）	尉迟胜林亭	修行坊
杨国忠	杨国忠园亭	宣义坊
琼山县主	琼山县主山池	延福坊
宁　王	宁王山池	胜业坊
义阳公主	义阳公主山池	长安城中
岐　王	岐王山亭	安兴坊或平延门
申　王	申王园亭	长安城中
崔驸马（尚顺宗女东阳公主）	崔驸马林亭	长安城东

---

① 李浩：《唐代园林别业考论》，西北大学出版社 1996 年版，第 151—200 页。

姓　名	寓所名	所在地
汾阳王	汾阳王别墅	长安城南
太平公主	太平公主山庄	乐游原
太平公主	太平公主南庄	长安东郊灞川
薛　王	薛王山池	长安城东
梁　王	梁王山池	疑在长安
长宁公主	长宁公主东庄	似在长安东门外
玉真公主	玉真公主别馆	楼观南山之麓
安乐公主	安乐公主山庄	长安近郊
王驸马（尚顺宗女虢国公主）	王驸马池亭	疑在长安
王驸马（尚义阳公主）	王驸马亭	长安东郊

以上两表呈现了长安城区及郊区园林别业的分布规律：皇室贵族的园林主要集中在长安城内，而中层文人的别业则多分布在郊区。同一社会阶层的人倾向于聚居一处，类似的经济地位、教育背景、语言习惯、出身血缘、人际关系网络会将他们凝聚在一起，并形成文化势力。这正是长安多王宫贵族园林，而蓝田则多中层文人别业的原因。从聚居人员的阶层分布看，蓝田与长安在文化上具有明显的异质性。

当然，在蓝田营建别业的文人大多也会在长安拥有居所，但文人在长安与蓝田的居住模式是不同的：在长安城内是散居模式，在蓝田是聚居模式。从文化影响的角度而言，在长安他们更多受到强势的宫廷文化的同化，但当他们在某一居住地形成了一个聚落，便会形成自己的文化势力，与宫廷文化拉开距离。这种距离有时并不表现为地理距离，而是心理距离。社会学研究显示，即使聚落在城市内部形成，也会形成不同于城市主流文化的异质文化。进行文学创作时，这种文化心理距离不但表现为思想内容上的显著差异，也会在文体选择上呈现出来。

　　综上所述,诗人对诗体的选择受到文化的强烈影响,而文化的影响力并不完全取决于地理空间距离,在某些情况下,与文化心理距离的关联性更强。以上尝试为王维山水田园诗研究提供了一种新的思考进路。以《辋川集》为例,天宝初年到安史之乱是王维创作山水田园诗的高峰,作为其代表作品,《辋川集》一直是研究热点,但以往对它的研究多是从思想精神的角度进行探讨,如探讨诗中表现的禅意等,而这组诗歌在文体方面的内涵还没有得到充分关注和挖掘。以文化与诗体的角度考察文学史,将会产生许多有价值的问题,深入追踪这些问题,将有助于对中国古代社会和文化产生更深刻、更透彻的理解。